A Bill Oberg

un caro amico americano
gentiluomo di altri tempi

con affetto

[illegible]

24 07 2015

Salvatore Vasta

TEMPLARI

SUGLI UOMINI
CHE MORIRONO PER UN SOGNO

Armando Siciliano Editore

Sultanate of Iconium
The Cilician pass
Merash
Edessa
Edessa
Armenia
Adana
Kakhu
Euphrates
Aleppo
Antiochia
Laodicea
Tortosa
Tripolis
Tripolis
Hama
Emesa
Baalbeck
Seljukian Turcs
Sidon
Jerusalem
Gaza
59
The Christian States in the East in 1142
Ireland
England
Normandy
Bretagne
Anjou
Paris
France
Aquitaine
Lorraine
Leon
Portugal
Castile
Arragon
Andalos
Magrab
Tunis

58
EUROPE
during the 12th Century
The Age of the Crusades.
The possessions of the Plantagenets in 1160 are light blue
The German Empire is colored blue
The Christian states in the East are also col.d blue
The Byzantine Empire is colored yellow
The Western Caliphate is colored green
The Eastern Caliphate is light green
Grand-duchy of Valadimer
Poland
Hungary
Servia
Bulgaria
Constantinople
Byzantine Empire
Black Sea
Caspian Sea
Iconium
Nicaea
Dorylaeum
Edessa
Tigris R.
Mossul
Bagdad
Kufa
Euphrates R.
Antioch
Crete
Acco
Jerusalem
Damietta
Cairo
Egypt

Il mito e l'esistenza di Dio nell'uomo moderno che studia le storie dell'antico dentro di sé

La ricerca della presenza di Dio è sempre stato un tema caro agli studiosi del mito e delle sue implicazioni, per tali motivi in tanti si sono cimentati per chiarire il significato della Sua esistenza multiforme e per avvalorarne la convinzione.

Ma chi è, quindi, dal punto di vista archetipico questo Dio?

Se Dio soprattutto è volontà e voce, ci potremmo chiedere a quale tipo corrisponde; non corrisponde esclusivamente all'esperienza specifica di qualcosa, ma una lettura delle immagini archetipiche predominanti rivela una serie ininterrotta di trasformazioni che illustrano la vita autonoma degli archetipi dietro le quinte della coscienza.

*L'avvento del monoteismo, l'esistenza e l'entrata in vigore di un modello di unità e totalità, ha soppiantato questa idea probabilmente primitiva, ma anche significativa e, soprattutto con gli ebrei ed i cristiani, il Dio unico diventa un soggetto, che noi possiamo intendere come la proiezione dal punto di vista dell'esperienza profana del principio di unità dell'essere umano. In altri termini questo è il tema che viene definito il "**Sé**".*

Quindi, il religioso più autentico è colui che dentro di sé riesce a fornire questa esperienza che diventa poi l'esperienza del Centro che si esprime essenzialmente quando si riconosce che il regno di Dio è dentro di noi, ma, soprattutto, che la conoscenza di sé non è quando io mi conosco ma quando io "Lo conosco".

Questa è l'idea dell'Invisibile, un aspetto non particolarmente evidente dell'esistenza che si può definire come una sorta di spirito, un archetipo in sé, altri lo chiamerebbero spiritus rector, *ma come una sorta di passaggio dall'immagine primordiale al concetto di spirito. Questo presupporrebbe l'idea che esiste una correlazione, una tensione tra pulsione e archetipo, come una sorta di infrarosso: cioè la parte istintuale biologica trapassa a poco a poco nei processi fisiologici vitali e nel sistema di condizioni chimiche e fisiche l'ultravioletto psichico, cioè l'archetipo.*

*Henry Corbin lo definì "**mundus immaginalis**" luogo intermedio fra il sensibile e il sovrasensibile, da questo strato intermedio non visibile prese spunto tutta la teoria della fenomenologia archetipica moderna di James Hillman.*

Questo aspetto fondamentale della spiritualità, che non può essere certamente considerato oggettivo, ci permette di poter ravvisare alcuni elementi e alcune esperienze di queste modalità dell'archetipo, dimostrando come da tutte le latitudini è possibile intravedere un significato personale e collettivo della sua esistenza.

*Una delle espressioni è proprio il "**mito personale**", ciò che dà senso ad ogni individuo.*

Ma il mito, essendo una trasposizione fra una credenza individuale e una compensazione, rappresenta in realtà una strada, non una verità ma una funzione dell'esperienza psichica.

Sarebbe utile riuscire ad immaginare qualcosa che non ha a che fare soltanto con l'invisibile, con l'istintualità, la pulsione, ma anche con il recupero di tutti quegli aspetti legati alla cultualità, ai riti, all'iniziazione e ai misteri che per troppo tempo sono stati tralasciati e quindi abbandonati.

L'idea che risiede nell'archetipo, è una sorta di impulso che l'esperienza archetipica ci darebbe per ripristinare queste antiche ma non mai inusitate pratiche che ancora oggi andrebbero riviste, forse ripresentate in termini più accessibili da un punto di vista sociale e collettivo.

Questo bisogno profondo dell'umanità ha fatto sì che poi, quando il mito non emerge come conoscenza, ma come interesse rispetto all'idea cosciente, può diventare una potenza distruttiva invece che positiva e propositiva e, soprattutto, nell'elaborazione di alcune particolari menti le quali possono essere inflazionate da questa equivalenza con l'idea archetipica, producendo grandi sconvolgimenti nel sociale ma anche nella prospettiva della trasformazione del mondo.

Che fare?, si chiedeva il grande scrittore russo Cernisevski durante la sua prigionia.

Io credo si senta diffusamente l'esigenza e si continui ancora di più a desiderare un rinnovamento dell'idea ermetica, una sorta di spiritus rector, *potrei dire, come una scintilla che può accendere l'*anima mundi *di questo inizio di secolo che stiamo percorrendo e questo incontro con il numinoso come diceva lo storico Rudolph Otto, con la trasformazione in senso esoterico di un'energia negativa verso un'altra che abbia, nella prospettiva dell'immagine della coscienza collettiva, una sua evidenza, un suo* modus vivendi.

Queste mie riflessioni hanno, quindi, a che fare con un percorso di Anima, che Jung definiva di "individuazione" e che Guenon chiamerebbe realizzazione ascendente e discendente.

Appare quindi fondamentale che ognuno debba ritrovare all'interno di Sé la metafora della propria esistenza, ma soprattutto debba portare fino in fondo il proprio mito, perché gli altri non debbano mai dimenticare e quindi rimuovere nell'inconscio, diventando così un probabile elemento distruttivo. Questo tema profondamente simbolico, ma anche religioso, può rappresentare un esempio per se stessi ma anche per coloro i quali credono che la prospettiva dell'Anima sia una delle alternative possibili, se non la più impegnativa, per poter sostenere l'incontro col mondo collettivo, col mondo della realtà che porta con sé i modelli di adattamento i quali spesso aprono le porte solo al vuoto e alla depressione, senza via d'uscita, e impediscono la vera realizzazione spirituale.

Noi sappiamo benissimo come tutto questo abbia una particolare importanza nella psicologia, nell'inconscio collettivo. Questo motivo di ricerca, cura e particolare attenzione al mito è uno dei compiti del lavoro degli studiosi dell'immaginale, dell'archetipale, proprio per impedire che l'oscuramento della visione del mito possa rappresentare per il sociale una sorta di cambiamento delle opinioni, di metanoia negativa di ripristino di modalità collettive che possono turbare profondamente il tessuto della nostra società.

Diceva il grande Elemire Zolla: «Solo rarissimi casi di coloro che sanno di avere in tasca la storia delle stelle e di poter andare in direzione del futuro soltanto guardando al passato, rimarrebbero come testimonianza di questa situazione della psicologia collettiva».

Attraverso l'attento studio dei miti e dei loro significati archetipici, si possono apprendere le famose "cognizioni" necessarie per parlare, leggere anche la fetta di storia del mondo, una storia certamente razionale per molti versi, anche se non sempre le parole devono avere un loro percorso di coerenza logica e cognitiva; ovvero in quello non verbale, metaforico, analogico e come spesso nella parola ci sia una sorta di messaggio alchemico, elaborato nel tempo e nei secoli, che va scoperto e visto in modo meno disincantato, più attento ed elaborativo. E questo probabilmente è compito della psicoanalisi ma anche di tutti i filologi ermetici, che vedono nel linguaggio la chiave di tanti aspetti della nostra esperienza di vita che il simbolo e l'archetipo rendono sacra e immaginale.

In particolare "l'imago templi" suggerisce ad ogni uomo la dimensione teologica dei suoi dies natali*. Gli anni occorrenti per la costruzione del tempio sono la regola per la rappresentazione del tempo perpetuo. "Per trenta anni bisogna mantenere un cuore puro da offrire al Santo Graal ed avere un'anima come un diamante". Fra i rituali e le liturgie del tempio, infatti, la Pentecoste occupa un posto predominante nella tradizione templare rispetto alle altre feste cristiane.*

La risposta è data dal coro del tempio del Graal che è consacrato allo Spirito Santo e la spiritualità dei cavalieri è dominata dal mistero della Pentecoste. Questa per i Templari non è una semplice commemorazione della discesa dello Spirito Santo come lingua di fuoco preannunciata dal tuono, ma evento teofanico che si riproduce ritualmente come inizio di ogni ricerca del Graal.

Il Graal, quindi, nel ricordo dei suoi cavalieri si può simbolicamente moltiplicare in ogni anima che ha raggiunto la purezza del proprio cuore, ma anche come simbolica riunione dei cavalieri di Oriente e Occidente.

Il segreto del tempio è rappresentato dal Sancta Santorum con la sua divisione fra macrocosmo e microcosmo e dalla sua forma circolare.

Ma da quando è stata abbandonata l'idea della circolarità delle chiese si è determinata la rottura dell'integralismo occidentale verso l'esoterico, con un ritorno all'Oriente.

Questo ritorno ad Oriente non è quindi un luogo che possiamo trovare sulle carte geografiche, ma indica tradizionalmente un lontano Oriente in cui inizia il territorio del paradiso invisibile, verso il misterioso più rigoroso, che spinge ad un incognito nutrimento per la formazione di una cavalleria trascendente di cui dobbiamo essere degni.

L'antinomia apparente del simbolo evidenziato dalla contrapposizione fra Oriente e Occidente ci schiude le porte di una comprensione delle immagini archetipiche e del percorso storico, fantastico e semplicemente archetipico dell'epopea della cavalleria templare.

dott. Roberto Ortoleva
Psicoanalista Junghiano

Coloro che sono vissuti nel Sacro Regno,
esistono allo stesso tempo in entrambi i mondi,
ed il loro grande potere si esercita
sia sui Visibili sia sugli Invisibili.

Breve nota dell'autore

Come iniziai quest'avventura.

I pensieri, si sa, scorrono quando meno te li aspetti.

Appassionato da sempre dell'argomento templari e medioevo, sognatore di sogni, un giorno, percorrendo con la mia auto la circonvallazione di Catania, mentre ero imbottigliato nel traffico ed attendevo pazientemente il suo districarsi, mi balenò un pensiero.

I momenti di solitudine e di riflessione che accompagnano ciascuno di noi, fecero il resto.

Pian piano, si delineò una traccia e, quanto più mi concentravo su questo mio pensiero, altre idee balzavano alla mia mente ed altri paragrafi si accumulavano nei miei sogni.

Avendo finito una stesura mentale del progetto, incominciai a scrivere un corposo brogliaccio dove, pagine su pagine, si assommavano insieme appunti, note, indicazioni di ricerca.

Incominciai pertanto a scrivere e, prendendomi in giro quel giusto che basta per l'arroganza del mio pensiero, manifestai l'intenzione ad un mio amico, non nascondendogli le perplessità e le difficoltà del percorso che avevo intrapreso in quanto non scrittore, non storico, non saggista, e di come avrei dovuto rubare tempo al sonno, perché poco me ne restava fra il lavoro e gli impegni familiari per cimentarmi in questa impresa.

L'amico si dimostrò entusiasta dell'idea e mi propose di scrivere insieme.

Seguì un periodo di incontri e di revisione di quanto già scritto, di discussioni su come portare avanti certi argomenti ma, dopo breve, il mio amico si arenò, e così mi ritrovai a doverlo attendere ritardando in tal maniera la continuazione dello scritto.

Finita la collaborazione, dopo una prima stesura di un paio di capitoli, la fatica fu tutta mia.

Libri, enciclopedie, atlanti, la gioia di poter andare a visitare solo pochi dei luoghi in cui si svolge la trama del romanzo; immaginare tutto, nel rimpianto di non poter andare a respirare la magia delle pietre, che furono testimoni dei fatti, in tanti altri posti che mi è stato impossibile andare a vedere.

Ma, con molta tenacia e, per chi mi conosce, con un'invidiabile testa dura, dopo un paio di anni di lavoro eccomi alla conclusione.

Avevo fatto una scommessa con me stesso, riuscire a completare il libro, la scommessa l'ho vinta.

Sta ora ai miei pochi lettori, per parafrasare il Manzoni, il giudizio su quanto da me scritto.

Spero di riuscire a divertire ed interessare chi leggerà queste mie pagine, ma, alla fine, la cosa più importante è che io mi sia divertito.

Un grazie a mia moglie, compagna paziente delle mie lamentazioni e dei miei sfoghi e mia vittima per l'aiuto richiestole nell'uso del computer, oggetto che io amo definire demoniaco.

Un ulteriore ringraziamento al mio amico Mario, per la collaborazione prestata.

Un grazie, comunque, a tutti coloro che vorranno apprezzare questa mia fatica.

Dictatus pape.

i Quod Romana ecclesia a solo Domino sit fundata.

ii Quod solus Romanus pontifex iure dicatur universalis.

iii Quod ille solus possit deponere episcopos vel reconciliare.

iiii Quod legatus eius omnibus episcopis presit in concilio etiam inferioris gradus et adversus eos sententiam depositionis possit dare.

v Quod absentes papa possit deponere.

vi Quod cum excommunicatis ab illo inter cetera nec in eadem domo debemus manere.

vii Quod illi soli licet pro temporis necessitate novas leges condere, novas plebes congregare, de canonica abbatiam facere, et e contra, divitem episcopatum dividere et inopes unire.

viii Quod solus possit uti imperialibus insigniis.

viiii Quod solius pape pedes omnes principes deosculentur.

x Quod illius solius nomen in ecclesiis recitetur.

xi Quod hoc unicum est nomen in mundo.

xii Quod illi liceat imperatores deponere.

xiii Quod illi liceat de sede ad sedem necessitate cogente episcopos transmutare.

xiiii Quod de omni ecclesia quocunque voluerit clericum valeat ordinare.

xv Quod ab illo ordinatus alii ecclesie preesse potest, sed non militare; et quod ab aliquo episcopo non debet superiorem gradum accipere.

xvi Quod nulla synodus absque precepto eius debet generalis vocari.

xvii Quod nullum capitulum nullusque liber canonicus habeatur absque illius auctoritate.

xviii Quod sententia illius a nullo debeat retractari et ipse omnium solus retractare possit.

xviiii Quod a nemine ipse iudicari debeat.

xx Quod nullus audeat condemnare apostolicam sedem appellantem.

xxi Quod maiores cause cuiuscunque ecclesie ad eam referri debeant.

xxii Quod Romana ecclesia nunquam erravit nec in perpetuum scriptura testante errabit.

xxiii Quod Romanus pontifex, si canonice fuerit ordinatus, meritis beati Petri indubitanter efficitur sanctus, testante sancto Ennodio Papiensi episcopo ei multis sanctis patribus faventibus, sicut in decretis beati Symachi pape continetur.

xxiiii Quod illius precepto et licentia subiectis liceat accusare.

xxv Quod absque synodali conventu possit episcopos deponere et reconciliare.

xxvi Quod catholicus non habeatur, qui non concordat Romane ecclesie.

xxvii Quod a fidelitate iniquorum subiectos potest absolvere.

Le Premesse

Correva l'anno ... un anno come tanti altri.

Portava agli uomini ciò che ogni anno fin dall'inizio dei tempi aveva donato: gioie e dolori, buona e cattiva sorte, ricchezza e povertà.

Solo da pochi lustri il fatidico "mille" era stato superato, senza che la tanto temuta "Ira Divina" avesse scatenato l'apocalisse. Messi da parte i voti e le promissioni, che la paura aveva stimolato, consolidata la certezza che, almeno per il momento, il buon Dio avesse altri progetti, l'animo umano, sempre irrequieto, aveva partorito nuove idee, nuove religiosità, nuove eresie ...

Erano tempi carichi di contraddizioni, che mettevano accanto alla mistica tensione di coloro che erano capaci di vedere oltre i ridotti orizzonti del quotidiano, uomini dissoluti votati solo al loro bel vivere ed al proprio tornaconto. Così, i signori avevano ripreso a spulzare donzelle, i contadini a nascondere parte del raccolto per sfuggire alle decime, il Papa ed i Cardinali a far mercato d'indulgenze, l'Imperatore a concedere guarentigie che gli permettessero di mantenere il potere: tutto, insomma, sembrava continuare nella direzione voluta dai più. Certo, ogni tanto ci scappava il morto, una piccola insurrezione, un signorotto di provincia che aveva tirato troppo la corda, un prelato troppo attento ai beni materiali, un predicatore che arringava le folle, preso da mistiche visioni ... pestilenze, carestie.

... Eppure, erano anni che recavano in sé i fermenti e la magia del principio ... La Chiesa vedeva sempre più il proprio ruolo all'interno della vita spirituale e sociale, come una presenza attiva ed indipendente: il Papa riceveva il proprio mandato direttamente da Dio! Tutto quindi doveva essergli subordinato!

Questo era il principio sott'inteso da papa Gregorio VII (Ildebrando di Soana 1073-1085), che, già nel 1075, promulgava il suo "Dictatus Papae" dove si affermava la priorità del papato sui sovrani della terra, determinando venti di riforma e di ribellione. Le investiture dei vescovi non potevano più essere appannaggio di principi ed imperatori: l'unica autorità preposta alla bisogna non poteva che essere quella del Papa.

L'imperatore Enrico IV di Franconia (1050-1106), in aperto contrasto con l'autorità Pontificia, che limitava in maniera "inaccettabile" la propria sfera d'influenza, muoveva già contro di essa, sollecitando la dieta di Worms, nella quale intendeva delegittimarne il potere. Le manovre dell'Imperatore di Germania non solo sortiscono un effetto contrario a quello sperato dal sovrano, ma lo costringono a combattere in patria per salvaguardare la propria autorità minacciata dalla scomunica emessa dal Papa.

"Parigi val bene una messa!", così la ragion di stato consiglia il sovrano d'andare a Canossa, patire l'umiliazione della penitenza per ottenere il perdono del Papa.

Ma la lotta per le investiture è ancora ben lungi dall'essere conclusa: scomuniche, perdoni, ancora scomuniche. Papi ed Antipapi ... Erano le prime avvisaglie di quella che sarebbe

stata la secolare lotta tra il potere temporale e quello spirituale, le prime avvisaglie del, presunto, rivendicato diritto di arrogare a sé entrambi i poteri.

Per quanto instabile e contraddittorio potesse apparire il panorama socio-politico, mantenere inalterati gli equilibri che regolavano i ricchi commerci tra oriente ed occidente, era di certo nell'interesse dichiarato di molti, nonché di quello dei pochi che preferivano non apparire. In realtà, una certa pressione affinché si liberasse Gerusalemme dal giogo dell'infedele, esisteva; qualcuno già da qualche tempo ne vagheggiava l'impresa, ma trovava l'ostacolo di quanti avevano molto da perdere nella rottura dei già citati equilibri. Bisognerà attendere ancora, prima che certe pulsioni si rendano concrete.

Si era nel novembre del 1094, quando papa Urbano II (Oddone di Laggery 1088-1094), intervenendo presso il concilio di Clermont, predicava con gran forza ed ardore mistico la I Crociata. In lui si fondevano i principi della riforma Gregoriana con quelli di una vera rivoluzione socio-spirituale.

La “Guerra Santa”, una via di salvezza che non transitava più solamente attraverso la clausura e la meditazione dei chiostri, ma dalla glorificazione del volere di Dio nella consecuzione della Santa Missione: liberare il Santo Sepolcro di Cristo! La violenza era quindi giustificata, nonché “santificata”, se finalizzata alla gloria di Dio.

Il successo di questa leva, chiamata a raccolta dal Pontefice, fu persino superiore alle sue stesse aspettative. Torme di pellegrini e d’improbabili armigeri guidati da un monaco esaltato, Pietro l’Eremita (Pierre Le Coucopietre 1050-1115), nel 1095, al grido di “Dio lo vuole”, si raccolsero

per affrontare l'impresa. A questa polimorfa massa umana si aggiunsero anche truppe organizzate sotto gli stendardi di Gualtiero Senza Averi.

Durante il tragitto che si snodava attraverso i Balcani, questo improvvisato esercito compì gravi eccessi: massacri d'ebrei in Renania, saccheggi in Ungheria ... Dopo molte peripezie, fu raggiunta Costantinopoli nell'agosto del 1096. Passati in Asia minore, il primo incontro con l'esercito saraceno determina il massacro di quest'improvvisata masnada. Pochi sono i superstiti, fra questi, Pietro, che si rifugia a Costantinopoli. Può la cristianità rimanere insensibile alle migliaia di uomini trucidati dai musulmani? No di certo. Il caso è scoppiato, l'Occidente è in fermento.

“Guerra Santa! Guerra Santa!”, si grida da ogni pulpito di chiesa, “bisogna vendicare i nostri fratelli in Cristo barbaramente uccisi e conquistare Gerusalemme”.

Non per le sue ricchezze, ma per il trionfo della “vera fede”, partono i potenti d’Europa. Guidati da Goffredo di Buglione, af-

frontano l'esercito musulmano a Dorileo nel 1097, poi espugnano Antiochia nel 1098, infine nel 1099 Gerusalemme è cristiana.

L'impresa è compiuta, ma, in realtà, si era solo all'inizio. Altri problemi propongono, ora, i neonati territori latini d'Oriente ...

L'Occidente aveva realizzato con questa impresa un sottile obiettivo di grande importanza.

Nobiltà cadetta, vassalli, ricchi solo del proprio orgoglio ma non di mezzi economici che, fino ad ieri, avevano infestato con le

loro scorribande le proprie ed altrui terre, avrebbero avuto non solo una ricca opportunità di bottino, ma anche la possibilità di redimere la propria vita e mondare la propria anima attraverso la santa missione.

Una nuova era è ormai iniziata.

Ugo de Payn

Il buio della notte da poco tempo si era dileguato lasciando spazio alle prime luci dell'alba. Il giovane Ugo, levatosi di buon mattino, dopo aver bardato con cura la propria cavalcatura, si era avviato al piccolo trotto fino alle porte del natio borgo di Payn. Da lì, aveva presto raggiunto al galoppo la strada, in direzione della vicina Foresta d'Oriente. La fitta boscaglia si apriva innanzi a lui come penetrata dal filo della propria spada e dall'acume del suo pensiero, mentre la carezza del vento sul viso gli procurava inebrianti sensazioni, che i colori ed i profumi della foresta erano in grado di esaltare.

Gli alberi ai lati dello stretto sentiero che solitamente percorreva, sembravano corrergli incontro formando le arboree colonne di una cattedrale fantastica nella quale ricercare la propria comunione con l'Assoluto.

In quella misteriosa oasi di pace, la natura stessa sembrava volerlo partecipare dei più profondi arcani che, in un tempo lontano,

gli antichi sacerdoti Druidi avevano condiviso con gli spiriti dei boschi, quando il mondo era ancora giovane e l'avidità e l'ignoranza non avevano ancora separato gli uomini dalla terra.

Ugo, pur essendo figlio del suo tempo, avvertiva spesso questo profondo desiderio d'astrazione: sostare fra i propri pensieri era come mettersi in viaggio verso quelle mete ardite note solamente al suo cuore.

In realtà, queste giovani generazioni di nobili cadetti, ricche solo del proprio titolo e della propria arroganza, senza particolari diritti o doveri dinastici, erano un vero e proprio flagello per le popolazioni di quei luoghi. Spesso le loro scorribande culminavano in fatti di sangue mal sopportati, ma, comunque, tollerati dal signore del luogo. Così, attentare alla virtù di qualche bella campagnola più o meno consenziente, dadi, bestemmie, debiti non pagati e, se ne fosse capitata l'occasione, vere e proprie azioni di brigantaggio, mirate a rimpinguare la borsa sempre vuota, rappresentavano la loro principale occupazione.

A Payn, un piccolo borgo posto sulla riva sinistra della Senna a pochi chilometri da Troyes, ogni cosa sembrava immutabile. La vita dei suoi abitanti scorreva monotona, così come il gran fiume cadenzava lentamente le ore con l'incessante mormorio delle acque.

L'osteria dello Chat Noir, un vecchio mulino le cui pale, alimentate dalla corrente del corso d'acqua, continuavano a girare inutilmente, era il luogo dove Ugo spesso trascorreva le proprie giornate assieme ai suoi compagni di avventure.

In quell'ambiente denso di fumo acre, con l'aiuto di un bicchiere in più di vino, riuscivano a rincorrere i fantasmi dei loro più riposti desideri. Nascosti fra le ombre che si proiettavano sui muri, illuminati dal riverbero di poche candele e dalla fiamma del camino, questi inquieti giovani davano vita alle loro fantasie, mentre un pesante calderone ribolliva di un'insipida minestra che offriva loro un pasto consumato più per fame che per altro.

Ugo era spesso distante dagli scherzi e dalle spacconate dei suoi compagni: altri pensieri riempivano la sua mente ...

Le ore, i giorni trascorsi in meditazione presso una vicina abbazia Benedettina, dove il buon frate Gerardo aveva più volte cercato di essere di conforto ai suoi dubbi con le sagge parole dettate dalla propria esperienza, non erano stati sufficienti a dipanare le mille questioni che la mente sembrava insistentemente proporgli.

In realtà Ugo, anche se di nobile stirpe, era ben lontano dalla linea di successione che un giorno gli avrebbe potuto permettere d'essere signore del castello avito. La madre, donna forte e risoluta, appartenente alla famiglia dei Montbard, che avrebbe dato i natali al futuro San Bernardo, era a sua volta preceduta da molti, sicché anche quel ramo del suo casato si presentava avaro di opportunità ... Non avrebbe potuto contare che sul proprio coraggio e la propria determinazione: più che un destino avverso, la sottile consecuzione del volere divino ... Già da qualche tempo, i signori di Hauteville, di stirpe Normanna, avevano rivolto il loro sguardo verso le terre a Sud d'Italia.

Alla testa di esigui ma ben muniti manipoli, generalmente non superiori ad una trentina d'uomini, erano discesi lungo la penisola, riuscendo a riassestare le proprie finanze ed a saziare la loro sete di conquista.

Favoriti dalle continue discordie fra i signorotti di quei luoghi, erano riusciti a conquistare feudi e castelli, occupando territori sempre più vasti. Forti del loro valore in battaglia, nulla avrebbe potuto arrestare la loro avanzata!

Ad altri era balenata l'idea di tentare simile sorte. Fra questi, Ugo. Una sera, infatti, dopo un'accesa discussione presso la solita osteria, quasi per scommessa, aveva preso la decisione d'intraprendere l'impresa.

In verità, per molti di questi giovani cavalieri senza averi, partire verso terre lontane a ricercar fortune rappresentava, più che la manifestazione di una ferrea determinazione, l'espressione di un velleitario desiderio ...

Ugo, nonostante la sua giovane età, aveva già potuto mostrare il proprio valore in battaglia al seguito delle truppe del Conte di Champagne: quanto stava accadendo gli apparì subito come la sua prima grande occasione per dimostrare a tutti, ma principalmente a se stesso, di cosa fosse capace.....

Programmata la partenza ed approntato lo scarso bagaglio ritenuto necessario, affilate le armi e caricati alcuni cavalli da soma, decise di partire alla volta dell'Italia in compagnia di quegli amici, a lui più fedeli, che ne avrebbero condiviso la sorte.

Dopo avere disceso la Francia e valicate le Alpi, in breve furono raggiunte le fertili pianure padane senza incontrare particolari difficoltà ... Da lì, più giù, verso le boscose vallate del centro Italia, fino alle porte di Roma, ed ancora più giù, fino alla Terra di Lavoro.

Il loro viaggio non era stato costellato da ricche prede o da esaltanti avventure: ciò che fino allora avevano raccolto era stata solo una lunga teoria di sguardi diffidenti e di porte chiuse.

Proprio quando la loro fiducia nel futuro cominciava a vacillare, la notizia che i signori di Puglia e di Calabria stavano chiamando a raccolta numerosi gruppi d'armigeri per intraprendere una nuova impresa, offrì loro l'occasione di coltivare ulteriori speranze.

Messisi in marcia di buona lena, giunsero nei pressi dell'agro Nocerino Campano verso il mezzodì.

La giornata si presentava promettente, ed il loro umore risentiva dell'ottimismo che le notizie pervenute avevano provocato. Lungo il percorso tracciato da un viottolo di campagna, costeggiato dalle abbondanti messi che i campi offrono nel propizio mese di giugno, incontrarono alcuni contadini intenti al loro lavoro …

Anche se abituati da lungo tempo a vedere transitare minacciosi drappelli d'armati nei loro territori, questi alzarono lo sguardo verso di loro e, con fare timoroso, facendosi forza un con l'altro, azzardarono: «Perdonate l'ardire nobili cavalieri», disse il più coraggioso, «le vostre insegne mi suggeriscono che voi potreste essere coloro che la Provvidenza ha voluto inviarci ...».

Ma non poté completare quanto stava affermando che uno dei compagni di Ugo, immaginando di dover respingere una delle frequenti richieste d'elemosina, spronò il proprio cavallo pronto a battere il malcapitato con il suo scudiscio. Ugo, avvicinandosi a sua volta, bloccò, con fare perentorio, il compagno, invitando il villano a proseguire il racconto. Questi, riavutosi dallo spavento, guardando Ugo con fare riconoscente, riprese a parlare: «Nobilissimo signore, vi supplichiamo, aiutateci! Siamo poveri ed ignoranti contadini, privi di coraggio e di armi; gli scarsi averi, frutto del nostro lavoro, sono preda di violenti e feroci briganti che rendono grevi ed amari i nostri giorni. Il Conte Angerio, signore di queste terre, è già da diverso tempo assente, perché è dovuto correre con i suoi armati ad ingrossare le fila del proprio Principe, lasciando qui un anziano cavaliere, suo vassallo, a presidiare il territorio. Purtroppo, a seguito di un vile agguato, egli è, ormai, quasi paralizzato e la sua dolce figliola, che vive con lui quasi segregata nell'antica Torre di Cortimpiano, non è certamente in grado di accorrere in nostro aiuto ... È ben

misera la nostra sorte, nobile cavaliere, ma ancor di più lo è quella della nostra signora, che temiamo possa cadere in mano a quei banditi che ritengono di non dover temere né braccio d'uomo né ira divina!».

Ugo aveva ascoltato le parole di quell'uomo in silenzio, meditando. Il tono accorato delle parole del contadino lo aveva colpito, suscitando in lui un turbinio di pensieri. Sarebbe certamente stata azione meritoria e degna intervenire in favore della nobildonna della Torre e del suo anziano padre. Avrebbero avuto l'occasione di riposarsi dalle fatiche del viaggio e di ritemprare il loro braccio, reso ormai fiacco dai troppi giorni d'inattività.

Oltretutto, l'occasione di guadagnare la fiducia e la riconoscenza del Conte Angerio appariva particolarmente propizia ... «Ditemi, come posso raggiungere l'antica torre di cui mi avete parlato?». Ben felice dell'interesse che Ugo sembrava mostrare, carico di speranza, l'intraprendente villano, insieme agli altri contadini, condusse il drappello fino alla dimora del loro signore, da lì non molto distante.

Una piccola fattoria fortificata, antistante la scura sagoma della torre, ricavata da pietre di origine vulcanica, tipiche di quella zona, si presentò ai loro occhi alla fine del breve viaggio. Bussato alla pesante porta di legno, un servo, dopo essersi accertato della loro identità, ricevette l'ordine di aprire. Un'esile figura di donna, accostatasi ad una finestra, li osservava con un certo timore. Si trattava di Adelaide, la figlia dell'anziano vassallo del Conte Angerio, che aveva osservato la scena con attenta trepidazione. Superato un iniziale riserbo, rassicurata dalla conciliante presenza dei contadini che li avevano scortati fin lì, si dispose ai propri doveri d'ospite. Dopo aver dato asilo fra le robuste mura della magione ad Ugo ed ai suoi, ordinato che fossero rifocillati, li ricevette in una piccola sala, arredata spartanamente, attigua a quella dove avevano consumato il pasto.

I primi momenti trascorsero in silenzio, quasi come se volessero studiare reciprocamente le loro reazioni. Ugo era colpito da quella ragazza: il corpo snello, il collo lungo ed armonioso, un viso dolce, impreziosito da due occhi nerissimi come quelli delle donne arabe, la carnagione olivastra, che emanava una fragrante essenza, i neri capelli incorniciati da una piccola cuffia, le mani dalle lunghe dita affusolate, raccolte in grembo, che continuavano a far rigirare attorno all'indice un prezioso anello, tradendo un forte imbarazzo ed un certo nervosismo.

«Cosa vi porta presso le nostre terre?», chiese lei, con un fil di voce.

«Dolce signora, siamo uomini d'armi, avvezzi ed induriti dall'esercizio della guerra, ma il nostro cuore di cavalieri non poteva restare insensibile alla richiesta d'aiuto rivolta dai vostri contadini. L'apprendervi indifesa ed in balia d'uomini infami offende il nostro spirito: siamo qui per aiutarvi, diteci come possiamo servirvi».

Rincuorata dalle ardenti parole di Ugo, l'ombra di un timido sorriso fece capolino sul suo volto, poi, come se quest'apertura avesse tradito una debolezza, si rifece subito seria e disse: «L'intera zona è da tempo infestata da bande di predoni che approfittano dell'assenza d'uomini validi per terrorizzare le nostre genti e rubare i raccolti. Il mio venerato padre ha opposto tutta la sua esperienza per arginare questo flagello, ma inutilmente. I suoi anni ed il suo stato di salute non gli permettono molto di più. Abbiamo più volte inviato dei messaggeri con le nostre richieste di soccorso. Purtroppo, ancora ad oggi, non sono giunti aiuti. La vostra presenza è per tutti noi una grande risorsa ed una benedizione di Dio».

Dopo aver ancora rassicurato la nobildonna sul suo incondizionato sostegno, Ugo fece subito un conciliabolo con i compagni sul da farsi. Snidare dai loro rifugi quelle bande isolate e male organizzate e

affrontarle in campo aperto non sembrava un'azione molto difficile. La loro preparazione militare, opposta alla confusa veemenza di quei predoni, li portò una piena vittoria in grado di sconsigliare chiunque altro avesse voluto, in futuro, sfidare la loro ira.

Ripulite quelle contrade dal flagello del banditismo, la riconoscenza degli abitanti e della loro ospite, si fece via via sempre più consistente e piacevole. Pur non avendo realizzato grandi guadagni dalla loro azione, godevano adesso di un notevole credito presso quella gente. In realtà, parecchi di loro ritenevano che fosse giunto il momento di rimettersi in marcia, Ugo, viceversa, non aveva più molta fretta di raggiungere le truppe che si muovevano verso Sud, almeno per il momento ...

Trascorrono i giorni, ed i rapporti con la nobildonna sono sempre più sciolti. Ora lei è meno timida e riservata nei confronti del giovane franco. Un sorriso in più, un baciamano più prolungato del dovuto, uno sguardo che fa arrossire ... ma il loro idillio non sembra essere visto di buon occhio dai compagni di Ugo. Sempre più irrequieti ed impazienti, alcuni di loro meditano già di rimettersi in viaggio senza di lui. Molti non si sentono di abbandonare colui che li ha guidati sin lì con mano sicura, altri, alfieri di un certo dissenso, fomentano il fiorire di pesanti tensioni sempre più difficili da controllare.

La soluzione del problema, come spesso accade, è offerta dal caso. In un'umida mattina di novembre, in compagnia di un nutrito drappello di armati giunge presso la fattoria, annunciato dal pesante tramestio dei cavalli, il cugino di donna Adelaide: il giovane cavaliere Alessandro Amarelli. Egli, infatti, dopo aver ricevuto dai comuni parenti calabresi e dal Conte Angerio in persona l'incarico di prestare soccorso ai suoi congiunti, aveva cercato di raggiungere quelle terre nel più breve tempo possibile. Purtroppo lungo il cammino aveva incontrato grandi difficoltà. L'attraversamento di territori in guerra aveva ritardato l'avanzata della spedizione di soccorso. Il loro arrivo è salutato da tutti, con grande gioia. Ugo incontra subito il giovane Amarelli e lo mette a parte di quanto è accaduto, ricevendo parole di gratitudine per l'aiuto prestato. Fra i due giovani s'instaura subito un clima di grande cameratismo e rispetto.

La presenza di una nuova guarnigione ripropone comunque il mai sopito problema della loro permanenza presso quelle terre. Ugo si trova costretto a riunire il suo gruppo per fare il punto della

situazione. Non sembrano sussistere più ostacoli alla loro partenza, ma egli ha ormai maturato altri progetti, così decide, con il consenso di donna Adelaide, di rimandare la sua partenza e di godere ancora dell'ospitalità concessagli dalla dolce signora della torre. Ascoltate, quindi, le ragioni dei propri compagni per l'ultima volta, augurandosi che il futuro possa regalare loro nuove opportunità per condividere i futuri destini, Ugo, dopo averli abbracciati uno ad uno, con una punta di mestizia li congeda. Solo pochi rimangono. Agli altri sono affidate delle credenziali utili ad avere una buona accoglienza presso le schiere del Conte Angerio.

Partiti i suoi, Ugo ritrova il tempo per quei momenti di riflessione, che tanto avevano caratterizzato le sue giornate in patria. Si rivede a cavalcare solitario fra i boschi, con la sola compagnia delle mille domande e dei mille dubbi che lo arrovellavano. Ripensa all'antico monastero benedettino dove, tante volte, aveva cercato delle risposte con il paterno aiuto di frate Gerardo. La speranza di un destino diverso, l'onore di cavaliere al quale aveva sempre tenuto ... Spesso si ritrova a confidarsi con Alessandro. La medesima giovane età, cementata dalla comunione d'intenti che avevano riscontrato tra loro, aveva fatto nascere tra i due una grande amicizia. Ugo è molto attratto dalla dolce Adelaide, e sa che anche lui non le è indifferente, ma il suo stato di cavaliere dalle incerte fortune e dal non meno incerto futuro inibisce un po' la sua velleità verso la giovane donna. Alessandro lo rassicura. Più volte aveva ricevuto le confidenze della cugina e sapeva che le difficoltà palesate da Ugo non erano insormontabili. L'anziano padre di Adelaide provava verso di lui profondi sentimenti di riconoscenza e di stima, avendo avuto modo di apprezzarlo, oltre che per il valore del suo braccio, anche come amministratore delle proprie terre nel periodo in cui gli erano state affidate. Ugo si era caratterizzato attento signore, inflessibile nel punire, ma sempre pronto a concedere indulgenza a coloro i quali si rivolgevano a lui per avere mercede.

Non vi sono ostacoli: il matrimonio è combinato! Presso la piccola chiesa del borgo, è celebrata una riservata cerimonia che santifica l'unione dei due giovani. La popolazione partecipa con gioia all'evento. In questa unione vede la possibilità di poter godere a lungo di un periodo di pace e di prosperità. Presto un lieto evento avrebbe rallegrato la coppia, completando la felicità di Ugo. Egli ormai ritiene che quella sarebbe diventata la sua nuova patria e che la sua discendenza avrebbe fondato una dinastia in quei luoghi, accrescendone

l'importanza ... Decide che avrebbe fatto partecipi della sua soddisfazione i parenti e gli amici che, ormai da diverso tempo, aveva lasciato in patria. Scrive carico d'entusiasmo alla madre, raccontandole di quanto era accaduto quasi godendo, con una punta di malizia, di ciò che avrebbero pensato coloro i quali l'avevano bollato come un sognatore visionario ...

Trascorre del tempo prima che gli giunga una risposta dalla terra di Champagne. La madre, nel congratularlo per quanto era riuscito a realizzare grazie al proprio valore, lo informa della morte del padre, e che quindi gravose incombenze pesano ormai su di lei.

In terra di Champagne, peraltro, sembrano essere nate nuove opportunità che potrebbero favorirlo alla corte del Conte … Nella lettera vi è più che un sottile invito a far rientro in patria, invito che Ugo non può e non vuole raccogliere.

Ma spesso i desideri degli uomini seguono strade diverse dalla volontà di Dio!

Ad altri incarichi sarà chiamato il giovane cavaliere, altri cimenti ed altre prove dovrà subire nella sua vita …

La giovane moglie muore dando alla luce un figlio maschio. Il colpo è tremendo per Ugo. I primi giorni trascorrono come avvolti fra le nebbie di un'impalpabile incoscienza ... Il figlio che la sua giovane e sfortunata compagna gli ha lasciato, non basta a rallegrarlo, tutto il disegno che la sua vita cominciava a palesargli pare dissolversi nel nulla. Il nonno, invece, sembra avere tratto forza da quella nascita. Egli vede, nel nuovo nato, la prosecuzione della sua stirpe, quasi escludendo dai propri disegni lo stesso Ugo.

Frattanto, dal Nord, gli echi di nuove idee che stanno generando tempi nuovi per il mondo, raggiungono anche quelle terre.

Una nuova cavalleria ispirata ai principi di Cristo sembra volersi affacciare prepotentemente alla ribalta del panorama europeo. Giungono altre notizie dalla Francia. Ugo, il nuovo Conte di Champagne, è molto attento a quanto sta accadendo. La sua posizione ed i suoi interessi sembrano essere in linea con i tempi ed in grado di determinare ulteriori opportunità … Si riflette a lungo sul da farsi. Il suo buon amico Alessandro, che gli era stato vicino nei momenti più tristi, lo invita ad analizzare bene la situazione. Il Conte Angerio era rientrato da tempo con le sue truppe presso la propria residenza. La terra godeva della protezione di un potere centrale forte e il proprio

figlio avrebbe potuto crescere, sotto l'amorevole tutela del nonno, in maniera sana e robusta.

Lo stesso Alessandro non manca di fargli notare come il suo rientro in patria potrebbe offrirgli l'opportunità di riallacciare i rapporti con il nuovo Conte di Champagne, presso cui Ugo sa di godere di una certa considerazione.

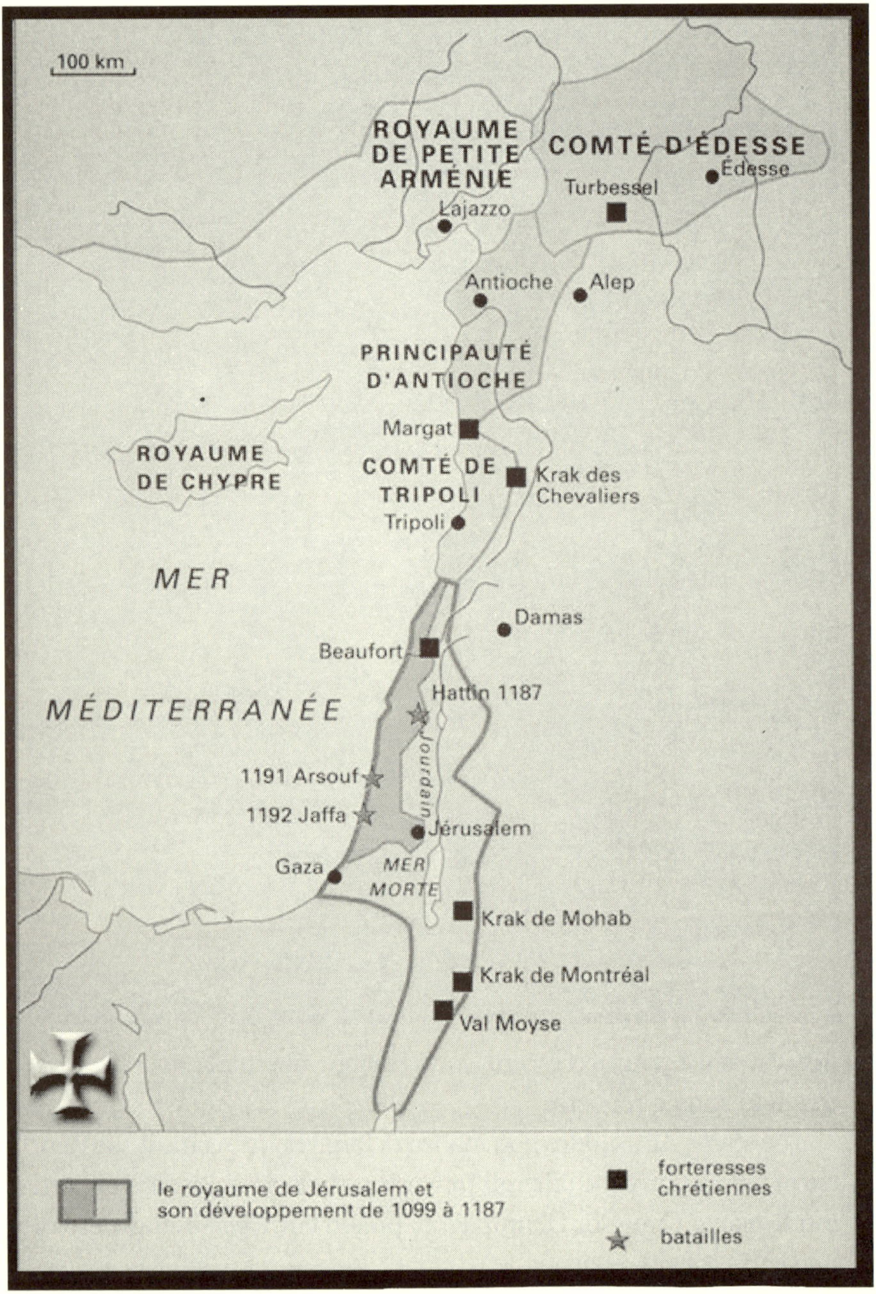
100 km
ROYAUME DE PETITE ARMÉNIE
COMTÉ D'ÉDESSE
Édesse
Turbessel
Lajazzo
Antioche
Alep
PRINCIPAUTÉ D'ANTIOCHE
Margat
ROYAUME DE CHYPRE
COMTÉ DE TRIPOLI
Krak des Chevaliers
Tripoli
MER
MÉDITERRANÉE
Damas
Beaufort
Hattin 1187
Jourdain
1191 Arsouf
1192 Jaffa
Jérusalem
Gaza
MER MORTE
Krak de Mohab
Krak de Montréal
Val Moyse
le royaume de Jérusalem et son développement de 1099 à 1187
forteresses chrétiennes
batailles

Desiderio d'avventura e nuovi cimenti, la medicina giusta per uscire dal torpore in cui si era cacciato a causa degli ultimi accadimenti della sua vita: sarebbe ripartito! Preparata con la consueta attenzione ogni cosa, in compagnia del suo nuovo amico e di una piccola scorta fu pronto a ripercorrere a ritroso quelle strade che lo avevano visto povero di risorse, ma carico d'entusiasmo e di attese.

Quella terra, così ricca di suoni, colori ed odori, pregna d'indimenticabili e struggenti ricordi, non l'avrebbe più rivisto …

Il suo seme, rimasto lì in buone mani, presto sarebbe germogliato, dando luogo a nuovi frutti e nuove discendenze.

Il tempo avrebbe mutato il nome di quel luogo. Non più Cortimpiano ma, assumendo il nome della famiglia di Ugo, sarebbe stato ben presto conosciuto con l'italianizzato nome di Pagani.

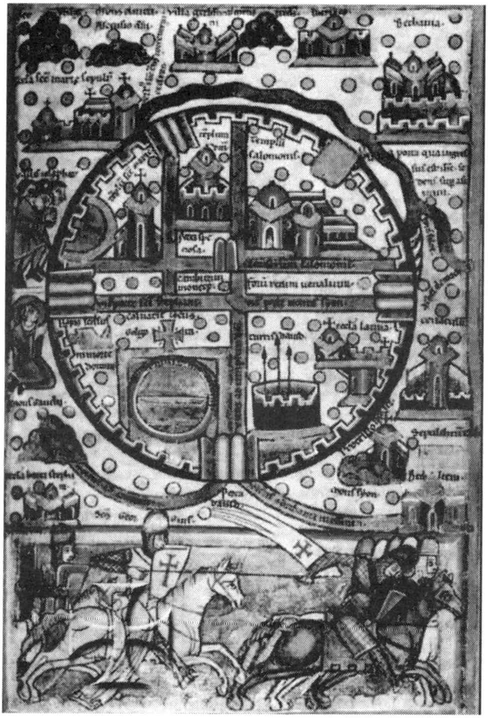

La Prima Crociata

Il rientro in patria, dopo un viaggio non privo di difficoltà, è caratterizzato da una serie di eventi contraddittori. Nulla aveva preparato Ugo a ciò che avrebbe ritrovato in Francia: una terra in armi, dove i fermenti di Guerra Santa, si alternano ad episodi poco edificanti d'intolleranza e di fanatismo.

Dopo avere abbracciato la madre e pregato sulla tomba del padre, Ugo si reca subito presso la corte di Champagne per incontrare il nuovo Conte e porgergli i suoi omaggi. Uniti da un lontano legame di parentela, i due giovani si salutano come vecchi amici. I ricordi della loro adolescenza li accomunano, ma vi è poco tempo per i convenevoli. Gli eventi incalzano: papa Urbano II ha già rivolto alla cristianità il proprio accorato appello, intervenendo al concilio di Clermont, determinando di fatto l'inizio della I Crociata. Molti giovani si sono uniti all'improvvisato esercito raccolto da Pietro d'Amiens. Da alcuni giorni sono già in marcia verso la Terra Santa per liberare il Santo Sepolcro di Cristo. Ugo di Champagne congeda Ugo de Payn invitandolo a prestare la massima attenzione a tali eventi. La casata non avrebbe potuto mancare di partecipare in maniera attiva a tali accadimenti e di certo Ugo avrebbe avuto la sua parte.

Gerusalemme, la Terra Santa, quali incredibili scenari sembrano potersi aprire adesso davanti a lui!

Il ricordo dei suoi giorni in Italia è ancora fresco ma è già travolto da nuovi desideri. Quanto stava avvenendo avrebbe determinato in modo irreversibile la storia del mondo occidentale, Ugo ne era certo.

Ritornato alla magione avita, carico di contrastanti pensieri, il ricordo di frate Gerardo sembra balenargli alla mente come l'unico in grado di poterlo confortare. Montato in sella, si reca all'abbazia dove vive il vecchio frate. Percorso il breve tragitto, la familiare mole della costruzione gli si para davanti, quasi come se volesse ammonire chiunque fosse passato in quei paraggi che quello era un luogo di Dio. Accostatosi al portone d'ingresso e bussato al pesante portale, dopo essersi fatto riconoscere dal frate guardiano, varca la soglia del convento:

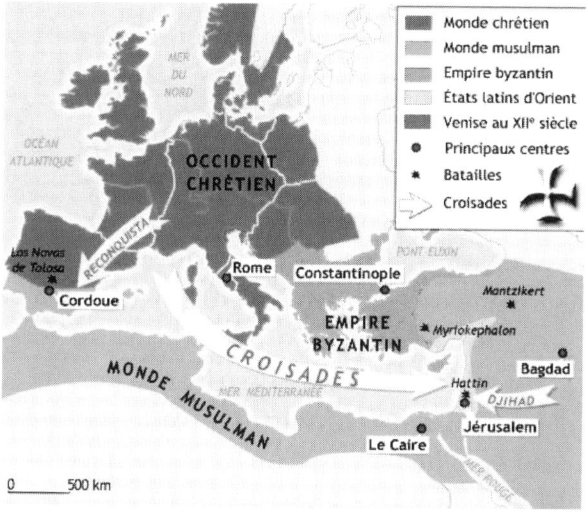

«Quanto tempo, Ugo, sono felice di rivederti», dice frate Berardo abbracciandolo vigorosamente. «Dimmi, cosa ti porta presso di noi, non sarà forse il profumo dello stufato ad averti attratto?».

Sorridendo Ugo risponde: «Vedo che le vostre braccia sono sempre molto robuste, le mie costole dolgono ancora per il vostro … affetto!». Una franca risata del frate accompagna le ultime parole di Ugo: era un vero ritorno a casa! «In verità», continua Ugo, «ho bisogno di conferire con frate Gerardo». Era questi uno dei fratelli più anziani dell'abbazia con cui Ugo aveva da sempre uno speciale rapporto, come se il vegliardo vedesse in lui più un figlio che un "fratello".

«Attraversa il cortile interno, raggiungi il chiostro e lì troverai frate Gerardo», concluse frate Berardo.

Superato a grandi passi l'ampio cortile, Ugo arriva in cima a una breve scalinata.

Assorto in profonda meditazione, il religioso era seduto su una panca di pietra che tracciava l'intero perimetro del chiostro.

Nella parte interna, delimitato da un colonnato, vi era un rigoglioso giardino dove spiccava un profumatissimo roseto che era il luogo preferito dal frate.

«Frate Gerardo», disse con tono sommesso ... Egli, pur non aprendo gli occhi, riconobbe subito la voce del suo figliolo spirituale e, distendendosi in un breve sorriso, gli fece cenno d'avvicinarsi. «Ho bisogno del sacramento della confessione e del conforto della vostra parola».

Il vecchio frate, dopo essersi alzato, abbracciò Ugo paternamente e disse: «Avevamo saputo del tuo ritorno. Tua madre non ha mancato d'informarci». Avviatosi in direzione di una piccola cappella ed indossati i paramenti sacri per celebrare l'uffizio richiesto, il frate si dispose all'ascolto del suo giovane e ritrovato amico: «Dimmi Ugo, cosa affligge il tuo cuore?».

«Venerato fratello, temo di avere peccato di vanità e

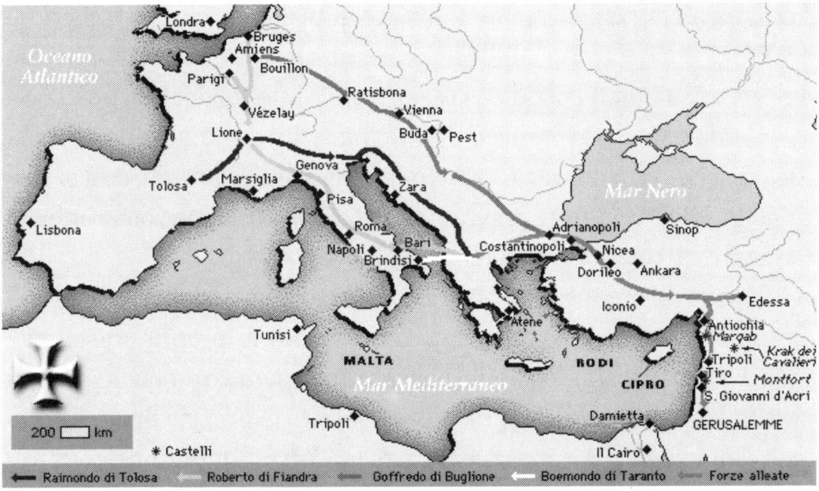

d'orgoglio. Morta la mia dolce sposa nel darmi una discendenza, che avrebbe dovuto rappresentare le mie radici in quella terra che tanto generosamente mi aveva ospitato, non ho esitato ad abbandonarla per seguire i miei intenti». In realtà Ugo sentiva in sé la forza per realizzare qualcosa che potesse trascendere il quotidiano, come se il buon Dio l'avesse chiamato ad un compito di cui egli stesso non conosceva ancora la portata. Tutto ciò gli creava a volte grandi tormenti, persino la paura di non seguire le strade di Cristo, ma solo quelle della propria vanità.

«Ugo», disse fra Gerardo, «conosco il tuo cuore, ed ancor più di me lo conosce Dio, rifuggi dalla fretta e dall'impazienza, non dubitare di te stesso, ciò che il Signore a volte ci pone è troppo difficile per le nostre misere menti. Ciò che deve, sarà! Tu non potrai che essere lo strumento del Suo volere».

Confortato dalle parole del frate, rassicurato dalla sua benevola assoluzione, Ugo decide di trattenersi ancora all'abbazia, così si ritira nella cella che i frati avevano voluto riservargli, per poter meglio meditare su quanto frate Gerardo gli aveva detto.

I giorni si susseguono ed il giovane cavaliere, ritornato alle sue abituali attività, dimentica apparentemente le proprie ansie ed i propri tormenti. Il Conte di Champagne, peraltro, non manca di gratificarlo chiamandolo persino ad avallare la propria firma. Le notizie della spedizione già partita per la Terra Santa, intanto, sembrano non provocare più grandi fermenti, ma il *casus belli* sta oramai per scoppiare ...

Gli uomini di Pietro l'Eremita vengono massacrati dai saraceni in Asia minore, i pochi superstiti sono a stento riusciti a riparare a Costantinopoli. La cosa ha una vasta eco in occidente. La forte reazione emotiva che essa provoca fa sì che si rompa ogni ulteriore indugio. I potenti d'Europa approntano un nuovo e più organizzato esercito che, agli ordini di Goffredo di Buglione, si appresta a partire.

Il Conte di Champagne decide di contribuire alla missione: Ugo è chiamato a partecipare alla spedizione. La partenza ormai s'appresta e mille pensieri affollano la mente d'Ugo. Era stato nominato da Ugo di Champagne in persona, comandante del contingente: si trattava di un grande onore e di una grave responsabilità ...

La Crociata, liberare il Santo Sepolcro di Cristo: forse era proprio questo l'arduo compito al quale si sentiva pronto da tempo!

Giunto con il grosso dell'esercito in Oriente, si trova subito coinvolto nell'assedio di Antiochia. Sono giorni tremendi, dove solo la fede nella giustezza della propria causa riesce ad essergli di conforto. Non sono certo le privazioni a preoccupare Ugo, ma gli eccessi dell'esercito gli appaiono a volte inutili e crudeli.

Antiochia cade, adesso nulla più è sulla strada di Gerusalemme!

La sera che precede la caduta della città, Ugo osserva il cielo della notte che gli appare più luminoso del solito, come se volesse lasciar presagire un grande evento ...

È il 1099, i luoghi sacri di tutta la cristianità sono aperti al culto ed alla devozione dei fedeli: Gerusalemme è finalmente libera.

Quello che penetra dentro la città non è un esercito vittorioso. Troppo onerosa è stata la campagna e troppo sangue è stato versato sull'altare della Santa missione, ma Ugo è subito preso dalla magia di quei luoghi. Si guarda intorno. Uomini dai tratti diversi, donne velate, animali mai visti prima se non in bestiari immaginari, frutti dal sapore del miele.

Una rilassatezza generale l'avvolge. Trascorre spesso le giornate girando per i bazar, inebriandosi dei profumi e delle essenze rare. Odori che aveva avvertito sin dal suo arrivo in quella terra e da cui si era sentito rapito. Si inoltra nel quartiere vecchio. Attraversa la Porta d'Oro e da lì raggiunge la spianata di Al Aqsa, dove una volta sorgeva il Tempio di re Salomone: quale solenne magnificenza doveva rappresentare!

Ora ben poco è rimasto: il tempo e la furia degli uomini avevano preteso il loro triste tributo. Continua il proprio girovagare fino al Santo Sepolcro, dove incontra un altro genere d'umanità: musulmani ieratici, ebrei salmodianti, cristiani lì convenuti per chiedere grazie e trovare l'espiazione dei propri peccati. Raggiunge la torre di Davide e quindi quella di Tancredi, volge lo sguardo verso l'orizzonte ed ha una visione generale della città. Ritorna sui suoi passi perdendosi nel labirinto della casbah. Si ritrova assorto in profonda meditazione. Quella terra mistica, lo strano potere evocativo che sembra emanare da ogni pietra: la magia di quel luogo sembra essere in

grado di provocare in lui un grande fermento. Si ritrova con il pensiero presso il familiare ricovero dell'abbazia benedettina, sente ancora il canto dei frati riuniti in preghiera, ripensa alla cara figura di frate Gerardo ed alle sue sagge parole. Ritiene di doverlo far partecipe del proprio stupore e del proprio turbamento. Gli invia una missiva carica d'ardore e di forza descrittiva, pregando il frate di farsi latore presso il Conte di Champagne della propria devozione e riconoscenza.

Adesso Ugo non ha più dubbi: in quella terra troverà appagamento a quei desideri da sempre vagheggiati nei suoi sogni.

Lì, il proprio destino si compirà!

Ugo di Champagne

«Non scorderete mai che Voi, per grazia di Dio, Conte di Blois e di Champagne, avrete la responsabilità delle fortune del vostro popolo e della salute della sua anima!».

Con queste parole frate Anselmo, cappellano alla corte di Champagne, ammoniva il giovane conte Ugo, chiamato, alla morte del padre Tibaldo III, ad assumere l'onere del governo di un vasto e popoloso territorio ...

... Ma non erano certo i sottili giochi della politica e gli intrighi di corte a coinvolgerlo ... Le beghe di palazzo, spesso motivate dal desiderio di guadagnare un posto più vicino al favore del proprio signore, erano per lui la rappresentazione di una pantomima che lo lasciava del tutto indifferente. Molti avevano imparato, sulla propria pelle, a riconoscere ed a temere le fredde lame del suo sguardo e della sua disapprovazione! Ben altre cose motivavano il suo interesse! Le lettere classiche, i filosofi greci e latini, la minuziosa interpretazione di antichi testi sacri e tradizionali. Un profondo desiderio di conoscenza che solo lo studio e la ricerca erano in grado di soddisfare, realizzando lo strumento idoneo a valicare i propri limiti. Dedicarsi alla sua crescita interiore non gli aveva comunque impedito di apprendere con successo l'uso delle armi e l'arte della guerra. Abile sia con la spada sia con la lancia, Ugo era in breve tempo diventato uno dei cavalieri più temuti della regione. Le giostre ed i tornei che, spesso, venivano banditi in quelle contrade, permettendo ai migliori di

confrontarsi, lo avevano visto partecipare, non come il giovane figlio del Conte di Champagne, ma come l'orgoglioso cavaliere, fiero dei suoi retaggi, alla costante ricerca di quelle prove che potessero esaltarne il coraggio.

In lui convivevano due anime: l'impavido e nobile cavaliere, primo nella lotta ma sempre pronto a concedere mercede ai più deboli, e lo studioso, attento a cogliere le sottigliezze che la sua mente, costantemente in fermento, proponeva come una sfida.

I doveri di sangue gli imponevano una rigida disciplina. Ugo aveva di certo imparato l'importanza del rispetto di determinati principi, ma il fascino che la conoscenza esercitava su di lui era più potente e più forte d'ogni altro ...

Fiorenti in quegli anni erano i rapporti di scambio con le ricche terre d'Oriente. Grandi spedizioni erano spesso allestite per portare in Occidente merci disparate e preziose: damaschi, spezie, essenze rare, tessuti finemente lavorati.

Il giovane Ugo era sempre tra i primi ad accogliere il ritorno di quelle incredibili carovane. Nell'eccitazione generale, i personaggi più insoliti si affollavano nella coorte interna del castello. Uomini carichi delle proprie mercanzie che urlavano i loro ordini come delle minacce, canti di donne nei loro idiomi esotici, saltimbanchi e girovaghi sempre pronti ad improvvisare i propri spettacoli.

Alla sera, quando i fuochi dei bivacchi, fuori delle mura, cominciavano ad illuminare la vallata circostante, Ugo era solito confondersi fra quei pittoreschi personaggi, indossando abiti comuni. Amava partecipare ai loro coloriti racconti, viaggiare con la fantasia in quei luoghi lontani, pieni di mille promesse e di grandi sorprese. Così, si ritrovava a percorrere a dorso di dromedario le misteriose piste del deserto, sostando nelle oasi per godere della loro frescura e del ristoro delle rare pozze d'acqua, imbattendosi nelle isolate popolazioni nomadi che lo abitavano o fuggendo via dall'harem di un sultano di cui aveva violato l'intimità ...

... Non poteva fare a meno di pensare che tutti i suoi libri non avrebbero potuto soddisfare e stimolare altrettanto la fantasia quanto i racconti di quella gente.

Fondamentale per il successo di queste spedizioni era poter contare su uomini scelti e fidati: Dagoberto delle terre di Beaulieu sull'Aube era colui che riscuoteva la fiducia del conte Tibaldo.

Uomo d'armi e saggio conoscitore della natura umana, l'anziano soldato era in grado di tenere in pugno le sorti dell'intera carovana, così come nel passato aveva comandato con polso fermo le truppe del conte di Champagne. La sua imponente figura, peraltro, era già da sola in condizione di incutere timore e rispetto. Alto, robusto, dalla folta chioma ondulata che, insieme alla fulva barba, gli dava un'apparenza leonina, ad onta della sua non più verde età, era ancora perfettamente in grado di far valere la forza del suo braccio. Aver perduto, in una delle tante campagne cui aveva partecipato nel passato, la mano sinistra gli dava, se possibile, un'aria ancora più minacciosa.

Nel momento in cui il Conte di Champagne aveva deciso di affidargli la responsabilità di una spedizione commerciale in Terra Santa, Dagoberto aveva subito capito che sarebbe stato un compito non meno arduo di quelli militari nei quali si era già distinto nel passato. Si trattava di terre infide per loro stessa natura e la presenza di forti tensioni religiose non migliorava certo la situazione.

Sulla via del ritorno, infatti, lasciata oramai Gerusalemme ad alcuni giorni di cammino, mentre percorrevano una vecchia pista poco battuta, scelta apposta per sfuggire ad attenzioni poco gradite, accadde un evento straordinario.

Un sibilo sempre più forte, fino a diventare assordante, accompagnato da numerosi mulinelli di sabbia, annunciò l'arrivo della tempesta. Il Simun, l'incubo delle carovane che attraversavano il deserto, tanto violento quanto improvviso, si abbatté su di loro.

Furono ore terribili. Molti vennero travolti dalla sferza rovente della sabbia trasportata dal vento, altri cercarono la fuga disperdendosi tra le dune. Tutti dovettero pagare un pesante tributo al deserto! Dagoberto, pur essendosi prodigato sino all'ultimo momento utile nel tentativo di prestare aiuto e salvare quanto possibile, era riuscito a scampare il pericolo trovando rifugio in un inaspettato ricovero. Il panorama offerto dalla carovana, cessata la tempesta, era desolante!

Ciò che preoccupava maggiormente Dagoberto era il ritrovarsi lontano dalla pista che stavano percorrendo, alla completa mercé delle bande di predoni che avrebbero potuto approfittare del loro sbandamento. Era necessario che la carovana si riorganizzasse in fretta, badando alle proprie difese.

Si era all'imbrunire e le prime stelle cominciavano ad apparire nel cielo, quando un certo ordine ritornò nel campo. Dagoberto si guardò attorno con fare circospetto. La tenue luce della sera gli permetteva di vedere ancora attorno a lui. Le ombre di alcune alture lì vicino, proiettandosi al suolo, sembravano volergli suggerire il cammino da seguire. Raggiunte in breve quelle colline, si rese conto della presenza delle rovine di un antico insediamento che offrivano un ottimo riparo per la notte. Non era certo il momento di perder tempo, il giorno dopo avrebbe approfondito la natura di quei ruderi.

Approfittando dei contrafforti naturali e delle mura esterne di quelle misteriose rovine, fece montare le tende per la notte.

La carovana, anche se già provata da quanto accaduto, si mise al lavoro di buona lena sotto l'occhio vigile dell'onnipresente Dagoberto, che non tralasciava alcun particolare. Terminato il proprio giro di ispezione, consumata una frugale cena, venne finalmente anche per lui il momento di riposare.

Il mattino seguente, destatosi all'alba, dopo aver disposto affinché la carovana si preparasse a riprendere il cammino, Dagoberto decise di fare un sopralluogo presso quelle rovine che, la sera prima, gli avevano offerto un così valido riparo. Non riteneva certo di essere competente nel valutare la natura di quel posto, ma ad una prima analisi ciò che vedeva sembravano qualcosa di più che i ruderi di un vecchio insediamento. Mentre girava curioso fra quelle antiche pietre, la sua attenzione fu catturata da un luogo che spiccava per il suo stato di conservazione rispetto al resto del sito. Al suo interno, in quello che sembrava essere un tempio, un'ara sormontata da due colonne collocate in posizione centrale dominava l'ambiente. Guardando con maggiore attenzione, si accorse che nella parte posteriore di quel monolitico blocco di pietra, semi nascoste da un sottile e scrostato strato di intonaco, vi erano delle piccole nicchie. Al loro interno si intravedeva la presenza di qualcosa.

Rimosso quel sottile ostacolo di colore azzurro, Dagoberto si rese conto dell'esistenza di sei piccole nicchie. Dentro quattro di esse vi erano altrettanti piccoli cilindri di pelle che conservavano, ben arrotolate e ingiallite dal tempo, delle pergamene su cui erano miniati dei simboli e delle iscrizioni in una lingua a lui sconosciuta. Intuendo l'importanza di tale ritrovamento, raccolti e conservati con cura i misteriosi cilindretti nella propria sacca, Dagoberto si allontanò da quel

luogo. Rientrato nella sua tenda, fece una rudimentale mappa della zona. Qualora ritrovare quel sito fosse stato ritenuto opportuno, avrebbe potuto contare su di una buona traccia.

Al rientro in patria, la carovana fu accolta dalla consueta confusione. Il loro arrivo al castello travolse tutti in un'euforia generale. Dagoberto, dopo avere ampiamente dettagliato il conte Tibaldo dei frutti ricavati dalla spedizione in Terra Santa, congedatosi dal proprio signore, ritornò all'accampamento dove ad attenderlo vi era ancora un duro lavoro. Giunto sul luogo, scorse subito il giovane Ugo intento a parlottare e scherzare con alcuni uomini. Ricordatosi del piccolo tesoro che custodiva ancora nella propria sacca, conoscendo l'interesse che il suo giovane signore nutriva per gli antichi documenti, decise di fargli cosa gradita donandoglielo.

Avvicinatosi ad Ugo, infatti, assumendo quell'aria complice ed un po' irriverente, caratteristica del suo temperamento, Dagoberto cercò di richiamare la sua attenzione. Incuriosito dall'atteggiamento del vecchio soldato, Ugo lo raggiunse sul limitare del piazzale per sentire cosa avesse da dirgli. In verità, Ugo conosceva Dagoberto fin da bambino ed il vecchio soldato nutriva nei suoi confronti una tenerezza quasi paterna, che gli permetteva delle confidenze che altri non osavano nemmeno pensare ...

«Che cosa frulla nella tua mente, vecchio predone del deserto?», disse Ugo.

E Dagoberto di rimando:

«Questo vecchio ha qualcosa di molto speciale per voi, mio giovane signore» e, indicandogli con il robusto braccio la strada verso l'interno di un carro, Dagoberto lo precedette.

Lì sarebbero stati al riparo da orecchie indiscrete. Rassicurato sul fatto che nessuno potesse ascoltarli, prese a raccontargli di quanti e quali accadimenti gli avevano permesso di compiere quell'eccezionale ritrovamento. Ugo, mostrando un'impazienza che faceva da contrasto con la calma di Dagoberto, era ormai al colmo della propria eccitazione, quando il vecchio soldato trasse dalla sacca, dove fino allora li aveva custoditi, i misteriosi rotoli.

La ricerca dei più riposti ed arcani significati che le pergamene in lingua Aramaica sembravano voler celare, rappresenterà per Ugo di Champagne un impegno che da quel giorno cercherà di assolvere con estremo puntiglio e rigore.

Dopo la morte del padre, infatti, assunti quegli oneri di governo tanto gravosamente ricordati da frate Anselmo, usando tutta la dovizia di mezzi di cui poteva disporre, si dedicò in maniera assidua a tale compito. Lo studio simbolico e cabalistico che l'interpretazione comportava

lo impegnò, infatti, per molti anni. Pur avvalendosi della collaborazione di un dotto rabbino della sinagoga di Troyes, con il quale trascorse svariate ore di studio, sfidando le ire ecclesiastiche che non vedevano di buon occhio la collaborazione di esponenti ebrei con il Conte di Champagne, il mistero non venne del tutto svelato.

Forse era necessario affrontare la lettura con gli occhi del cuore piuttosto che con quelli della mente, affidarsi più al proprio intuito che alla ragione ...

Diverso tempo dopo, una bella mattina di primavera, Ugo era particolarmente allegro quando ricevette la visita di frate Gerardo, il venerato monaco benedettino, confessore ed amico di quel giovane cavaliere suo coetaneo, che aveva inviato in Terra Santa insieme al contingente approntato per affrontare gli infedeli.

La I Crociata si era conclusa da non molto con la liberazione del Santo Sepolcro di Cristo e Baldovino, succeduto a Goffredo di Buglione, era stato proclamato il primo Re latino di Gerusalemme.

Disse Ugo: «Sedetevi caro fratello, vedervi è per me motivo di grande gioia, oltre che di sorpresa. Cosa vi porta lontano dalla pace del vostro monastero?».

«Sono latore della devozione del vostro cavaliere Ugo de Payn, che voi avete inviato, oramai quattro anni orsono, a combattere la causa della cristianità».

«Sono al corrente», disse Ugo, «come il nostro fratello abbia fatto onore al proprio nome ed a quello del suo signore e per me è motivo di grande gioia. Al suo ritorno non mancheremo di rendergliene merito, ma è già passato quasi un anno dalla caduta di Gerusalemme, so che Baldovino ha invitato molti crociati a rimanere in Terra Santa per cristianizzare quel sacro luogo. Sarebbe per tutti noi un grande onore se egli fosse investito di un alto incarico; è, per lui, il giusto premio che non mancheremo di perorare presso la corte di Gerusalemme: sono forse queste le motivazioni che lo trattengono in quei luoghi?».

Il monaco si fece più serio, corrucciò la fronte, come se stesse valutando l'opportunità di mettere al corrente il Conte di quanto Ugo gli aveva raccontato nella sua lettera, quindi disse: «In realtà egli è come rapito dal luogo in cui si trova. La sua sacralità, il respiro dei secoli che vi aleggia, l'incredibile crogiolo di razze e di religioni che esso rappresenta. Tutto sembra potere svelare al suo cuore ciò che anela da tempo: uno scopo, un vero obiettivo da perseguire, non per la propria gloria, ma per quella di Dio».

Sinceramente colpito da quanto gli era stato confidato dal vecchio frate, Ugo, dopo averlo congedato, si recò pensieroso presso il torrione di sud-est del proprio castello. Passeggiando lungo le mura, scorse frate Gerardo che si allontanava. "Nessuno più di lui riesce a sollecitare le corde più profonde dell'animo umano", pensava con un pizzico di disappunto.

L'orizzonte gli si parava innanzi: i boschi della sua terra natia si perdevano a vista d'occhio! Provò ad allungare il proprio sguardo, come a volere cercare, in un orizzonte fantastico, le mura della lontana Gerusalemme ...

L'accorato racconto del monaco aveva risvegliato in lui quelle passioni che gli oneri di governo avevano un po' assopito. Ripensava ai propri ideali di ragazzo, alla ferrea volontà di svelare quelle verità riposte che, molte volte, la sua sensibilità ed i profondi studi gli avevano fatto intravedere. Spesso si era sentito vicino a soddisfare quell'arsura che da sempre gli serrava la gola, senza peraltro essere mai riuscito a bere da quella fonte abbastanza da saziare la propria sete.

Era possibile votare la propria vita ad un ideale? Era possibile far di se stessi un vaso vuoto affinché l'Altissimo lo potesse riempire? Era possibile realizzare sulla terra quella Gerusalemme celeste, meta di coloro i quali sono stati risvegliati ad una nuova coscienza di sé?

Ripensava ancora alle parole ed al tono ispirato di frate Gerardo, già venerato da molti come un Santo: solo all'interno del suo cuore avrebbe trovato le risposte. Ugo de Payn doveva rientrare, aveva bisogno di uomini come lui.

Non conosceva quale futuro lo attendeva, ma sentiva che la strada da lui aperta era, finalmente, quella che avrebbe potuto condurlo a riscoprire se stesso ...

Il ritorno di Ugo de Payn

Le giornate che Ugo aveva trascorso a Gerusalemme si erano succedute in maniera convulsa ma prive di particolari motivi di tensione. Sin da quando la città era caduta nelle mani dei crociati, sedati gli ultimi focolai di resistenza musulmana, la calma che ne era seguita aveva conciliato in lui sentimenti di sottile nostalgia. Spesso si era ritrovato immerso in pensieri che lo riportavano, con la mente, alle origini del proprio cammino. Ripensava alla propria terra, al dolce fluire del fiume che lambiva la sua casa natia, alla vigile presenza della madre, al misterioso intrico della Foresta d'Oriente, a quella dolce donna che, in Terra di Lavoro, gli aveva donato la propria vita ed una discendenza ...

L'ardore mistico, che spesso lo aveva accompagnato in Terra Santa, sembrava potergli indicare la strada verso quella che sentiva essere la missione della propria vita. Reminiscenze, presagi ... Li avvertiva tra le mura di Gerusalemme, capaci d'evocare, da sole, la propria storia e di raccontare del proprio inviolato mistero, li riconosceva nelle semplici ma incisive parole che frate Gerardo aveva voluto rivolgergli il giorno della propria partenza per la Santa Crociata ...

Scuotendosi dal torpore procuratogli dall'onda dei suoi pensieri, Ugo, ricordando che re Baldovino I lo attendeva, senza porre altro tempo in mezzo si avviò verso la sede reale. Raggiunta la spianata d'Al Aqsa ed ascesa la scalinata del palazzo reale, dopo essersi fatto annunciare, si pose nella paziente attesa di essere ricevuto dal monarca.

Trascorsi pochi minuti, un servo, dandogli il passo, lo introdusse in una piccola sala defilata, dove il Re soleva intrattenersi con i propri intimi: «Ci giungono notizie dalla Francia. Pare che il vostro signore vi tenga in particolare considerazione. Ugo di Champagne mi chiede di favorire il vostro rientro in patria e non vi nascondo che mi rincresce, ma non ho motivo per contraddire il suo volere.

Una piccola scorta vi sarà assegnata. Mi auguro che possiate raggiungere la vostra destinazione senza correre particolari rischi. Il vostro coraggio e la vostra prudenza sono diventati ben noti alla nostra corte, ma ugualmente v'invitiamo alla massima attenzione lungo il cammino. La conquista del Santo Sepolcro è stata compiuta, ma il territorio è ancora battuto da bande moresche che infestano le strade con le loro scorrerie. Siamo sicuri che avremo presto il piacere di riavervi fra le nostre fila: la presenza di cavalieri del vostro valore è indispensabile in Terra Santa!».

Abbracciato Ugo con calore, dopo avergli augurato buona fortuna, Baldovino abbandonò la piccola sala con passo deciso. Lasciato il palazzo, Ugo si avviò pensieroso verso il suo alloggio. Si domandava quali motivazioni animassero il Conte di Champagne tali da determinare un suo così repentino rientro in patria. Non era facile per un occidentale adattarsi alle abitudini di quei luoghi. Diversi il clima, il cibo, i ritmi stessi della vita ... ma egli in quegli anni aveva trovato una completa comunione con quella terra. Pochi altri erano riusciti ad integrarsi quanto lui, pur mantenendo inalterata la propria dignità di cavaliere. Rientrato in casa, sedutosi con fare risoluto ad un tavolino, si mise a scrivere delle note su di una pergamena. Il suo unico servitore lo guardava in silenzio con un'espressione interrogativa. Era egli un giovane musulmano, scampato al massacro al quale si erano abbandonati i crociati vittoriosi alla caduta di Gerusalemme, grazie all'intervento ed alla compassione di Ugo. Viveva al suo fianco da allora ed aveva imparato a riconoscere, nelle espressioni del viso del proprio protettore, l'immanenza di ciò che stava per accadere.

Consegnato all'attonito servitore il documento grazie al quale avrebbe potuto continuare la propria esistenza da uomo libero, Ugo, con una punta di tristezza, lo congedò.

«Nulla accade a caso!», si disse. Quanto stava avvenendo avrebbe certamente svelato un ulteriore capitolo del proprio destino ...

Dopo aver preparato le proprie povere cose, si apprestò alla

partenza. Raggiunto dopo un breve tragitto il porto di Jaffa, imbarcatosi su di un mercantile dal quale era atteso, iniziò il viaggio di ritorno. Guardando la costa della Palestina allontanarsi sempre più, affacciato alla murata di poppa della nave, una promessa a se stesso, una certezza: quei luoghi lo avrebbero presto rivisto ...

Intanto, in patria, la guerra ormai incombeva, e il Sire di Champagne non poteva mancare al richiamo di Enrico IV di Franconia, con il quale la sua famiglia era legata da tempo da patti d'amicizia e di reciprocità. Le sue disavventure con papa Gregorio VII avevano favorito disordini e ribellioni tanto in patria che nei paesi confinanti. Tali problemi non avevano trovato una soluzione, protraendosi nel tempo, ed adesso il monarca si trovava costretto a ristabilire la propria autorità nei territori fiamminghi. Ugo di Champagne, da parte sua, si apprestava a fornirgli il suo appoggio. Ciò rappresentava un ostacolo ai propri programmi, ma i sottili equilibri della politica lo imponevano. Radunato un non numerosissimo, ma munito esercito, si mise in marcia per raggiungere, a tappe forzate, il grosso delle truppe ...

Il porto di Marsiglia accolse Ugo de Payn con la consueta babele di voci e rumori. Acquistata una cavalcatura con la quale continuare il proprio viaggio, decise di recarsi nella taverna che aveva notato al suo sbarco per la grande animazione che vi regnava. L'oste, riconosciute le insegne che identificavano Ugo come un crociato, si affrettò a servirgli il pasto con ostentata cortesia. Non erano trascorsi poi moltissimi anni dalla sua partenza, ma tutto gli appariva molto diverso da come lo ricordava. Certo, calcare di nuovo il suolo di Francia gli procurava delle sottili emozioni, tuttavia avvertì una sorta di disagio in quel luogo che sentiva poco familiare. Decise di affrettare il suo rientro. Pagato ciò che aveva consumato alla locanda, balzato sul cavallo che poco prima aveva scelto con cura, abbandonò Marsiglia con un senso di sollievo ...

La dolce campagna del Sud della Francia, illuminata da un discreto Sole, lo accolse conciliante facendo da corollario ai suoi pensieri. Le prime luci della sera lo sorpresero ancora assorto, ma vigile. La lunga esperienza di combattente gli faceva rifuggire i pericoli inutili, così decise di fare tappa alla prima stazione di posta che avesse incontrato lungo il cammino. Poco dopo, infatti, Ugo avvistava una misera stamberga che sul lato sinistro della strada si apriva su di un ampio piazzale. Dopo aver dato riparo al cavallo e consumata

una veloce cena, finalmente andò a riposare. Il mattino, mentre si apprestava a ripartire, il grasso locandiere lo informò, con fare condiscendente, che una carovana era transitata da lì il giorno prima del suo arrivo, diretta verso Parigi: «Di certo sarebbero ben lieti di condividere il loro viaggio con vostra signoria. La protezione che voi potrete offrir loro sarà senz'altro d'aiuto in questi brutti tempi ...».

Per quanto Ugo fosse un solitario, i vantaggi della compagnia ipotizzata dal locandiere erano evidenti, così decise che, se li avesse incontrati, avrebbe approfittato dell'opportunità. Al tramonto del giorno seguente, Ugo, in prossimità dell'antico paese d'Isis sur Dan, raggiunse la carovana. L'accoglienza festosa che gli venne riservata fu carica di un calore imbarazzante per un uomo abituato al silenzio del deserto ed a quello delle proprie meditazioni. Così Ugo decise che avrebbe continuato il viaggio ai margini della carovana. Piazzata la tenda nei pressi dell'accampamento, non distante da un'antica torre che guardava scorrere il fiume più a valle, finalmente prese sonno.

In breve gli uomini della carovana imparano a capire ed a rispettare il taciturno cavaliere che si era aggregato alla loro spedizione. Conoscevano i suoi momenti di "lontananza": pur restando sempre vigile ed attento ad ogni cosa, egli era spesso distante da tutti loro ...

Ormai nelle vicinanze di Troyes, il loro cammino si divise.

Le strade di casa finalmente! Ugo stentò ad ammettere a se stesso che provava una certa emozione. Le prime case del villaggio dove era nato, le atmosfere tipiche di quei luoghi che lo avevano visto ragazzo, la natura rigogliosa: tutto sembrava invitarlo a spronare il cavallo! Era stato un lungo viaggio ma, giunto ormai alla conclusione, le sue forze si moltiplicarono.

Sceso da cavallo, non fece in tempo a percorrere per intero il piccolo vialetto di accesso alla magione avita, che l'anziana madre, riconoscendolo, gli venne incontro. Gli anni non avevano mutato il suo atteggiamento fiero, l'accoglienza fu calorosa, ma non priva di una sottile malinconia.

Ugo informò la madre che il Conte di Champagne lo aveva richiamato dalla Terra Santa per conferirgli degli incarichi a lui ancora ignoti. «Il Conte è ormai partito da diversi mesi per unire le sue truppe a quelle di Enrico IV», disse la madre. «I tuoi doveri impongono in ogni caso di recarti a palazzo, dove troverai la sua consorte che saprà sicuramente ricompensarti per i servigi resi al buon nome della casata», concluse la donna. Ugo convenne con lei sull'opportunità di recarsi alla casa comitale. Il mattino dopo, infatti, raggiunse il castello.

Dopo aver attraversato gli spartani saloni, Ugo, rivolgendo un dignitoso inchino alla signora del castello, fu ricevuto all'interno della sala del trono. «Ignoro quali motivazioni abbiano suggerito al mio nobile signore il vostro rientro in patria», disse la contessa. Dispacci dalle Fiandre mi annunciano a breve il ritorno in terra di Champagne delle truppe vittoriose. Presto v'incontrerete con lui ed avrete le risposte cui anelate. Sono lieta di rivedervi e spero che i programmi di mio marito vi consentano di restare più a lungo presso di noi. Devo purtroppo comunicarvi una notizia che certamente vi rattristerà: il santo monaco della vicina abbazia Benedettina, frate Gerardo, ha raggiunto in cielo il Creatore da dove potrà continuare ad intercedere per noi la grazia divina. So che i suoi giorni si sono conclusi serenamente, confortato dalla devozione dei propri confratelli e dalla preghiera di noi tutti. Pochi mesi prima di morire era venuto al castello: aveva a lungo dialogato con mio marito, portandogli la pace della sua parola, prima di ritornare alla quiete del convento».

Fortemente turbato da quanto appreso, Ugo chiese ed ottenne dalla contessa di potersi congedare.

L'esercizio della guerra lo aveva temprato ad affrontare la morte ogni giorno, eppure stentava a riaversi dal proprio sincero dolore. Frate Gerardo lo aveva abbandonato, colui che era stato per lui come un padre, fonte di conforto negli anni dell'adolescenza e di prezioso consiglio in quelli della sua maggiore età, non era più ...

Ugo di Champagne e Ugo de Payn

Ugo di Champagne, stanco per la lunga marcia affrontata alla testa delle sue truppe, rivede la massiccia sagoma del suo castello con gran sollievo. La stanchezza accumulata nei lunghi giorni dell'onerosa campagna affrontata è ormai solo un ricordo.

Il giorno dopo, come non fosse mai partito, deve assolvere ai mille impegni che lo attendono e che lo riportano alla quotidiana realtà ...

Ugo de Payn, avendo appreso del ritorno del Conte e conoscendo le fatiche della guerra, decide che non si sarebbe recato subito alla sede comitale.

Il rispetto verso l'uomo è in lui tanto forte quanto quello verso il sire di Champagne.

Coetanei avevano spesso condiviso da ragazzi le loro piccole, grandi avventure, ed ora i rispettivi diversi ruoli non sono sufficienti a creare fra loro delle vere "distanze".

Pochi giorni ed è Ugo di Champagne a convocarlo al castello. Si tratta dell'incontro di due vecchi amici. Hanno tante cose da dirsi:

«Ebbene Ugo», inizia il Conte, «raccontami di Gerusalemme. Le notizie che qui arrivavano non sempre erano molto chiare, spesso ingigantite a volte mitizzate».

«Mio amato Conte ed amico, la conquista della Santa Città dove il Cristo ha vissuto la sua Passione, è costata molte vite e la mia fede a volte ha vacillato di fronte a tanta violenza. Ho conosciuto l'aspetto più bestiale e deteriore della natura umana: inutili crudeltà, violenza, odio ... Ma il premio che ci attendeva superava ogni possibile

immaginazione: Gerusalemme! Vero crocevia dove si congiungono fedi diverse, razze, tradizioni, essa rappresenta il simbolo di quel centro spirituale per il quale è giusto combattere e morire. Più che vivere in quella città, è necessario respirarne l'atmosfera magica che la pervade, lasciarsi andare all'arcano fluire del tempo che lì si può apprezzare più che altrove: in quel luogo, fuori dal tempo e dallo spazio, credo d'aver compreso i mille perché della mia vita».

Acceso dall'animato racconto che Ugo aveva fatto di quella terra che, da sempre, aveva stimolato in lui grandi passioni, il Conte commentò con veemenza: «Con gli occhi della mente e del mio cuore sono riuscito a vedere i luoghi che hai descritto, così come li ho sempre immaginati: penso che tu abbia ragione, Gerusalemme è davvero il centro del mondo, il punto fermo dal quale poter partire. Andrò in pellegrinaggio in Terra Santa e tu mi accompagnerai. Ho bisogno della tua guida e della tua esperienza ...». Un attimo di titubanza increspa il volto del Sire di Champagne, ma subito riprende risoluto: «Da parecchio tempo alcuni antichi documenti che celano un complicato mistero sono nelle mie mani. La loro interpretazione ha impegnato parecchi anni della mia giovinezza ma, purtroppo, gli arcani simboli che vi sono contenuti non hanno ancora svelato del tutto il loro segreto. Mi furono donati, al ritorno da una spedizione in Oriente per conto di mio padre, dal fido Dagoberto; ti ricordi lui?».

Ugo, facendo un eloquente cenno con il capo, sorridendo rispose: «Certo che ricordo quel vecchio briccone».

«Quella vecchia pellaccia riuscì anche a tracciare una rudimentale mappa del luogo dove furono scoperti quei documenti: l'istinto mi suggerisce che in quelle antiche rovine, di cui mi ha raccontato, c'è dell'altro, forse le risposte che sto ancora cercando». Queste ultime parole furono sussurrate da Ugo di Champagne quasi come fosse in confessione.

Cosa cercava a Gerusalemme ed in Terra Santa? Cosa stimolava tanto il suo interesse? Era la passione dello studioso che bruciava dentro di lui, o il mistico sentire di colui che ricerca verità trascendenti? Ricordava ancora le parole del suo confessore: «Non dimenticare mai che le strade che portano verso il tuo cuore sono le più difficili

e insidiose ...» e questo monito Ugo lo rammentava molto bene ... Niente doveva essere lasciato al caso!

Poco tempo dopo, infatti, i due cavalieri si ritrovarono intenti ad approntare, con meticolosità, la nuova spedizione. Ugo de Payn, forte dell'esperienza passata, sovrintendeva le operazioni con gran puntiglio. In pochi giorni tutto fu pronto.

Di nuovo a cavallo, ancora intento ai doveri di uomo d'armi con la responsabilità di proteggere il pellegrinaggio in Terra Santa del suo Conte ... Proteggere il pellegrinaggio in Terra Santa ... un genere di missione alla quale si stava abituando ...

Il viaggio via mare ha i venti propizi, riducendo i tempi previsti per la traversata. Ben presto le coste della Palestina si presentano ai loro occhi in tutto il loro lussureggiante splendore. Ugo di Champagne cercava di dissimulare la sua eccitazione. Quel luogo, teatro delle sue mille fantasie giovanili, nonché delle nuove aspirazioni d'adulto, finalmente s'apriva davanti ai suoi occhi. Prima di partire aveva inviato dispacci che annunciavano il suo arrivo presso la corte di Gerusalemme, sapeva di essere atteso da Baldovino I. Il Re, ben felice d'accogliere ogni autorevole presenza cristiana presso il regno latino di Gerusalemme, lo aspettava con entusiasmo ma anche con una certa curiosità.

Il breve viaggio, che separava il porto di Jaffa dalla Città Santa, venne percorso in poco tempo.

La città di Davide e di Salomone, che aveva accolto Cristo come un nuovo Re, per poi abbandonarlo al supplizio della Croce, era finalmente davanti a lui. Giunti alle porte che permettevano di penetrare entro la cinta muraria, Ugo de Payn fu riconosciuto dagli armigeri che montavano la guardia. Con fare sicuro l'esperto cavaliere, spronato il cavallo, ebbe un gesto come di saluto verso chi lo acclamava. La loro prima tappa sarebbe stata presso il palazzo reale. La spianata di Al Aqsa, ove era la residenza del sovrano, accolse il piccolo corteo con tutta la magnificenza che in essa era contenuta. Quelle visioni riempivano in maniera talmente intensa gli occhi di Ugo di Champagne che la sua mente stentava ormai a ritenere quanto vedeva.

Quasi senza accorgersene, si ritrovò al cospetto di Baldovino I che, ignorando il protocollo, scese dal trono per accogliere i propri ospiti. «È davvero un grande onore avervi qui presso il nostro lontano regno Cristiano d'Oriente!», disse il Re.

«Né lo spazio né il tempo possono allontanare questi luoghi da coloro che spendono la loro vita alla costante ricerca della verità. Essere qui corona un lungo sogno che da sempre coltivo nel mio cuore. Vi sono grato della vostra accoglienza e vi rendo onore!», rispose il Conte.

Sorridendo compiaciuto, Baldovino I osservò: «Sono convinto che i motivi che vi portano presso questi luoghi sono profondamente legati alle vostre ricerche spirituali ... ma avremo modo di parlarne domani.

Ho stabilito che vi sia messo a disposizione un alloggio adeguato, in modo tale che voi ed il vostro seguito possiate riposare dalle fatiche del viaggio. Domani si svolgerà un banchetto in vostro onore, spero vorrete farmi partecipe dei vostri programmi ...», chinandosi in un saluto reverente, Ugo di Champagne ed il suo seguito si ritirarono.

Il giorno dopo, il banchetto fu accolto con rumorosa soddisfazione da tutti gli ospiti, tranne che dalla persona per la quale era stato organizzato. Baldovino I si avvide dell'imbarazzo del Conte di Champagne e, approfittando di un momento utile, si appartò con lui. «Vedo che la mondanità poco si confà alle vostre abitudini ...», disse il Re.

«No, non si tratta d'imbarazzo», rispose Ugo. «Il luogo in cui ci troviamo mi ispira sentimenti diversi, vorrete scusare la mia assenza».

«Bene», proseguì il Re, «ditemi, infine, quali sono le vostre intenzioni?».

«Null'altro che soddisfare la sete di conoscenza che questi luoghi sono in grado di colmare. Sarò come il vaso vuoto della Kaballah, pronto ad essere riempito da qualunque cosa il buon Dio vorrà donarmi», rispose Ugo.

«Non sarò certo io ad impedirvi d'incontrare il vostro destino ...», rispose il Re. «Chissà che la magia di questi luoghi non vi suggerisca di rimanere in Terra Santa e condividere con me l'onere della loro difesa ...», concluse Baldovino I, con una sottile vena di speranza.

La rudimentale pergamena tracciata tanti anni prima dal fido Dagoberto bruciava nelle mani del Conte di Champagne. Era ormai tempo di provare a seguirne le tracce.

La pista da seguire transitava a Sud Ovest di Gerusalemme in direzione della costa. Il punto di partenza, lì dove la carovana aveva incontrato il Simun, era l'unico ad essere descritto con una certa chiarezza. Purtroppo però, a causa della terribile tempesta, aver vagato nel deserto senza più una precisa idea di dove si trovassero, non contribuiva a rendere con precisione il cammino da seguire. Il luogo dove la carovana aveva trovato rifugio e si era accampata per la notte

non doveva essere troppo distante da quel punto: l'avrebbe trovato, doveva trovarlo. Ugo di Champagne ne era sicuro. Convocato Ugo de Payn presso il proprio alloggio, il Conte ordinò di allestire un'adeguata e ben difesa carovana per affrontare il deserto. Ugo de Payn si mise subito in moto con la consueta efficienza. Conosceva ciò che il Conte cercava in quel mare di dune, non meno infido di quello d'acqua salata. In verità, pur non conoscendo esattamente di cosa si trattasse, egli condivideva la tensione del suo nobile amico. Nei giorni antecedenti la partenza per questa nuova missione di ricerca, Ugo de Payn si era frequentemente intrattenuto con il Conte. Averlo fatto partecipe dei luoghi che lo avevano visto Crociato ed arabo tra gli arabi, aveva, se possibile, cementato ancor di più la loro amicizia ...

Per diversi giorni vagarono nel deserto, cercando di trovare le tracce descritte nella mappa, ma inutilmente. Tutte le volte che un particolare sembrava poter combaciare si ritrovavano, come in un labirinto, al punto di partenza. L'incontro con una banda di predoni saraceni non aveva certo contribuito ad aumentare le loro possibilità

di successo. La breve scaramuccia che ne era seguita era stata facilmente sedata, ma ad Ugo di Champagne era sembrata come la conferma che il volere divino fosse contrario alle sue aspirazioni. Il rientro a Gerusalemme fu mesto e privo di quell'entusiasmo che aveva caratterizzato la partenza. Com'erano distanti adesso le loro certezze!

Adducendo presso la corte di Gerusalemme che improrogabili motivi di governo lo richiamavano in patria, Ugo di Champagne si preparò al rientro. La permanenza di Ugo de Payn a Gerusalemme avrebbe testimoniato la sua amicizia presso Baldovino I e mantenuto un sottile cordone con quella terra e quelle speranze lungamente coltivate. Ugo de Payn accettò di buon grado il compito assegnatogli dal Conte. Al suo rientro a Gerusalemme aveva appreso della morte della madre; la sua vecchia guida spirituale, frate Gerardo, lo aveva abbandonato da tempo: ormai più nulla lo legava alla terra natia. Così i due cavalieri si separarono, tornando ciascuno ai propri compiti.

Ritorno di Ugo di Champagne in Terra Santa

Poco tempo poté resistere Ugo nella sua terra natia, senza che il pensiero corresse a Gerusalemme ed al desiderio che lo animava.

Passarono così alcuni mesi quando una felice congiuntura gli sollevò l'animo ed infuse ardore al suo spirito.

Così si approntò a ritornare in Terra Santa, ma questa volta senza pompa, senza seguito, solo il suo fedele vassallo, Ugo di Payn, ne sarebbe venuto a conoscenza ...

L'anonimo arrivo in Oriente, l'incontro con Ugo e l'imperioso ordine di essere lasciato da solo, da solo con i suoi pensieri.

Ugo quella notte non riuscì a prender sonno, si era girato e rigirato nel letto senza poter avere quiete. L'inquietudine ed i pensieri avevano reso talmente greve il suo animo da non dargli tregua.

Si alzò avendo come compagno il primo raggio di sole. Affacciatosi alla finestra, l'alba gli fece presagire un'altra giornata tersa e caldissima. Il corso dei suoi pensieri fu interrotto dal battito di ali di alcuni colombi lì, sul cornicione di cima. Si voltò, andato al tavolino suonò il campanello per chiamare il suo servitore che, prontamente accorso, chiese quali fossero gli ordini del suo signore.

«Preparami una cavalcatura ed una soma con acqua e viveri per alcuni giorni», ordinò Ugo, dopo di che si accinse a vestirsi.

Tutto fu approntato in breve, così com'erano i desideri del conte, ed egli, inforcata la cavalcatura, senza parole o spiegazioni si diresse lì dove lo portava il cuore. Ora Gerusalemme era alle sue spalle.

La notte gli aveva suggerito che doveva andare solo, se voleva trovare la soluzione alle sue ansie. Un uomo nasce, vive e muore da solo, e con tale spirito doveva essere intrapresa la cerca, se voleva portarla a compimento. Così egli iniziò il suo cammino, tra le angosciose valli del suo spirito ed i tortuosi percorsi del suo animo, sospinto dai battiti del suo cuore, martellanti a ritmo di tamburo che, segnando il tempo della sua vita, lo avrebbero accompagnato quale unico rumore, nel silenzio della via.

Fasciatosi il capo ed il volto allo stile arabo, incominciò il suo peregrinare, non sapendo né per dove né per quanto.

La via fu solitaria per i primi due giorni, al terzo intravide da lontano una carovana, un po' di compagnia dopo tanto silenzio! No, si nascose attendendone il passaggio, il suo errare doveva avere per compagnia solo la sua solitudine. Altri due giorni e neanche il ristoro di un'oasi, solo il vento ed il sole ad ammonirlo.

Il turbine di un'improvvisa tempesta di sabbia lo avvolse, come tanto tempo fa aveva avvolto il fedele Dagoberto, ed egli cercò riparo. Lo angosciava l'idea di dover morire senza essere riuscito a risolvere l'enigma che per tanti anni lo aveva attanagliato. Dei muri diruti, massi sparsi fra la sabbia, una piccola costruzione quasi integra, ed ecco che il miracolo avviene, è il luogo scoperto dal suo servitore.

Così come era turbinosamente iniziata, la tempesta di sabbia cessò ed egli potè riempire i suoi occhi di quella vista tanto agognata. Si aggirò per quei luoghi nei quali era già stato con la fantasia e con i sogni, toccando una pietra, un muro, per rassicurarsi che tutto ciò non fosse un miraggio, si inginocchiò e pianse. Il suo animo ora era libero, ma lo spirito rimase intrappolato da una domanda: «Cosa dovrà cercare e dove?».

Entrato in quell'unica e solitaria costruzione che, come per miracolo, aveva resistito al tempo, si guardò intorno e vide i fori dai quali erano stati estratti i rotoli già da tempo in suo possesso, muri nudi lo circondavano, solo due colonne che delimitano l'andito d'ingresso sono lì, come ad indicargli un passaggio obbligato, l'architrave che le unisce ha una scritta incisa: «Il centro è il luogo dove si celebra il mistero della immobilità assoluta, troverai l'esperienza terrificante dell'incontro con l'Uno, l'EN-SOF, l'Indicibile, inginocchiati e prega il Signore, Dio nostro».

Ma questo centro cos'è, dove si trova? E se questo centro per i cristiani è la Gerusalemme terrena, in quale luogo di questa città potrà verificarsi l'incontro con l'Uno, l'EN-SOF, l'Indicibile?

Come trovare il giusto percorso, fra il reticolo delle emozioni e dei pensieri, per raggiungere il simbolo visibile che consente agli uomini di vivere questa esperienza? Dove cercare?

S'inginocchia e prega, e la soluzione è lì, sotto i suoi piedi, gli intarsi del pavimento che dalle colonne conducono all'Ara non sono altro che una mappa della città Santa dove è indicato il luogo in cui è sepolta l'Arca, il simbolo visibile di cui gli uomini necessitano per rinvenire, dentro se stessi, il percorso che dal Temporale li potrà condurre verso l'Eterno.

Ricoperto di sudore e di stanchezza patirà ancora per lunghi giorni prima di arrivare alla soluzione. Finalmente, ha messo fine alla sua sofferenza, ma ora un'altra angoscia più profonda l'attanaglia, trovati i rotoli, individuato il luogo, compreso in parte cosa vi sia scritto, cosa fare?

Ritorna a Gerusalemme, dove lo attende un agitatissimo Ugo de Payn, preoccupato per le sorti del suo signore.

«Tutto bene, caro amico, ora ho solo bisogno di riposare».

Dopo alcuni giorni, durante i quali il Conte di Champagne ha ritemprato il suo corpo, un incontro con de Payn, alcune istruzioni e poi la partenza. Su di una nave che, mollemente, si lascia cullare in un mare d'incertezze, di dubbi, di domande per le quali non trova risposta, con alle spalle un sole nascente, lascia le coste d'Oriente per ritornare nella sua contea, dove dovrà trovare la forza per condurre ad un fine quanto intrapreso.

Bernardo di Chiaravalle

Era il 1090 quando nacqùe un "Sole" che, nel cielo del suo tempo, avrebbe brillato illuminando il percorso degli uomini per le strade del Verbo: il suo nome era Bernardo. Le mille pulsioni degli uomini erano prossime a trovare un riscontro nella I Crociata, molteplici i motivi e le strade verso la Terra Santa.

Bernardo, rampollo di nobile schiatta, reca con sé l'antica tradizione druidica, fusa nei più puri concetti del cristianesimo, alfiere del Dio Unico, ma mai dimentico degli spiriti dei boschi.

Figlio di Tescelin conte di Runcy e di Aletta, figlia del conte di Montbard, nasce a Fontaines, non lontano da Digione. Numerosa la prole della coppia, altri cinque maschi ed una femmina, tutti agnelli di Dio che seguiranno nella vita religiosa il loro più famoso congiunto.

Fin dal momento del concepimento, un destino sembra aleggiare su di lui. Si narra che la madre, gravida di Bernardo, abbia avuto in sogno la visione di un cane da guardia. Cosa poteva significare tale sogno se non che il destino del nascituro sarebbe stato quello di guardiano della fede e dell'ortodossia?

Studia nell'abbazia di Saint Vorles a Châtillon-sur-Seine fino al suo ingresso a Cìteaux, fondata nel marzo del 1098 da Roberto di Molesme. Nel 1108, è l'abate Stefano Harding il suo vero padre spirituale.

Indicato fin da giovane quale "Oracolo del suo tempo", per il suo linguaggio di fuoco, predica la non violenza ma, contemporanea-

mente, assolve i cavalieri che combattono in Terra Santa, adducendo il concetto di "Malicidium".

«La legge del Signore è perfetta e rinfranca l'anima. L'esercizio del libero arbitrio consiste nella possibilità, data all'uomo, della "Scelta". La salvezza è il compimento di un bisogno, di un desiderio, di una possibilità che Dio ha instillato nell'uomo, a sua immagine e che può essere realizzato solo dalla Grazia. Dio vuole che l'uomo contribuisca a tale opera facendo uso della capacità di giudizio e di decisione. La decisione, il consiglio, la sapienza, trovano così la loro pienezza nel compiacimento».

Maria, la Vergine nera, dal cui seno sgorgarono delle gocce di latte che bagnarono le labbra di Bernardo fanciullo, come narra una leggenda, è la mediazione attraverso la quale si realizza l'Incarnazione.

Essa è la grande mediatrice fra Dio e gli uomini, Gesù salva attraverso l'intercessione di Maria.

A tale scopo vengono costruite le chiese gotiche dedicate alla Vergine, affinché siano luogo sacro, vibrante di preghiera, dove invocazione ed evocazione possano raggiungere le sfere Celesti ed essere udite ed esaudite dal Divino.

Contrariamente a quanto si possa intendere, la società di Bernardo non è al femminile, bensì al maschile, Gesù è promotore di tutto, Maria è figura di secondo piano. Se, incontestabilmente, è vera la dedizione alla Madonna, questa è dovuta solo per la sua opera mediatrice, il Dio Unico e solare è il Signore assoluto dell'Assoluto.

Vergine

Perché l'adorazione della Vergine?

La luminosa stella Spica che, con Arturo e Danebola, forma un triangolo utile per l'orientamento astrologico, è da sempre conosciuta dall'uomo, abitante in tutte le latitudini.

Questa raffigurazione di donna alata, che sembra tenere in mano

una spiga di grano, è prepotentemente presente nelle culture agricole e, retrogradando la posizione delle stelle nel cielo, ci si accorge come dal 6.000 al 4.000 a.C. il solstizio d'estate, e quindi il tempo del raccolto, coincideva con l'ingresso del Sole nella Vergine.

In quel tempo, la società era matriarcale e l'espressione divina più alta era la Grande Madre.

Nana, Eva, Ishtar, Demetra, Ecate, Temi, Hera, Astrea, Diana di Efeso, Cibele, Iside, Fortuna, Erigone, Sibilla, la Vergine Maria, sono i suoi poliedrici appellativi.

Prima di Zeus e prima del concetto di Dio creatore maschile, esisteva Lei, la Grande Madre.

Essa è una e trina: come Luna, astro femminile e fertile che determina la germinazione, le maree, i periodi mestruali. Come Venere nei suoi due aspetti, Espero divinità dell'amore e stella del mattino, Phosphoros con qualità feroci e bellicose. Come Vergine, in cui il Sole sorgeva nel solstizio estivo, quando il grano era maturo.

I suoi giardini fioriti sono i Paradaisos, dove compivano le loro alchimie Medea, Eva, Hera, Arianna, Circe, Europa, le Esperidi.

Ma ha anche a che vedere con la morte e l'oltretomba. Essa è Temi, madre delle Stagioni e delle Ore, ma anche madre delle Moire e della Necessità alla quale s'inchinavano pure gli Dèi.

Le Moire, o Parche, sono i tre aspetti della Luna; Moira significa fase e, infatti, le tre fasi lunari sono: la prima, quella della Luna nuova, la Dea Vergine della Primavera; la seconda, la Luna piena, Dea dell'estate; la terza, la Luna calante, Dea vegliarda d'Autunno. Esse sono: Cloto la filatrice, Lachesi la misuratrice e Atropo, colei che non si può evitare, cioè la Morte.

Infine essa è anche Tike, la ruota che rappresenta l'anno solare (la ruota della fortuna), che, come indica il nome latino, Voltumna, è colei che fa volgere.

In Egitto, una sua frequentissima raffigurazione è quella di una Dea negra con un bimbo in braccio, Iside quindi con il piccolo Horo,

raffigurazione che fu accolta dal cristianesimo identificando in lei la Vergine Maria con il piccolo Gesù, da qui l'adorazione delle Madonne Nere.

In Grecia, come Demetra, è tripartita; Core, la vergine, simbolo del grano verde; Demetra, la donna, simbolo del grano maturo; Ecate, la vegliarda, simbolo del grano raccolto.

La melagrana, legata al mito, è simbolo di fertilità e di resurrezione, attributi della Grande Madre, ma integrate nel culto del Dio Dioniso bambino, ucciso dai Titani e dal cui sangue nasce l'albero del melograno. I sette chicchi mangiati da Core sono le sette fasi lunari che intercorrono fra la semina ed il germogliare del grano.

Il mito agricolo, rappresentato dalla costellazione della Vergine, si connette in maniera indissolubile con un altro simbolo celeste, la figura del Drago.

Da questa stretta connessione si spiega il mito biblico di Eva.

Eva è la sacerdotessa del giardino fiorito, il Paradaisos nel quale mangia e fa mangiare ad Adamo il frutto proibito della scienza. Questa prima scienza non è altro che l'agricoltura e si può leggere, chiaramente, il mito.

Caino è suo figlio ed il nome significa "stelo" perché appena nato colse uno stelo di grano e lo offrì alla madre.

Eva concepì Caino accoppiandosi con Samaele, il serpente, poi fugge da sola verso Occidente, fino all'oceano, dove, quando arrivano le doglie, prega il Sole e la Luna di chiamare Adamo affinché venga per aiutarla. Adamo accorre ed implora Dio il quale manda l'arcangelo Michele e dodici angeli. Tutti fanno cerchio attorno ad Eva e l'aiutano nel partorire. Nasce così Caino, un bambino splendente come un angelo, egli è il figlio del Drago.

La nascita di Caino, assistita dai dodici angeli, cioè da tutto lo Zodiaco, non ha altro significato se non quello che l'uomo ebbe la necessità, da allora in poi, di un nuovo calendario che seguisse i cicli agricoli.

Il contrasto fra Caino ed Abele è il contrasto fra gli agricoltori che cacciavano dalle loro terre i pastori nomadi, che non riconoscevano a nessuno il diritto di proprietà sulla terra.

Il Cristianesimo patriarcale, imperniato sul Padre, sul Figlio e sullo Spirito Santo, era orfano di una figura femminile, così si arrivò al culto della madre di Dio, di Maria, attribuendole tutte le virtù appartenute alla Grande Madre, ma la Grande Madre è pure Eva, nonostante l'ostilità per questa figura, ritenuta responsabile del peccato originale.

Ma chi è Maria? È figlia di Anna, ma Anna è Anu, la dea sumera del Cielo. Maria indossa un mantello azzurro, simbolo del Cielo, i suoi piedi nudi sono appoggiati sul serpente o sulla Luna crescente, simbolo di castità. Nella sua iconografia vi sono il giglio, simbolo di purezza, l'ulivo (Minerva) simbolo di pace, la stella spesso dipinta sul mantello è "Ishtar", l'ebraica Miriam. La mela che il piccolo Gesù tiene in mano, è il frutto dell'albero della conoscenza; il grappolo d'uva, simbolo del sangue di Cristo, è l'antico connubio Erigone - Icario o Arianna - Dioniso. La melagrana non è altro che il frutto di Hera e di Proserpina, simbolo di resurrezione.

È naturale, quindi, che l'uomo non dimentichi questa costellazione e che gli iniziati la facciano assurgere quale simbolo indissolubile con la natura dell'uomo e della sua lunga strada verso la conoscenza.

La genesi del progetto

Tutto accade.

Perché ogni cosa ha da trovare la propria collocazione all'interno del disegno Divino ...

Bernardo di Chiaravalle, colui che diverrà Santo e dottore della Chiesa, la cui genialità ed intraprendenza hanno già varcato i confini delle sue terre, fra pochi giorni pronuncerà i sacri voti: è il 1112, difficile immaginare l'importanza che la sua persona rivestirà nella vita futura dell'austero Ordine Cistercense ...

Quanto stava maturando, rappresentava per Ugo di Champagne l'occasione, l'opportunità, forse, di confrontarsi con qualcuno in grado di fornirgli non solo il proprio conforto spirituale, ma anche l'appoggio di una mente geniale. Ciò che era stato rinvenuto in oriente, avrebbe finalmente avuto la possibilità d'essere compreso nel suo significato più profondo ed oscuro. Il giovane Bernardo avrebbe potuto leggere quanto celato in quei documenti, utilizzando non solo i propri occhi, ma anche la vista più acuta del proprio spirito. Per quanto fosse ancora incompleto, quanto era stato compreso nei tanti anni di studio era talmente straordinario da apparire incredibile: troppo perché un solo uomo si assumesse l'onere della responsabilità che esso rappresentava!

Così pensava Ugo di Champagne in quei giorni meditabondi ...

Alla data stabilita dal magnifico abate dell'abbazia di Cìteaux, Stefano Harding, il Conte di Champagne, coerentemente con i suoi

progetti, si avviò alla volta del romito monastero in compagnia dell'ormai assiduo Ugo de Payn. Il difficile cammino, necessario per raggiungere il rifugio claustrale, non aveva scoraggiato le persone lì convenute: un discreto numero di congiunti si era radunato per festeggiare l'evento.

Ugo di Champagne, potendo fruire dei propri diritti comitali, assistette alla cerimonia all'interno della chiesa. Otto novizi, prostrati in terra e con il viso rivolto verso il suolo, chiedevano, penitenti a Dio, l'imprimatur per la loro vestizione. Il rito, cadenzato dai canti Gregoriani, si svolgeva in un'atmosfera carica d'attesa e di presagi ...

Dopo aver pronunciato i voti solenni, in un coro d'alleluia, i nuovi monaci ritrovarono all'uscita della chiesa i propri familiari che li attendevano. Nell'area delimitata dal chiostro, antistante l'ingresso della cappella, tutti i presenti si trovarono uniti dalla medesima emozione. Per quel giorno speciale, essi possono sostare nell'abbazia e condividere con i religiosi, all'interno del refettorio, il frugale pasto.

Approfittando della festosa confusione, accostatosi all'abate Stefano, Ugo di Champagne chiese licenza di poter frequentare quel sacro luogo allo scopo d'intrattenersi in meditazione con i monaci. Il religioso accolse con benevolenza tale richiesta, non dimentico che l'abbazia risiedeva all'interno dei domini del Conte ...

Esauriti i propri doveri formali, Ugo di Champagne riuscì, infine, ad appartarsi con Bernardo ...

Ciò che il Conte raccontò al giovane monaco fu tanto colorito quanto animato da quell'ardore mistico che aveva caratterizzato gli eventi che erano fin lì maturati.

I due concordarono di approfondire il loro discorso il mattino dopo, con maggiore calma ed attenzione.

Ugo de Payn intanto attendeva il suo signore a debita distanza, anche lui aveva assistito alla semplice e, al tempo stesso, magnifica cerimonia.

La grande partecipazione emotiva che aveva fatto palpitare tutti i presenti, peraltro, non lo aveva del tutto coinvolto. Si domandava se Bernardo fosse realmente l'uomo su cui avrebbero potuto far affidamento in relazione ai loro progetti ...

Assorto in tali pensieri, essendosi reso conto della conclusione del breve conciliabolo avuto dal proprio signore ed amico, decise di trasferirgli senza riserve i propri dubbi: «Amico mio», gli rispose il Conte. «L'esperienza mi ha insegnato ad essere prudente, ma se ciò che sento non m'inganna, il mondo sentirà presto parlare di questo ragazzo ...».

Ugo de Payn, che era tra l'altro unito da un legame di parentela con il giovane Bernardo, commentò sorridendo: «Che le vostre parole siano udite dal Cielo, i nostri tempi hanno bisogno d'una voce che si possa levare ed unire tutti i fratelli in nome di Cristo ... Se ho ben capito, domani avrete modo di approfondire quanto già accennatogli ...».

«Domani anche tu sarai con noi», disse Ugo di Champagne. «Avrò bisogno del tuo contributo!».

Subito dopo la preghiera del mattino, infatti, i tre s'incontrarono presso un luogo appartato, dove poter parlare con calma ..: «Sono tempi strani i nostri», cominciò Ugo di Champagne, rivolgendosi al monaco. «Grandi fermenti sembrano animarli … Grandi cose sono state compiute: Gerusalemme è stata conquistata ed il Santo Sepolcro di Cristo è finalmente un luogo aperto al culto dei nostri fratelli, ma l'ottimo Baldovino sa che molti sono ancora i problemi ed i contrasti da risolvere in quella tormentata terra. Nuovi ordini cavallereschi sono nati, tesi a difendere quei santi luoghi ed a fornire assistenza ai pellegrini ed agli infermi, ma le strade che conducono alla Palestina sono più che mai infide e pericolose. Il vostro venerabile Ordine Religioso invita alla meditazione ed alla clausura, ma molto sarebbe ancora da compiere nel mondo prima di poter raggiungere quella comunione con l'assoluto da voi cercata ...».

«Fratello caro», iniziò Bernardo. «So che la strada da percorrere è ancora lunga. I grandi fermenti, cui avete accennato, non sono ancora sufficienti per ricreare nel mondo un nuovo ordine che possa ricondurre l'umanità verso quell'età aurea narrata negli antichi testi, ma quanto è nel mio cuore conosce la meta ... e per essa vale la pena di vivere e morire! Ieri sera mi raccontavate delle ricerche da voi compiute in Terra Santa ... Mi sembravate oltremodo ansioso di mettermi a parte di quanto da voi rinvenuto ...». I due cavalieri si guardarono un attimo sgomenti, la domanda del giovane monaco, per quanto attesa, li coglieva impreparati, come se egli avesse letto più che nelle loro menti, nei loro cuori.

«Effettivamente, prima d'affrontare con Voi un'analisi più approfondita dei frutti delle nostre ricerche, volevamo esser sicuri che il vostro animo fosse realmente disponibile ad ascoltare ciò che avevamo da dirvi. Quanto rinvenuto potrebbe travalicare i principi dogmatici di Santa Romana Ecclesia ...».

Ascoltato con grande attenzione il racconto dei due uomini, Bernardo esclamò con grande emozione: «Era tempo che la Croce ed il Drago si fondessero nel medesimo sigillo!». Poi domandò: «Recate con voi i documenti di cui m'avete parlato?». Stupiti da tanta franca soddisfazione, i due cavalieri, ebbero ancora un attimo d'esitazione, prima di convenire, tacitamente, sulla necessità di non indugiare più. Guardatosi attorno con circospezione, Ugo di Champagne trasse dalla sua bisaccia un cospicuo fascio di pergamene ...

Dopo un minuzioso esame dei documenti, Bernardo esclamò: «Sarà necessario del tempo prima d'arrivare ad avere un quadro completo del messaggio celato nelle pergamene. Il misterioso crittogramma, contenuto nell'ultimo documento ritrovato, sembra celare una chiave di lettura. Bisogna analizzare tutto con molta cura, la ben fornita biblioteca del monastero mi sarà d'aiuto, anche se ritengo che quanto mi avete trasferito sia materia dello spirito piuttosto che della mente …».

Due anni erano oramai passati e si era prossimi al Natale del 1114 quando Bernardo decise di far visita ad Ugo di Champagne. In quegli anni i due si erano spesso incontrati, approfittando dei momenti trascorsi dal Conte all'interno del monastero in meditazione.

Ugo aveva cercato più volte d'essere aggiornato sui progressi relativi agli studi fatti da Bernardo, ma il giovane monaco aveva osservato che la fretta e l'impazienza erano i veicoli del demonio ...

Felice di questa sorpresa, Ugo di Champagne comprese subito che Bernardo avesse qualcosa da dirgli. Condotto il monaco presso il proprio studio privato, egli s'affrettò con evidente trepidazione ad interrogarlo ...

«Calmatevi fratello mio», iniziò Bernardo, «vengo a portarvi buone novelle. A breve inizieranno i lavori che ci permetteranno d'erigere, presso Clairvaux, una nuova abbazia che il nostro Ordine intende affidare alle mie cure. Nella mia qualità d'abate del nuovo monastero, avrò certamente la possibilità d'operare con maggiore incisività, il vostro tangibile aiuto risulterà gradito al nostro Ordine e ... non temete, non è questa l'unica cosa che ho da dirvi. Non ho dubbi sull'autenticità dei documenti che mi avete sottoposto. Essi sono la conferma di un cammino che avevo già incominciato a percorrere all'interno del mio cuore sin dall'infanzia ... La genesi di un grande progetto comincia a prendere forma nella mia mente, voi ed il vostro nobile cavaliere sarete lo strumento con il quale realizzeremo quella Gerusalemme Celeste che riuscirà a cambiare la storia dell'umanità». Senza più aggiungere altro, Bernardo si congedò dal Sire di Champagne promettendogli che presto sarebbero maturati gli eventi da loro sperati.

Nel 1115, l'abbazia di Clairvaux vide la luce. Bernardo di Chiaravalle, così la storia lo avrebbe ricordato, si raccolse lungamente in preghiera, come a cercare l'avallo e l'aiuto di Dio ...: «Dammi la forza, mio buon Signore, consentimi d'esser sempre giusto e di saper ricercare entro di Te ogni risposta. Il compito che mi hai affidato è assai gravoso e la mia forza a volte vacilla. Sorreggi il mio spirito, rifuggi da me la tentazione, permettimi d'agire a gloria del Tuo nome, allontana da me il germe strisciante della vanità».

Ma non sono certo gli impegni, per quanto gravosi, a spaventare Bernardo. Egli nella sua nuova veste d'abate del monastero di Clairvaux riuscirà a compiere mirabilie tali, che solo la presenza del divino in lui avrebbero potuto consentire.

Una mattina di primavera, Bernardo convocò Ugo di Champagne all'interno delle mura conventuali. «Sedetevi, fratello mio», cominciò il monaco. «Avevate ragione. I frutti dei miei studi e delle mie meditazioni coincidono con quanto da voi già intuito».

«Ditemi!», iniziò eccitato Ugo di Champagne, subito interrotto dal religioso. «Bisogna essere prudenti, ma non preoccupatevi, avremo lunghe giornate di lavoro nelle quali approntèremo le linee direttrici del nostro progetto».

Negli anni che seguirono, i due dedicarono molto tempo ai loro incontri, fino a giungere alla determinazione sul da farsi, ormai all'alba del 1118. Approfittando delle celebrazioni di fine anno, Ugo di Champagne convocò Ugo de Payn presso il castello avito, con l'intento di metterlo finalmente a parte di quanto concordato con Bernardo. Il monaco stesso avrebbe provveduto a dare la propria benedizione.

«Voi, intanto, suggerite ad Ugo de Payn», disse Bernardo, «di recarsi in Terra Santa in compagnia d'un piccolo drappello di cavalieri fidati e noti per il loro valore. Questa lettera d'accompagnamento gli sarà utile presso la corte del regno Latino d'Oriente ...».

«Baldovino», incominciò Ugo di Champagne, «nutre grande stima nei confronti di Ugo de Payn, egli ha già avuto modo di conoscere il suo coraggio e la sua abnegazione, prima e dopo la conclusione della Crociata. Io stesso feci in modo che Ugo fosse gratificato da onori degni del suo valore. Il monarca avrebbe certamente riconosciuto tali onori e responsabilità al nostro amico, ma egli dovette repentinamente ritornare in patria, non senza suscitare rimpianto a Gerusalemme. Le credenziali che gli fornirò, congiuntamente alla vostra lettera, saranno sicuramente accolte presso la corte di Gerusalemme con la dovuta considerazione».

«È necessario», riprese Bernardo, «che Ugo de Payn trovi alloggio, con i suoi compagni, presso il luogo dove risiedeva l'antico tempio di re Salomone ...».

«In realtà», riprese Ugo di Champagne, «pensavo che voi voleste finalmente mettermi a parte di tutto quanto avete inteso in relazione a quei documenti ed al progetto che avete immaginato ...».

«È ben per questo che voi dovete rimanere qui; per adesso, dovremo valutare a fondo il da farsi».

Nove sono i cavalieri

Da tanto, oramai, Ugo de Payn è ritornato a Gerusalemme ed in cuor suo spera di non doversene più allontanare.

Pochi, eletti, fraterni amici formano il suo gruppo: André de Montbard, Payen de Montdidier, Geoffroi de Saint Omer, Archambaud de Saint Amaud, Geoffroi Bisol, Gondemar, Rossol, il nono cavaliere che formerà questo primo nucleo è Ugo di Champagne, ma per il momento la sua presenza è più utile in Occidente.

Baldovino è stato ben felice di accogliere questi cavalieri presso la sua corte, valide spade in tempi difficili non si rifiutano mai. Il loro atteggiamento, però, nei confronti della corte è imbarazzante. È evidente che altri pensieri tengono occupati quegli uomini. Distaccati, poco avvezzi ai manierismi di corte, schivi, in un certo qual modo, è un sollievo per il Re la richiesta che gli viene fatta di poter concedere lo spazio occupato dall'antico Tempio di Salomone, infatti è esplicita intenzione di Ugo eleggere quel luogo quale sede di un gruppo di cavalieri che hanno giurato di difendere la Terra Santa.

«Poveri cavalieri di Cristo, così saremo chiamati». Ma basterà pochissimo tempo, vista la collocazione nello spazio che fu del Tempio di Salomone, per essere conosciuti più semplicemente come Cavalieri Templari, nome che li distinguerà fino alla fine.

È il 18 marzo 1118. Baldovino I ha concesso, ma l'aprile 1118 lo porterà alla morte.

Il suo successore, Baldovino II di Bourg (aprile 1118 - agosto 1131)

ha confermato questa donazione, Ugo può continuare a lavorare sereno.

Bernardo ha voluto che nove fossero i cavalieri fondatori di questo nuovo ordine, ma perché?

Demetra percorre il mondo per nove volte alla ricerca di Persefone, le nove muse nascono in nove notti d'amore di Zeus, nove sono i mesi della gestazione e quindi il compimento di una creazione, nove sono i caratteri dei numeri con più lo zero, secondo i Vangeli Gesù è crocifisso alla terza ora, comincia l'agonia alla sesta, spira alla nona.

Ogni estensione materiale, ogni linea circolare ha, per segno rappresentativo, il numero nove. Esso possiede la proprietà di riprodurre senza posa se medesimo e, per intero, in ogni moltiplicazione, in modo da offrire allo spirito un emblema della materia, che si ricompone senza posa ai nostri occhi, dopo aver subito mille e mille decomposizioni. Esso simboleggia l'opera generatrice, l'aspetto di un piccolo essere conglobato di cui, la parte inferiore, sembra fare effusioni del suo spirito di vita. Nove è l'ultimo dei numeri di un universo manifestato, esso apre la fase delle trasmutazioni, esprime la fine di un ciclo, il compimento di un corso, la chiusura dell'anello.

Ugo de Payn, attento ad ottemperare agli ordini ricevuti, è riuscito ad ottenere il possesso di quel determinato luogo; da ora in poi, con la segretezza necessaria, dovrà proseguire nel compito affidatogli.

L'indicazione ricevuta, è stata: "Cerca".

Un manipolo di scelti operai, sotto l'attenta supervisione dei cavalieri, è ora al lavoro in quello che fu un magnifico luogo di culto. Riassettare il tutto, rifare le coperture, mettere in sicurezza i muri, ripristinare quanto è necessario alle esigenze di questo novello gruppo, e poi cercare, cercare, non si sa dove e non si sa per quanto.

Tra un abbattere un tramezzo ed un alzarne un altro, stanchi, i cavalieri la sera dormono inseguendo i loro sogni.

In Occidente, Ugo di Champagne sogna anch'egli e Bernardo, prono su quelle pergamene, sogna. E già sono passati alcuni anni ...

Grida concitate, una mattina, risvegliano Ugo. Qual è la fonte di tanta agitazione?

Nel ripulire un camminamento, una pietra si è spostata. Si intravede una scala, un cunicolo nel quale ora è necessario insinuarsi per poter vedere oltre. Munitosi di una fiaccola, si addentra nello spazio apertosi, l'aria è viziata e tutto sa di umido. Fitte regnatele,

quali veli da scostare per poter svelare il mistero che cela quel luogo. Mappe ed incisioni sconosciute, quale miglior coreografia per eccitare un'anima anelante al mistero di chi discende nella caverna, dove, passo passo, si fa più concreta la speranza di poter vedere l'ignoto?

Percorsi forse una diecina di metri, un'ampia sala circolare appare allo sguardo. Al suo centro un'Ara e su di essa poggiato un cofano.

È forse l'Arca che, perduta, cercata, mai trovata, è ora innanzi a lui? Si prostra in preghiera, imitato dai compagni che lo hanno seguito e, dopo avere recitato un Te Deum, alzatisi, si accingono ad una prima, sommaria pulizia del luogo e delle cose. Ed ecco che, davanti ai loro occhi stupefatti, compare nel suo splendore l'Arca.

Esterrefatto, Ugo ordina il silenzio su quanto scoperto. Egli comincia ad ispezionare il luogo. Nicchie piene di pergamene, vesti, simboli e poi un elmo, una maschera da tragedia greca e una bianca tunica con guanti e calzari, il tutto con su applicate lamine di piombo, con simboli magici impressi come a protezione verso l'ignoto.

Il giorno seguente, riunitosi con i fratelli, si decide il da farsi.

È necessario che Ugo, raccolti i documenti trovati e, dopo aver meglio ispezionato il luogo, torni in patria a riferire sull'accaduto. I restanti cavalieri, dovranno rimanere e continuare le ricerche, mantenendo il segreto sulle scoperte fatte. L'Arca non dovrà essere né toccata, né aperta. Ugo, quindi, parte per riferire al suo signore ed a Bernardo certamente ansiosi di sapere come si evolve il progetto.

La gioia dell'inatteso ritorno, la certezza che questo sia foriero di nuove ed esaltanti notizie, accoglie Ugo alla corte di Troyes.

Informato anche Bernardo, il Conte ed Ugo raggiungono il monastero per valutare quanto di nuovo appreso e decidere per il futuro.

È il 1126. È necessario agire su diversi fronti. Ad ognuno il suo compito. Bernardo dovrà ora ricercare nella Chiesa di Roma quell'appoggio necessario affinché sia avallata la nascita di questo nuovo Ordine e che a questo siano concesse delle prerogative.

Il Conte dovrà far valere la sua influenza presso i nobili affinché vi siano cospicue donazioni che possano dare lustro al progetto.

Ugo dovrà occuparsi del reclutamento di cavalieri che siano ben disposti a combattere.

Bernardo ha stilato una Regola, monastica e cavalleresca insieme, Regola che dovrà mantenere unito questo gruppo nascente e dare quel coagulo necessario affinché i Cavalieri si possano sentire un

tutt'uno nonostante la diversità della loro provenienza od origine, affermare all'unisono: "Tempio patria nostra".

Tutti e tre sanno che le motivazioni della Crociata vanno al di là di un problema religioso, forti interessi economici hanno spinto i potenti affinché si affrontasse quest'avventura e sanno pure che in

Europa vi è una massa turbolenta di giovani leoni squattrinati che sta creando grandi problemi.

Vi sono rampolli di nobili casate caduti nelle mani di usurai ebrei, qualcuno ha approfittato delle grazie non di una contadina, cosa facile da tacitare, ma di qualche altolocata signora, ve ne sono nascosti dalle famiglie perché accusati di omicidio, furto, rissa ed altri reati.

Perché non sfruttare questa opportunità? Ugo gira per i castelli, le taverne, i mercati, incanta con i suoi racconti d'Oriente quanti l'ascoltano. Esalta gli adolescenti, bramosi di cingere una spada.

Bernardo predica, è necessario fare leva sull'opinione pubblica, appoggia le denunce fatte sulle malefatte di questi scalpitanti rampolli di nobili famiglie, già fatte da Suggerio abate di Saint Denise, appoggia pure l'idea di pellegrinaggio penitenziale indicata da Alberone di Laon. S'intende, così, inquadrare questi turbolenti in una milizia che in Oriente ben guidata e manovrata, possa fare la propria parte.

Ad una contrapposizione, pensa Bernardo, fra la cavalleria secolare e la nuova cavalleria, che conduce ad un duplice combattimento, al contempo contro la carne e contro gli spiriti maligni. Il corpo è ricoperto da un'armatura di ferro, l'anima da un'armatura di fede.

Il compito che si era prefissato Bernardo si concretizza nel momento in cui riesce a convincere il pontefice Onorio II (Lamberto di Fagnano) ad indire un Concilio a Troyes nel 1128.

Ecco il momento culminante, l'Ordine ha già ricevuto, grazie ad Ugo di Champagne, cospicue donazioni, l'arruolamento fatto da Ugo de Payn ha inviato in Oriente decine di uomini che stanno combattendo, la "Regola" dettata da Bernardo li tiene in un pugno di ferro, ora è il momento nel quale è necessario un imprimatur da parte del Santo Padre.

Il concilio si protrae fino al 1130, al Soglio di Pietro è ora Innocenzo II (Gregorio Papareschi), fortemente voluto e appoggiato da Bernardo.

È fatta! La "Regola" è stata approvata, l'Ordine riconosciuto.

In Terra Santa, però, è necessario avere amici ed amici potenti.

Per volere di Bernardo, viene consegnato il mantello dell'Ordine a molti nobili che possono essere di grande rilevanza per il futuro dell'Ordine.

Durante il Concilio di Troyes, viene associato all'Ordine dei poveri cavalieri di Cristo, già conosciuti come Templari, il signore d'Angiò, Folco.

La Regola

Bernardo, tra le austere e severe mura del suo monastero, ha scritto una "Regola" alla quale dovranno sottoporsi tutti coloro che ambiscono unirsi a quest'Ordine, ma nello stendere questo progetto ha badato bene a curare le esigenze di coloro che si arruoleranno.

Questi spiriti estrosi hanno bisogno di guarentigie che siano per loro scudo a protezione del passato.

Immunità per quanti si convertono a quest'Ordine monastico cavalleresco, anonimato e se necessario una nuova identità in modo da restituire una verginità a chi ne necessita.

Scomunicati, bestemmiatori, violenti, saranno così sottratti alla giustizia ordinaria per essere inviati lì dove saranno utili.

Sull'esperienza delle Ribat arabe, centri religioso-militari fortificati, dove il ritirarsi era un atto di ascesi e parte fondamentale dei doveri di chi voleva intraprendere la Jihad, egli pensa alla istituzione di commende. Inoltre, vista la particolare natura di questi uomini, ritiene sia necessario sottrarli al clero ordinario, così ottiene che l'Ordine abbia suoi chierici i quali, da lui istruiti, possano comprendere, in miglior maniera che il clero ordinario, le necessità di questa massa eterogenea che ha bisogno di un conforto che va ben oltre una semplice predica. I nascosti, così, sotto la protezione dell'Ordine possono uscire dai loro rifugi ed andare in Oriente dove tutto è permesso: gozzovigliare, ubriacarsi, anelare magari alle grazie di una qualche moretta, saccheggiare, menare le mani, cosa alla quale tengono tanto, certo è che, alla fine, Dio perdonerà tutti, perché si combatte l'infedele.

Nelle case dell'Ordine la "Regola" è ferrea. È vero, siamo i poveri cavalieri di Cristo, ma quanta altezzosità e quanta superbia, guai ad immischiarsi nei nostri affari! La ferrea "Regola" voluta dal monaco sarà necessaria per dare disciplina a questi Capitan Fracassa. Saranno liberi per le loro estrosità, ma sapranno pure che vi è una gerarchia alla quale dovranno ubbidire, altrimenti sarebbe la fine.

La massa di questi irrequieti, teste calde dal coltello facile, bevitori e bestemmiatori, amanti di belle donne e di spacconerie, è arruolata. Serviranno bene in Oriente, non saranno più motivo di discordia in patria, potranno così sfogarsi, dato che nel deserto di spazio ce n'è quanto se ne vuole. I parenti, gli amici, i baroni, riconoscenti all'Ordine per aver levato loro le castagne dal fuoco, saranno provvidi di donazioni, sia in danaro sia in terre.

Il danaro è necessario per affrontare le spese della guerra, le proprietà per formare in Europa quei nuclei fortificati chiamati commende, centri agricoli ed artigianali, di studio, che saranno la base di una ragnatela sempre più fitta la quale permetterà all'Ordine di essere il fulcro di un nuovo assetto sociale al quale Bernardo già da tempo pensa.

Beauceant

Se le schiere crociate innalzano splendide insegne sulle quali spiccano animali rampanti, turrite fortezze, ori ed argenti, alberi dai frutti dorati e fiori di scintillante brillantezza, bandiere sotto le quali nugoli di armati inneggiano al loro signore, e che diventano punto di riferimento e di riconoscimento per chi sta scendendo in battaglia, anche l'Ordine ha bisogno che vi sia un simbolo visibile, sotto il quale ci si possa identificare, chiamarsi a raccolta ed annunciare la propria presenza.

Ma non si confà all'Ordine adornarsi di ricchezze che non siano quelle del proprio valore e della incrollabile fede. Per questa particolare cavalleria è necessario che l'insegna abbia un significato che travalichi la vista dell'uomo e che, quindi, sia riconoscibile per chi possiede quello sguardo che oltrepassa l'umana visione, per soffermarsi sui misteri dell'**Interiore Essere**.

È necessario, quindi, costruire un vessillo che sia la summa di pensieri, conoscenza e Fede. Così, nasce il Beauceant.

Come il vento che spazza via le nubi e rasserena il cielo, così, il vessillo rasserena l'animo di chi gli è amico e spazza via titubanza e paura. Ma come lo stesso vento addensa le nuvole e rende tetro il cielo, in uguale misura il labaro dovrà garrire per sconfortare i nemici e rendere tetro il loro animo.

Il vento carpisce le parole degli uomini, i sussurri, le grida e, nel suo girovagare per il mondo, porta i messaggi destinati a chi ha orecchie per sentire. Nel suo stormire, il labaro urlerà al mondo la sua presenza e farà udire il messaggio di cui è portatore.

Bianco e nero, con una rossa croce, i colori dei tre principi alchemici di "nigredo, albedo e rubedo", elementi essenziali per il compimento della Grande Opera.

È il vento che trasporta l'anima attraverso i quattro elementi, come dice Virgilio, lo stesso vento fa garrire il labaro, simbolo visibile dell'Ordine e i cavalieri che sotto questa insegna si batteranno, dovranno attraversare i quattro elementi per trovare quella purificazione che li farà cavalieri di Dio.

Bernardo, loro mentore, ha basato le loro regole, il loro modo di vivere, di combattere, secondo dei presupposti alchemici di modo che la loro esistenza sia proiettata verso la realizzazione dell'uomo nuovo.

Cristo, addossandosi le colpe del genere umano, aveva fatto sì che l'uomo fosse protagonista del Bene; il mondo dionisiaco, l'animalità primordiale, erano state così eliminate.

L'alchimia è ponte di congiunzione con la natura che non deve essere dimenticata. Per gli alchimisti, al centro si trova l'Anthropos, l'uomo superiore, la divinità che è in noi e che deve essere liberata dalla materia. La ricerca dell'oro degli alchimisti non è altro che la realizzazione del proprio Sé, dell'Uomo che è in noi. La devozione dei Templari per la Vergine Madre è il rapporto dell'alchimista con la sua **Soror Mistica**, il solo connubio che promuove lo sviluppo interiore e, così come il regno dei Cieli, si conquista con le parole del cuore, l'arte alchemica si svela solo a chi con il cuore si esprime.

Quale migliore indicazione, se non questa, per gli uomini che anelano morire per un sogno?

Vinlanda Insula
a Byarno repa
et leipho socijs
Gronelada
Isolanda Ibernica
Reg
Norucorum
Mare Occeanum
Islanda insula
Ibernia
Anglia
terra
insula
Reg
francoru
Magnae
Insulae
Beati Brandani
Branziliae
dictae
Desiderate
insule
hispanoru reg
Tunesis
reg
Mare Occeanum
Beate isule
fortune

Thule ultima
mare
Occeanum
Orientale
Insule
Sub aquilone
Imperium Tartarorum
Tanais
Magnum
mare
Tartarorum
magnus Kan
Tartaria magalica
Postreme Insule
Terra
Indica
mare
Indicum
Jerusalem
Alexandria
Chaira
Rex
Soldanus
mare
Indicum
Ethiopi
Ethiopicus

Nel frattempo ... il mistero dei rotoli è svelato

Questa è la storia che raccontavano quei rotoli.

In un tempo del quale l'uomo aveva perso memoria e che ora era divenuto mito, il "mondo felix" era situato all'Estremo Nord, ancora non inaridito dal freddo e dai ghiacci.

Lì dominava la costellazione del Drago e della sua stella, **Thuban**, e lì guardavano gli uomini desiderosi di conoscenza. L'asse terrestre, avvolto dal Dragone, scandiva il periodo nel quale gli uomini, vivendo a stretto contatto con la natura, in quell'epoca prolifera di doni avevano iniziato a creare le proprie storie, i loro miti, la loro religiosità.

Ciascun Dio, protettore di ogni manifestazione della natura o di ogni pulsione dell'animo degli uomini, era collocato in una scala gerarchica che ne delimitava il potere a seconda dell'importanza dall'uomo stesso attribuita ad azioni ed emozioni.

I mondi percepiti erano tre. La "terra", manifestazione visibile del creato, sulla quale gli uomini vivevano, amavano, soffrivano e dei cui frutti si cibavano. Pertanto, si abituarono a scandire il tempo seguendo i cicli agricoli che determinavano la semina, la vita animale, ringraziando della loro benevolenza gli Dei, ai quali periodicamente offrivano sacrifici.

Il "mondo sotterraneo" o dell'al di là, del dopo la morte, dell'ignoto, l'oscura caverna che nascondeva enormi ricchezze ma anche enormi paure. Questo regno apparteneva alle forze ctonie, mostri terrifi-

canti che, con il loro risvegliarsi, producevano terremoti, sommovimenti, che mettevano a repentaglio l'esistenza stessa degli uomini.

Vi era poi il "cielo", il mondo superiore delle stelle e dei pianeti, degli astri luminosi, che rendevano meno buia e quindi meno paurosa la notte, e che con la loro massima espressione il Sole, erano fonte di calore e di vita. Proprio lì era situata la dimora degli Dei dove gli uomini di valore sarebbero stati accolti dopo la morte.

Questa tripartizione era dominata da un Dio che, con il suo potere, governava gli altri Dei, cioè le manifestazioni del Creato.

Instaurarono quindi dei culti, dei riti, all'osservanza dei quali erano demandati i Re - Sacerdoti.

Ma anche questo Dio non era onnipotente, al di sopra del cielo stellato, gli uomini avevano già compreso che vi dovesse essere qualche cosa di superiore ed al cui potere anche il più potente degli Dei doveva inchinarsi.

Oltre il cielo, vi era colui che tutto aveva creato, pure gli Dei.

Un Dio potente e sconosciuto quindi, Signore del Tutto. E, proprio da questo pensiero, gli uomini incominciarono a concepire l'idea di un Dio unico ed universale.

A più di tremila anni dalla nascita del profeta, del quale narreremo la storia, il polo Nord era contrassegnato dalla costellazione del Drago che sembrava avvolgersi attorno all'asse centrale del cielo notturno, ma quando il nuovo Sole, preannunciato dalle albe rotanti, risaliva dalla notte solstiziale, i suoi raggi annientavano il Dragone, ecco la vittoria del Sole.

Solo chi vive ad alte latitudini può avere una visione chiara di ciò.

L'osservazione di queste manifestazioni della natura permise a quell'antico popolo di sviluppare un culto solare con il quale nutrirono il loro spirito e, nel contempo, di comprendere come il Creato dovesse essere opera di un unico Dio universale, comune a tutti gli uomini e che il fenomeno, ben visibile alle latitudini alle quali vivevano, non fosse altro che l'indicazione che questo Dio voleva dare loro e cioè che la morte e la rinascita del Sole fosse il simbolo di un viaggio che l'uomo doveva compiere dentro se stesso per potersi ricongiungere con il Dio creatore.

Il calendario, basato sul ciclo solare, che ben scandisce il ritmo dell'idea di morte e resurrezione, portò alla concezione di quella par-

ticolare croce i cui quattro bracci sono compresi fra due falci di Luna ad indicare il ciclo della Luna crescente e della Luna calante, e le intersezioni con dette falci, l'unione fra il principio maschile e femminile, infine, gli stessi quattro bracci ad indicare come il Sole, con i suoi raggi, illumini tutto l'universo; il punto d'incontro dei quattro bracci è il centro del cielo stellato, sede del Dio unico.

Avevano intuito quindi l'idea di una religione universale. Non più Dei di un popolo ben determinato, ma un Dio di tutti ed al quale tutti potevano inchinarsi e pregare.

Avevano sviluppato, altresì, un loro mito, una loro leggenda. Era nato quindi il mito dei **Tuatha de' Danann**.

Gli uomini hanno da sempre vagheggiato di un mitico luogo d'origine della razza. Luogo dove risiedevano, in tempi dei quali si è persa memoria, gli Dei e dove i primi Re o sacerdoti acquisirono la saggezza via via dispersa e dimenticata, che gli uomini d'oggi ricercano. Luoghi di delizia e d'abbondanza, isole dei sogni, dove sarà possibile ritornare se si saprà trovare il giusto percorso da seguire.

Isole della mente, isole del desiderio, isole della memoria che ci riportano sempre ad un Nord, quasi sicuramente geografico, ma che diviene pure Nord come visione di principio delle cose, di luogo collocato in alto, come se l'uomo avesse necessità di quadripartire questo concetto, allineandolo con la sua stessa conformazione fisica.

Nord come "capo", sede del pensiero e delle decisioni che permettono l'agire degli uomini; Sud come momento terminale di un percorso discendente che ci conduce alle parti inferiori del corpo; Est il lato destro dell'uomo, sede dell'anima, luogo dal quale si vede il sorgere del Sole che, come l'anima, riscalda l'interiorità della ricerca spirituale; Ovest la parte sinistra, sede del cuore e dell'irruenza, lì il Sole tramonta, si dà slancio per poter, il giorno dopo, riapparire e proprio di un "tuffo al cuore" ha bisogno l'uomo, per superare con l'irruenza dello spirito, scintilla di fuoco, gli ostacoli posti sul proprio cammino.

Nord, quindi, sede primordiale della vita e d'ogni conoscenza, luogo mitico che segna il principio, principio che, in rivoli sempre più numerosi, si è irradiato per dare la possibilità all'uomo di un ritorno o di un perdersi attraversando la Via che egli ritiene a sé più congeniale.

Ritrovarsi in questa Thule porta, spesso, ad avere una visione

particolare delle cose, quando si legge degli antichissimi miti, ed allora istintivamente si è portati a fare paragoni ed a trarre delle considerazioni.

A Thule, isola del desiderio, è narrato dei Tuatha De' Danaan, strani esseri dei quali nulla si conosce, né da dove provengano, né dei particolari poteri di cui essi sono dotati.

Essi avrebbero regnato, in un remotissimo passato, con saggezza e giustizia assicurando agli uomini un prospero vivere. Alcuni sostengono di conoscere il luogo del cielo dal quale questi esseri provenivano e lo chiamano Liys don, l'antico nome di Cassiopea, ma in verità questo non ha molta importanza.

Prima di scomparire e ritirarsi nel Tir na n'og, il favoloso paese dell'età dell'oro, dove regna solo prosperità, giustizia e perfezione, essi avrebbero lasciato agli uomini su questa terra quattro potentissimi oggetti magici, dei talismani, in grado di trasmettere infinito potere a colui il quale ne fosse entrato in possesso.

Tali oggetti sono: la pietra di Fal, il calderone di Dagda, la spada di Nuada, la lancia di Lugh.

Ma cosa rappresentano i quattro talismani che questi Dei hanno lasciato agli uomini e quali sono i loro poteri?

La pietra di Fal è pietra magica che designa sovranità, il punto nel quale il divino si unisce con il terrestre. È una pietra di "fondazione", "centrum" di una civiltà. Quando il prescelto si fosse accostato o seduto su di essa, questa avrebbe emesso un suono come a sancire l'avvenuto riconoscimento di colui al quale era demandato il potere.

Il calderone di Dagda è simbolo fecondo della Madre Terra, porta vita ed abbondanza, l'altro suo nome è Eochaid olla thir ed è il grande padre che con il suo calderone nutre tutti senza mai esaurirsi. Il calderone è ornato attorno al bordo di un filo di perle e nove muse lo riscaldano con il loro fiato. Non può cuocere in esso il cibo di un codardo.

Nuada è il Re dei Tuatha De' Danaan, la sua spada è forgiata con il ferro che proviene dagli infiniti spazi siderali, è simbolo della forza incarnata dai guerrieri, ed indica la volontà, il potere, rappresenta sia l'autorità, sia la sovranità e sia la raggiunta maturità.

Lugh, il Dio cinghiale, detentore del segreto degli Dei, possiede una lancia magica dalla quale scaturiscono scintille e stilla sangue,

la sua magia è connessa allo stesso Lugh in quanto Dio giusto. Il colpo inferto dalla lancia è mortale e dà la vittoria ed il potere, ma guai se ad infliggere il colpo sia chi non possiede gli attributi necessari. Infatti, se così è, gli effetti diventano devastanti, essa genera sterilità e la terra sprofonda in un abisso di desolazione. Quando il Dio non la impugna essa deve essere immersa nel calderone di Dagda in modo tale che non bruci e distrugga tutto ciò che la circonda.

Quindi Fal è la sacralità della terra, Dagda la funzione sacerdotale, Nuada la funzione regale, Lugh, infine, è insieme funzione regale e sacerdotale.

Da tanto tempo i Tuatha De' Danaan sono scomparsi alla vista degli uomini, ma essi vivono ancora; il loro spirito è la terra stessa, le immense pianure ed i fitti boschi, le cime innevate e gli aridi deserti, le fresche fonti, i tumultuosi fiumi, i profondi oceani.

Il loro spirito è tutto ciò che ci circonda.

Di questo mondo, che si è ritirato in lontane contrade, per sottrarsi alla curiosità degli uomini che, oramai, non lo comprendono più, ma che è pronto a riapparire ed essere luce per una nuova età dell'oro, quando gli uomini risvegliati avranno superato pregiudizi ed ipocrisie, si ha erroneamente il concetto che esso sia espressione di paganesimo e di politeismo.

In realtà, le varie divinità non sono altro che espressioni diverse di un unico principio vitale.

Questa religiosità si presenta sotto tre aspetti, una trinità insomma, le cui ripartizioni sono l'amore e la bellezza (Karantez), la conoscenza e la saggezza (Skiant), la forza (Nerz).

L'aspetto femminile non è altro che la Dea Madre, la Vergine Maria insomma, e di conseguenza la Vergine Nera comune a tante tradizioni.

Le popolazioni primitive erano legate al culto femminile, culto di prosperità e rinascita. La donna garantisce il concepimento e quindi la continuità della vita, così la Madre Terra assicura la vita e la prosperità a tutti gli uomini. La terra insieme all'acqua rappresentano l'elemento femminile, il fuoco e l'aria quello maschile. Pertanto i santuari erano costruiti nei boschi e vicino alle sorgenti.

Questo aspetto femminile è la Dea dai mille nomi chiamata Karidwen, che ha il significato di "porta divina" da Ker = porta e da

Doue = Dio, quindi è la Via che permette all'uomo di accostarsi al divino. Un altro suo appellativo è quello di Ceridwen, da Cerdd = guardiano e Wen = bianco, cioè Dea bianca, in altre parole la luna nella sua triplice manifestazione quale signora della nascita nella fase crescente, dell'amore e della forza quando è luna piena e Dea della morte nella fase calante.

Ma in realtà vi è un'altra fase e cioè quella della luna nuova, della gestazione. Questi quattro aspetti li ritroviamo nelle tradizioni legate ai quadrivi o crocicchi, in cui solitamente erano poste statuette votive od offerte, luoghi sacri dove chi vi arrivava era posto dinanzi ad una scelta: quale strada intraprendere? Ma vi era un'altra via da poter percorrere oltre quelle offerte al viandante, quella che si trovava alle sue spalle, dalla quale proveniva e per la quale doveva porsi la domanda: "l'ho percorsa correttamente?".

Mediterraneizzata, questa Dea diviene Diana, Dea della luna, dei boschi e della natura, ma Dana è la madre della stirpe dei Tuatha De' Danaan.

Nerz è l'espressione della Potenza guerriera e maschile, è rappresentata da due divinità, Nuada e Lugh.

Nuada durante una battaglia perde un braccio e così menomato deve rinunciare al trono; il braccio poi gli viene ricostruito in argento, simbolo lunare, riacquistata l'integrità riacquisterà pure il trono.

La sua vicenda ci riporta alla memoria un altro Dio e cioè Tyr, il quale nel combattere il lupo Fenrir perde una mano.

Queste divinità sono legate ai riti di smembramento e di dispersione, come il grano viene falciato ed i suoi semi poi sparsi nei campi per assicurare un nuovo raccolto, esse con le loro mitiche storie sono la rappresentazione dei rituali di fertilità.

Un'altra espressione di Nerz è il Dio Lugh, il Dio cinghiale portatore del fuoco.

Skiant è la saggezza, la Conoscenza Suprema, aspetto solare e legato al principio maschile ma non scisso dal femminile in quanto se è il Sole che rende fertile la terra, è la Grande Madre la nutrice.

Il Dio solare Dagda è legato alla Dea lunare Morrigan. Essi, durante Samhain, hanno un incontro d'amore che dura nove mesi.

Il ciclo della rigenerazione ha avuto così compimento.

Oiw è divinità trascendente ed unica e, nel suo aspetto immanente, è crogiolo di una serie di divinità di ognuna delle quali ha peculiari caratteristiche, ma è da un Dio Unico che scaturiscono i vari aspetti del mondo.

Gli insegnamenti dei Druidi danno all'individuo un giusto posto e valore nello schema della natura, fanno sì che egli riconosca la sacralità dei luoghi che abita e gli affidano il compito di loro custode.

Predicavano di un Dio Unico, Oiw, che si manifestava in triplice energia e che indicava tre strade verso il divino, tre sentieri percorribili da tutti. Queste tre energie erano personificate da un vecchio, Skiant, da un giovane guerriero, Nerz, da una bellissima donna, Karantez. Ma tutto ciò che scende da un piano spirituale verso la materia ha triplice forma, ed allora ecco il suddividersi delle tre per-

sonificazioni in una molteplicità che genera infiniti Dei, esseri di luce preposti alla crescita, alla vegetazione, al prosperare del bestiame, all'abbondanza del raccolto, alla protezione dei boschi, delle sorgenti, al lavoro degli uomini. Fate, gnomi, nani, folletti, elfi.

Lo schema spirituale si rispecchiava nel mondo degli uomini con la ripartizione in tre classi sociali, quella dei Druidi che rappresentava la Conoscenza e la Saggezza, quella dei guerrieri indice di Forza e di Volontà, quella degli uomini d'arte sinonimo di Amore e Creatività.

Nel quotidiano riviveva la spiritualità di tali insegnamenti, la società stessa era manifestazione del divino ed ogni suo atto diveniva così, espressione spirituale.

Ogni individuo era messo, in tal modo, nella possibilità, in ogni momento della propria vita, di poter accedere al mistero divino percorrendo la strada da lui scelta.

La dignità dell'uomo, la libertà interiore, l'onore, la parola data, principi che potevano portare l'uomo a cambiare il proprio stato di coscienza ed entrare in contatto con le proprie potenzialità inespresse.

Oiw, l'Increato Dio Unico, irraggiungibile dalla comprensione umana, venerato nel Sole "Occhio di Dio", simbolo visibile del principio unico. Evoluzione spirituale attraverso più vie, molteplicità dei piani della Manifestazione, rispetto della vita universale, tolleranza, ospitalità, altruismo, amore fraterno, spirito di libertà, uguaglianza dei diritti fra uomo e donna quale equivalenza delle loro funzioni reciproche e complementari, assenza di rigidi dogmi, comprensione del mondo che ci circonda e nel quale e per il quale viviamo e spiritualità delle cause invisibili della Creazione.

Questi i principi spirituali dei Druidi.

Il simbolo principe, che racchiude in sé tutti questi concetti, è la "Croce Celtica", una croce tracciata su di un cerchio. Rispecchiandoci in essa, possiamo trovare la via che ci mette in grado di farci passare nell'Altra Realtà tramite un cambio di stato di coscienza.

Essa è portatrice del concetto di circolarità secondo il quale non vi è separazione fra buio e luce, fra bene e male, fra giusto e sbagliato, e nascita e morte diventano un'unica cosa con la Creazione. Questa non ha un momento specifico d'inizio, ma è sempre in atto, è in continua evoluzione.

Il magico ed il divino permeano il mondo dei Druidi e degli uomini che seguono tali insegnamenti, non superstizione ma manifestazione di una realtà spirituale e terrena insieme.

Questo insegnavano i Druidi agli uomini, nelle radure delle grandi foreste, all'ombra di sacre querce o accovacciati attorno ai fuochi notturni, con canti, danze e musiche narrando i miti degli eroi e, durante le cerimonie rituali e le feste dei fuochi, li facevano partecipi dell'atto magico che consente, al mondo spirituale, di rivivere sulla terra degli uomini.

Ma la mutevolezza delle condizioni fece sì che i loro territori d'origine, dove per la peculiare posizione avevano potuto usufruire e sviluppare il loro pensiero, divenissero sempre più inabitabili per l'avanzare del freddo e del ghiaccio, così essi decisero di migrare verso terre che offrissero loro un clima più accettabile spostandosi verso Sud dove, incrociati altri popoli, si fusero con essi cercando di introdurre i propri miti, i propri eroi, il proprio credo. Ma le forti influenze che subirono, fecero sì che solo piccoli e ristretti gruppi conservassero integro il ricordo del loro meraviglioso connubio con il divino. Coloro che erano rimasti nel Nord d'Europa più degli altri conservarono il loro credo, ma anch'essi dovettero subire influssi estranei di altri popoli che incalzavano, e così dovettero, in certi periodi, rifugiarsi nel folto dei boschi per poter liberamente officiare il loro culto.

Doveva però ritornare il tempo nel quale il messaggio universale al quale erano arrivati, potesse essere reso noto anche agli altri uomini.

Ma dentro ogni storia ve n'è sempre un'altra e proprio questa bisogna narrare per comprendere ciò che in seguito accadde.

Roma, padrona del mondo, avrebbe avuto da lì a poco Augusto come imperatore ma, nel frattempo, le lotte per la successione a Cesare erano aspre. La Palestina era in preallarme poiché si aspettava lo scontro decisivo in Egitto fra Antonio ed Augusto. Lì prestava il suo servizio un centurione romano di nome Longino.

Maria, figlia di una delle più antiche e ricche famiglie di Israele, soleva recarsi al Tempio. In una di queste sue escursioni, fuori dalle mure della casa paterna, fu vista dal centurione Longino il quale ebbe il desiderio di farla sua. La giovane aveva 16 anni, era nera di capelli ed olivastra di carnagione, il viso di squisita fattura ed il corpo già da donna, ma con quella prorompente sensualità della fanciulla che aspetta l'incontro con l'uomo. Il centurione era veterano di tante battaglie, era alto, muscoloso, biondo con gli occhi azzurri, i capelli dorati gli scendevano sulle spalle, era abbronzato da un sole troppo forte per lui, proveniva dalle regioni del Nord, dalla Germania, era ricco di quel sangue Ario.

Il problema di Longino era quello di poter rincontrare Maria.

Prese informazioni su quella fanciulla da lui vagheggiata, seppe che era parente di un componente minore del Sinedrio.

Il Sinedrio era composto da sacerdoti che, per detenere il potere, mantenevano dei rapporti in parte di Sudditanza e di convenienza con gli occupanti romani, non li volevano dispiacere ed intessevano con questi rapporti economici, cercando di accaparrarsi dei posti di responsabilità e di prestigio.

Uno di questi era un tale Giuseppe d'Arimatea. Collaboratore dei romani, in quanto aveva il compito di sovrintendere i lavori minerari, aveva stretti rapporti con diversi funzionari e militari. Per tali motivi, non solo godeva di una certa fiducia, ma aveva tutte le intenzioni di mantenere la fetta di potere che si era ritagliata.

Avvicinato da Longino, non si stupì della richiesta di poter combinare un incontro, anche se ne rimase indispettito, in quanto non erano ben visti contatti fra romani e donne ebree. Ciò nonostante, inimicarsi un romano non era conveniente. Pertanto accondiscese.

Quella che doveva essere una squallida storia di un appagamento dei sensi, divenne, dopo uno sguardo desideroso dell'uno, spaventato dell'altra, una tenera storia d'amore.

L'incontro ebbe quindi come esito la nascita di un profondo amore tra la giovane Maria ed il legionario e, pertanto, si acquietò pure la coscienza di Giuseppe che incominciò ad affezionarsi sinceramente a Longino e ne divenne confidente delle angosce per il rapporto con la sua parente che questi voleva sposare, ma che, in questo suo progetto, impattava con l'opposizione della famiglia di lei e della comunità ebraica.

Maria attendeva ora un bambino. La famiglia di Maria, resasi conto dell'accaduto, era in grandi ambasce. Era necessario fare qualche cosa, non si poteva permettere un matrimonio con un romano, ma neppure si poteva lasciare senza sposo Maria. Era necessario un castigo per questa figlia ribelle. Maria fu chiusa in casa, fu cercato uno sposo di ripiego che fosse anche una punizione.

La famiglia aveva molte proprietà ed in una di queste viveva un falegname, oramai vecchio e servo della famiglia. Quale migliore punizione che relegare la figlia lontano dalla città e per giunta sposa ad un uomo che, per l'età, le avrebbe negato i piaceri della carne per i quali ella aveva peccato? Per questo fu scelto Giuseppe.

Maria così andò lontano ed il centurione aspettò, inutilmente, ad un appuntamento al quale ella non giunse mai.

Ma venne il tempo del censimento ed ognuno doveva tornare per essere iscritto nelle liste. Così Maria e Giuseppe tornarono ed il centurione ritrovò Maria, pregna del suo seme e pronta a partorire.

Il centurione era felice ed attendeva l'evento della nascita per poter rapire Maria e suo figlio. Ma appena Maria partorì, fu fatta partire per l'Egitto verso la comunità ebraica di Alessandria. Lì, lontano, sarebbe stata preda irraggiungibile per il centurione.

La gravidanza di Maria, le decisioni della famiglia di lei, il suo allontanamento e poi il ritorno per il censimento, il tentativo di Longino di portarla via con sé, tutto ciò era noto a Giuseppe di Arimatea ed in realtà egli provava solidarietà per quell'uomo e per quell'amore contrastato.

Longino era stato comandato per altre destinazioni, così chiese a Giuseppe di vigilare su suo figlio e di aiutarlo a crescere nella tradizione dei propri antenati.

Pertanto, l'accordo fu che, quando il piccolo Jessen fosse arrivato all'età giusta, Giuseppe avrebbe fatto sì che il fanciullo potesse andare per essere istruito presso la comunità degli Esseni.

Così avvenne.

Maria soffrì per quel figlio che non aveva potuto crescere e rendere felice come ella avrebbe voluto, insieme al suo amore perduto per sempre. Ma ubbidì ancora al destino.

Jessen, ancora fanciullo, non comprendeva appieno le decisioni prese su di lui, non conosceva il suo vero padre e non sentiva una forte protezione da parte di sua madre, comprese però l'ostilità nei suoi confronti della famiglia di lei ed incominciò ad odiare chi lo aveva isolato.

Presso gli Esseni la scuola fu dura ma egli fu più tenace.

Ma chi erano gli Esseni? Nel loro girovagare, i popoli del Nord erano scesi fino alle terre dell'Asia Minore e lì erano stati appellati come Galati: un piccolo nucleo si era spinto fino alla Galilea che aveva preso da loro tale nome, ma non si erano fermati poi molto in quel luogo; avendo trovato una forte opposizione, si erano limitati ad occupare solo degli eremi che i loro sacerdoti avevano trovato idonei per la solitudine e la pace di quei luoghi, tali da poter essere isolati e così liberi per le loro speculazioni, le loro magie, i loro studi, i loro riti. Questi eremiti non erano altro che dei sacerdoti Druidi, che in quei luoghi furono chiamati Esseni, ma solo il nome era mutato, non i loro riti, i loro culti, i loro insegnamenti.

Lì, Giuseppe portò Jessen quando ebbe compiuto la giusta età, secondo i desideri di suo padre.

Jessen crebbe e studiò, tranne in alcuni periodi di permesso concessigli per stare con la madre, approfondì il suo pensiero. Fu istruito secondo la tradizione del padre, in quella tradizione che anelava al Sole, che conosceva i segreti della natura e della Madre Terra, nell'amore per il creato e per il suo Creatore. Fu, così, lui il prescelto per rinverdire l'antica tradizione, l'antico culto.

Era passato troppo tempo e troppi Dei affollavano le menti degli uomini, l'idea del Dio Unico era stata sfiorata, ma non era stata compresa l'idea di universalità.

La popolazione nomade della Palestina, più di tutte le altre, aveva espresso il concetto di un Dio unico ed aveva, così, instaurato un rigido monoteismo, ma la concezione era viziata da motivi diversi.

L'idea era quella di un Dio che avrebbe prescelto quel popolo per essere da questi adorato. "Io sarò il vostro Dio e non avrete altro Dio al di fuori di me, in cambio, se adorerete solo me, eleggendomi fra una molteplicità di Dei, sarò il vostro protettore e sarò così il Dio degli ebrei e di nessun altro".

Insomma, il concetto monoteista è più di elezione che di presa di coscienza e, inoltre, manca di universalità in quanto questo Dio unico concede la propria protezione ad un singolo popolo, non è accessibile a tutti, infatti puro ebreo è quello che nasce da madre ebrea; si potrebbe considerare, quindi, il potere di una società matriarcale che non si combina bene con il concetto solare. Sta di fatto che il calendario preso in considerazione è quello lunare che in visione esoterica è collegato con la morte, il ciclo oscuro che non contiene in sé il messaggio della resurrezione che, invece, è considerato nel calendario solare che, seguendo il ciclo dell'astro, contiene il messaggio di passaggio dalla vita alla morte e viceversa, tenendo in considerazione la ciclicità dell'esistenza umana.

Inoltre, la proprietà esclusiva di questo Dio e l'affermazione di essere popolo eletto, cioè prescelto tra tutti gli altri popoli, proprio da questo Dio unico, non gli consente di avere in sé il concetto di universalità bensì quello di razzismo.

Ma il Dio unico, solare, non ha preferenze, è Creatore di tutto e di tutti e, pertanto, esprime una concezione accessibile agli uomini senza differenziazioni, non ha necessità di scendere a patti per essere adorato, dispensa i suoi doni e le sue funzioni ispirandosi al grande concetto, non di bontà, ma di giustizia e, quindi, possiede egli solo il grande potere del perdono. Non è il Dio tremendo che bisogna temere per le grandi punizioni che può infliggere ma è il Dio che è bello amare perché profonde gioia e benevolenza.

Tutto ciò ed altro avrebbe dovuto imparare.

Vista la sua abilità, egli fu prescelto dagli Esseni per essere colui il quale avrebbe dovuto rinverdire l'antica religione. Sarebbe

stato necessario fare comprendere ed accettare agli altri uomini questo messaggio, la sua preparazione quindi doveva essere perfetta.

Arrivata l'età della pubertà, Longino, che si era sempre tenuto in contatto con Giuseppe d'Arimatea, gli chiese di portare suo figlio nel luogo dove in quel momento egli era di stanza. Quel luogo era la Britannia e proprio lì aveva sede il più importante collegio druidico.

Giuseppe, di converso, avrebbe avuto per la sua collaborazione il posto di sovrintendente alle miniere di stagno.

Longino così abbracciò suo figlio, e questi poté essere istruito presso la più magica delle scuole.

Il ragazzo divenne uomo e fu pronto per la missione.

Fu ritenuto luogo ideale per iniziare la predicazione, la periferia dell'Impero, il luogo dove era nato, terra di sua madre, dove egli aveva iniziato a studiare e dove poteva contare su degli appoggi e, per di più, la terra di quel falso monoteismo che bisognava combattere.

Fu inviato presso la sua antica scuola nel deserto della Galilea; accompagnato da alcuni confratelli, iniziò la predicazione di questo culto solare, del Dio unico universale, padre di tutte le cose.

Aveva bisogno, anche, che uomini semplici lo seguissero in questo suo peregrinare, perché la loro presenza avrebbe avvicinato le masse che, nella visione di questi uomini semplici, ravvisavano se stessi.

Nel suo predicare itinerante fece vivere agli uomini semplici le emozioni della visione del potere di Dio, compì quei miracoli naturali alla cui realizzazione era stato addestrato, anche perché gli uomini hanno bisogno di simboli visibili.

La sua fama crebbe e molti uomini gli si avvicinarono. Nel sinedrio, però, incominciò a definirsi una preoccupazione per quell'uomo che predicava ed era ascoltato. Il sommo sacerdote e gli altri membri influenti si resero ben presto conto che la predicazione di Jessen poteva essere destabilizzante per il loro potere, l'idea di questo Dio unico si sovrapponeva alle loro ideologie e le superava in concezione, in quanto universalizzava il concetto. Si resero conto che il Dio unico e di sola appartenenza degli ebrei era in pericolo e venivano minate le basi della loro religiosità.

Dovevano fare qualcosa.

Per controbattere le iniziative che erano state messe in moto, si

ritenne di poter ribaltare la situazione a tutto vantaggio del Sinedrio. Attorno a questo predicatore venne fatta girare la voce che si stesse per avverare la vecchia profezia del figlio della vergine che sarebbe divenuto il nuovo Re d'Israele.

La famiglia di Maria, che aveva cercato di nascondere l'amore della figlia per un romano e che tentava di assumere la supremazia nei confronti delle altre tribù, non perse l'occasione di sfruttare questo figlio bastardo per i suoi fini.

Il progetto degli Esseni, così, si venne a trovare in grave pericolo. Era sul filo del rasoio, si conosceva bene l'abilità di Jessen ma non si volevano correre rischi, ed allora fu necessario un guardiano del progetto e per questo fu scelto Giuda.

Nel frattempo Jessen continuò la sua predicazione itinerante, seguendo le direttive impartitegli.

Anna e Caifa si sentirono destabilizzati, Erode Antipa sperava in una rivolta, i romani stavano a guardare per cogliere l'occasione propizia ed annientare gli ebrei.

Nel frattempo, Longino aveva ottenuto di ritornare a Gerusalemme e, con lui, ritornò Giuseppe d'Arimatea che, avendo compiuto quanto dai romani gli era stato affidato, ritornava ora nella sua terra, anche perché, nel frattempo, gli anni erano passati ed egli si era fatto più vecchio.

Il Sinedrio decise di rompere gli indugi, era venuto il tempo di agire, fomentò disordini, cosa non gradita ai romani, mettendo in giro la voce che questo nuovo predicatore volesse sostituire Cesare, inscenando dibattiti teologici dai quali, però, uscì sconfitto.

In tutto ciò fu calcolata l'ambizione di Ponzio Pilato il quale, aspirando ad incarichi più importanti, voleva far sì che il suo mandato in Palestina non fosse macchiato da ombre. Lo coinvolsero a tal punto che questi accondiscese a che il sinedrio decretasse la morte di Jessen. Le trame di questo complotto sono oscure, e verità e menzogna si mescolano tra di loro; un fatto però è certo, Jessen dovrà finire sulla croce. Jessen, cosciente di ciò, teme di non poter portare a termine il compito affidatogli, ma egli è un Magister e dovrà trovare soluzioni al suo problema.

I momenti precedenti l'arresto furono concitati, egli aspettava da un momento all'altro il precipitare degli eventi e le decisioni da prendere erano tante e difficili. Fuggire e salvare la vita, ma la credibilità di quanto predicato sarebbe svanita immediatamente. Sperare di poter confutare il Sinedrio e lo stesso Ponzio Pilato era solo un'utopia; era necessario affrontare l'estremo sacrificio, per dare ai posteri un eterno simbolo di credibilità a tutto ciò che fino ad ora era stato predicato e per far sì che il messaggio universale, che così doveva essere, potesse arrivare al cuore degli uomini.

Un ultimo incontro con i suoi discepoli per dare loro le direttive se l'irreparabile fosse avvenuto, alcuni avevano un ruolo da svolgere di particolare importanza e che già in un immediato futuro poteva essere decisivo. Ruoli, alcuni estremi, che avrebbero segnato profondamente gli uomini ai quali erano stati affidati.

Ognuno dei prescelti ebbe il suo compito segreto ed affidato con il massimo riserbo. Il segreto su quanto andava fatto, era necessario per la riuscita del progetto, gli esclusi da questo furono lasciati liberi di agire secondo la loro caratterialità, affinché tutto apparisse il più naturale possibile.

Segretamente, Jessen incontrò suo padre e Giuseppe d'Arimatea e ad essi chiese che facessero qualche cosa per lui.

Arrivarono i soldati di Caifa e Jessen si lasciò arrestare. Ognuno fece la sua parte, lo stesso irascibile Pietro si fece travolgere dalla sua natura e rese gli avvenimenti naturali così come dovevano apparire a tutti. Jessen era pronto alla tortura ed al sacrificio e in questo suo soffrire palesò la grandezza degli insegnamenti ricevuti e dei quali era divenuto Maestro e simbolo vivente.

Infine la croce e lì Longino dovette assolvere al terribile compito che gli era stato affidato, con la sua lancia doveva uccidere suo figlio, versare il suo sangue, compiere un atto che non si può chiedere ad un padre, ma egli, gli occhi pieni di lacrime ed il cuore gonfio di dolore, lo fece.

La lancia del centurione, ora diventata il simbolo per eccellenza, è stata impregnata dal sangue e non vi è maggiore energia se non quella data dal sangue.

Questa lancia non doveva rimanere in Oriente, era compito di Giuseppe d'Arimatea portarla in Occidente, perché essa è simbolo iperboreo. Jessen è il superuomo, colui che sa trarre tutta la magia naturale dalle cose, l'essere perfetto, anello di congiunzione con la razza di Thule, con gli uomini del Nord che adorano Apollo e l'isola bianca dei cigni, stendardo di valori e tradizioni, simbolo di un popolo unito in un comune destino.

Ma qual è il potere della lancia? Essa manifesta in chi la detiene la forza e la volontà dell'*Imperium*, serve ed aiuta per la costruzione di un nuovo mondo, dove vige la legge dei veri valori. Attraverso il sangue e con il sangue avrebbe portato ad un ordine nuovo delle cose. La lancia è antenna che congiunge cielo e terra, sottile filo di unione che permette all'uomo, che in essa crede, di ritornare ad un mondo aureo dove i valori hanno la loro giusta collocazione.

Ma un altro segno bisognava lasciare, far sì che gli uomini increduli vivessero il mistero della resurrezione, ed allora è Giuseppe d'Arimatea che ora dovrà agire; viste le sue amicizie con il Sinedrio ed il fatto di essere parente della madre di Jessen, gli sarà possibile chiederne il corpo per darne sepoltura. Composto il corpo, viene svolto l'ufficio funebre. La tomba scavata nella roccia è quella della famiglia di Giuseppe, la madre di Jessen e le altre donne preparano il corpo e lo avvolgono in un Sudario, dopo averlo cosparso di essenze, la tomba viene poi chiusa e a guardia di questa vengono posti due soldati romani; il Sinedrio e lo stesso Ponzio Pilato vogliono evitare che si facciano speculazioni sul corpo di quell'uomo, o che questo luogo possa diventare centro di aggregazione per chissà quale sommovimento popolare.

I soldati di guardia sono amici di Longino e non è difficile trafugare il corpo e porlo in una definitiva e segreta sepoltura. Il resto si gioca sulla emozionalità e le normali reazioni degli uomini, nonché sul loro desiderio di sogni e voglia di mistero.

Le donne che vanno alla tomba di Jessen, la trovano vuota e gri-

dano al miracolo; lo stesso Matteo, il più suggestionabile di tutti, dichiara di aver parlato con Jessen risorto, ma Jessen aveva voluto intendere una resurrezione spirituale, non fisica. Giuda, anche lui, è morto, il suo destino si è compiuto. Giovanni ha avuto il compito di tramandare con i suoi scritti la spiritualità del messaggio, dargli un'impostazione esoterica che consentirà agli uomini, che ne hanno il desiderio, di conoscere, capire, comprendere e far proprio il meraviglioso concetto espresso e reso tangibile dalla gloriosa morte di Jessen.

Longino dovrà ritornare nelle natie terre del Nord, con lui saranno Maria e Giuseppe d'Arimatea, oramai del tutto convertito all'antica religione riscoperta, per annunciare ai collegi druidici l'inizio della nuova predicazione, il risveglio degli antichi misteri. In Palestina rimarranno gli altri, per non far dimenticare dove risiede la verità del Dio unico universale e da questa importante provincia dell'impero propagandare il messaggio.

Fra i rimasti in Palestina vi è pure Pietro che, come tutti i semplici che godono della benevolenza di chi è loro superiore, essendo appunto un semplice come pure un irruente, ma estremamente sincero, sia nelle parole sia nei comportamenti, avendo goduto della tenerezza per lui provata da Jessen, si sente il prescelto per condurre il gruppo degli apostoli ed essere così il continuatore dell'opera da questi intrapresa. Decide quindi di portare, direttamente al cuore dell'impero, gli insegnamenti ricevuti ma, essendo appunto un semplice, non ha compreso, se non in parte, quanto ricevuto e colma le sue lacune infarcendo queste di teorie ebraiche che portano a pensare erroneamente che questo nuovo-vecchio credo abbia una derivazione ebraica, religione nella quale egli era vissuto fino all'incontro con Jessen. Travisato in buona parte il pensiero di Jessen, va a Roma, pronto a fondare lì una chiesa che possa divulgare questo messaggio da lui riplasmato.

Da un'altra parte d'Europa, invece, il vero messaggio in maniera più riservata incomincia a fare il suo percorso, affidato a Giuseppe d'Arimatea e all'apostolo Giovanni che non hanno solo il compito di riunire i collegi druidici, ma anche quello di ricercare proseliti presso le antiche tribù che ancora avessero una reminiscenza dell'antico credo.

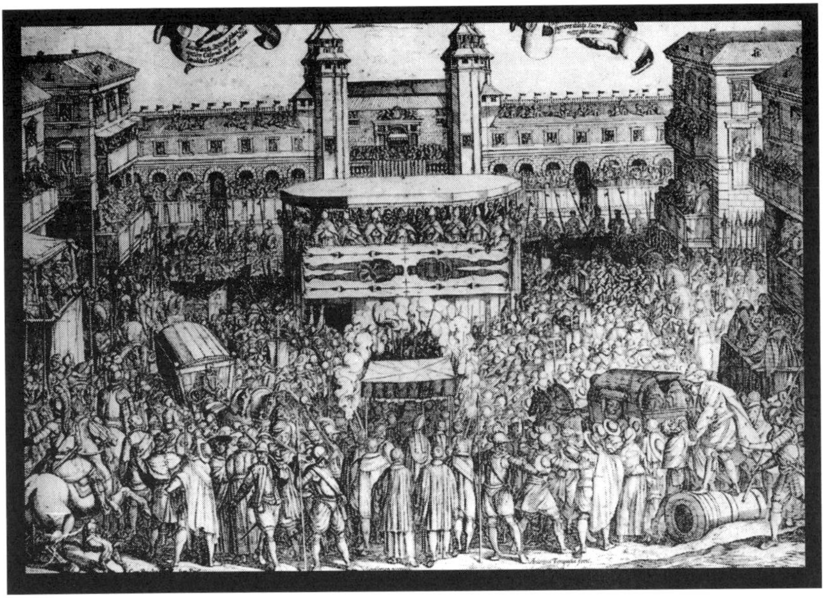

L'insegnamento di Pietro è più semplice, più accessibile, così com'è la sua natura, ma è travisato, non è la vera via indicata, la chiesa che Pietro fonda a Roma è figlia di un equivoco, il vero messaggio, più difficile da comprendere, perché benché universale ha bisogno di essere vissuto nello spirito di ciascun uomo, seguirà un'altra strada, la vera, quella che Jessen ha indicato di seguire.

I quattro aspetti portentosi dell'antica religiosità, non più conosciuti dagli uomini, ma sempre presenti nel loro inconscio, dovevano esser fatti rivivere, riprendere nuovo vigore e irradiare più vivida luce.

Pertanto, risvegliare gli antichi Dei sotto una forma accettabile agli uomini del presente, significava far coincidere i nuovi simboli con gli antichi. Il primo esseno al quale fu dato il compito di sondare con il suo operato l'animo degli uomini e valutare se questi fossero pronti ad accogliere le nuove idee, fu chiamato Giovanni ed ebbe l'appellativo di Battista poiché, sulle rive del fiume Giordano, luogo dove egli predicava, soleva far fare abluzioni purificatrici a chi voleva accostarsi ai suoi insegnamenti.

Giovanni assolse il compito affidatogli. Attirò su di sé le ire di potenti re e sacerdoti di religioni in quei luoghi professate. Il suo nuovo predicare lo portò ad essere condannato al taglio della testa, testa che fu presentata su di un piatto al Re, il cui fondamento di autorità egli aveva messo in dubbio con il suo predicare.

Il primo dei quattro simboli fu così creato a sostituzione del suo corrispettivo precedente.

La pietra di Fal ha ripreso forza. Come nell'antica ritualità, essa è pietra di fondamento, rappresentante il potere; ora il piatto dove è deposto il capo del Battista è la pietra di fondazione dalla quale prenderà il via la predicazione del nuovo profeta.

Per il manifestarsi degli altri tre simboli è necessario che si verifichi un susseguirsi di nuovi eventi; è giunto il momento dell'opera attiva del nuovo Profeta.

Con il suo comandare gli eventi e far sì che questi producano gli effetti voluti, Jessen agisce sugli uomini, sulle loro pulsioni, virtù, vizi, desideri, così che possa sembrare, alle menti semplici, che siano gli eventi a travolgere l'uomo Jessen

ed a portarlo al supplizio. Ora egli è sulla croce, ha portato lungo la via dolorosa il *patibulum* ed ora questo, fissato al suo stipex, è la raffigurazione di quell'incrocio di linee dove Lui, rappresentazione del Dio rivelato, del Sole, è al suo centro.

La coppa poi, nella quale Giuseppe raccoglie il sangue sgorgato dalla ferita ricevuta da Jessen al costato, segna la rinascita del ricordo del calderone di Dagda. La coppa, o meglio, il saper guardare dentro di essa, dà agli uomini la

certezza di una ricchezza spirituale, di un'abbondanza di doni interiori tali da riportarli alla condizione edenica, dalla quale si sono vieppiù allontanati.

Terribile compito quello affidato a Longino, egli deve far rivivere il mito della lancia di Lug. Simbolo che dà morte e distruzione ma anche potere, gloria e fertilità. Come la lancia di Lugh deve essere immersa nel calderone di Dagda, così la lancia di Longino, immersa nel costato di Jessen, quindi per antonomasia nella coppa dove il sangue viene raccolto, diviene simbolo di estrema sofferenza ed insieme di estrema realizzazione spirituale.

Rimane ancora un simbolo da risvegliare, la spada di Nuada. Questa è l'ultima connessione che si deve trovare, affinché il sigillo sia posto al rinvigorito patto fra Dio e gli uomini.

Ma gli uomini devono essere pronti per l'apparire di questo ultimo simbolo, è necessario aspettare. Questo sarà visibile quando sulla terra il nuovo messaggio predicato da Jessen avrà avuto compiutezza, quando, compresi e fatti propri i potenti simboli dei

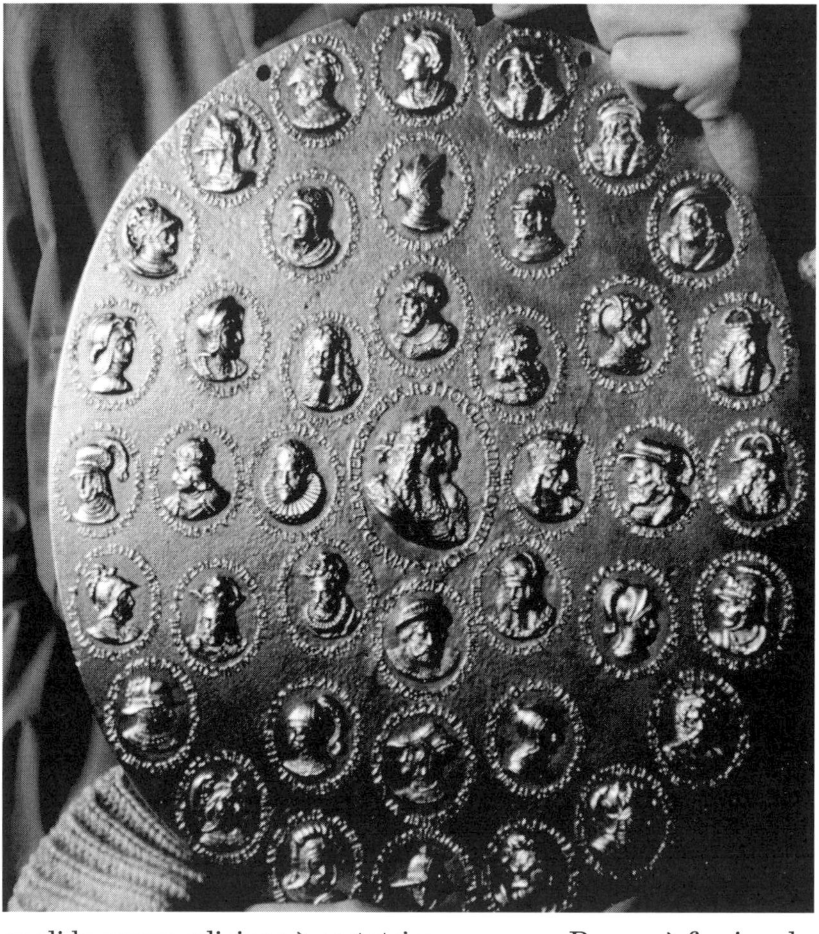

quali la nuova religione è portatrice, un nuovo Re saprà forgiare la sua spada, ed allora gli uomini saranno pronti per intraprendere la via per un nuovo concetto di esistenza, vissuta in connubio perfetto con la magia naturale delle cose, insegnamento che porta alla perfetta coesione fra il creato ed il suo Creatore.

Questo, io fratello esseno ho avuto incarico di narrare affinché ne rimanga traccia, a lode della verità che è aspirazione degli uomini che si incamminano sulla strada della conoscenza.

Scritto nell'anno 72 dalla nascita del Profeta.

de la fin des Croisades à l'avénement
de Philippe VI de Valois 1270-1328
Par MM. Drioux et Ch. Leroy
Echelle
Kilomètres de 111.11 au degré
0 100 200 300 400 500
ABRÉVIATIONS
Ang — Aux Anglais
Ap. — Apanage
Arag. — Au roi d'Aragon
D.R. — Domaine royal
Dan. — Au Danemark
E.G. — A l'Empire Grec
F. — Fief
Fr. — A des Princes Français (Maison d'Evreux)
Gèn. — Aux Gènois
Nap. — Au roi de Naples de la Maison d'Anjou
P. — Au Pape
Su. — A la Suède
Vèn. — Aux Vènitiens
ÉCOSSE
Stirling
Falkirk
EDIMBOURG
Dunbar (1296)
Berwick
MER DU N
IRLANDE
Armagh
Dundalk (1313)
Trim
Dublin
Limerick
Waterford
Wexford
Cork
ANGLETERRE
Carlisle
Lancastre
Newcastle
York
Caernarvon
Galles
Pembroke
Leicester
Kenilworth
Bristol
Runny Mead
LONDRES
Cantorbéry
Hastings
Cornouailles
Exeter
Calais
Anvers
Courtray (1302)
Lille
Arras
Amiens
Harfleur
Aumale
Rouen
Carentan
NORMANDIE (D.R.)
Montgommery
Evreux
Dreux
Beauvais
Clermont
Valois (Ap.)
Montmorency
Châtillon
BRETAGNE (F)
Quimperlé
Montfort
Rennes
Craon
Alençon
Maine
Laval
PARIS
Montlhéry
Corbeil
Troyes
CHAMPAGNE (D.R.)
Courtenay
Angers
Beaugency
Vendôme
Orléans
Blois
Tours
Gien
TOURAINE (D.R.)
Thouars
Bourges
DUCHÉ DE BOURGOGNE (Ap.)
Dijon
La Rochelle
Poitiers
FRANCE
Nevers
Chalon s. Saône
St Jean d'Angely
Marche
Saintes
Limoges
Moulins
Clermont
Lyon
Mâcon
Bordeaux
Dordogne R.
Auvergne (D.R.)
Albret
Penne
Agen
Armagnac
Auch
Orthez
Béarn
Pau
Toulouse
Albi
Nimes
Avignon
Montpellier
Beaucaire
Arles
Muret
Languedoc (D.R.)
Foix (F)
Narbonne
Pyrénées
Roussillon
Perpignan
Ampurias
Girone (1285)
Barcelone
Catalogne
Lérida
Saragosse
Tarragone
Pampelune
NAVARRE (Fr.)
Viana
Bilbao
Biscaye
Burgos
Soria
Oviedo
Asturies
Léon
St Jacques de Compostelle
Galice
Braga
Porto
Lamego
Viseu
Coimbre
Salamanque
Ségovie
Alcala de Henarès
Madrid
ROYme DE LÉON ET DE CASTILLE
ESPAGNE
Santarem
LISBONNE
Tage R.
Alcantara
TOLÈDE
Minorque
Amsterdam

SUISSE
Bâle
Lauffenbourg
Argovie
Aar R.
Soleure
Sempach
Berne
LIVONIE
Riga
Mittau
COURLANDE
Semigalle
Aux Chevaliers Porte Glaive
Kovno
KIERNOV
Vilna
Grodno
Niemen R.
MER BALTIQUE
Gottland
Wisby
Nikœping
Iænköping
Vaviæ
Calmar
Œland
SUÈDE
DANEMARK
Viborg
Scanie (Dan.)
Copenhague
Lund
ROSKILD
Odensée
Bornholm
Kiel
Holstein
Lubeck
Ratzebourg
Hambourg
Wismar
Werle
Schwerin
MECKLEMBOURG
Stralsund
Cammin
POMERANIE
Stettin
Lauenbourg
Lunebourg
Brême
Verden
Brunswick
Hildesheim
Minden
Halberstadt
Mersebourg
Cassel
Wartbourg
HESSE
THURINGE
Wetzlar
Francfort
Erfurth
Misnie
Freyberg
Leipzig
Meissen
Dresde
Wittemberg
Magdebourg
Brandebourg
Havelberg
Elbe R.
Weser R.
BRANDEBOURG
Dantzig
Kœnigsberg
Aux Chevaliers Teutoniques
Marienbourg
Marienwerder
Culm
Thorn
Cujavie
Bug R.
Mazovie
Varsovie
Brzesk
Pinsk
Pripet R.
Gnesen
Posen
Warthe R.
Grande Pologne
Vistule R.
Lublin
Chelm
Vladimir
Kremenetz
Jitomir
POLOGNE
Glogau
Oder R.
Breslau
Silésie
Oppeln
Petite Pologne
Cracovie
Bochnia
Wieliczka
Zlator
Teschen
Lemberg
Kaminiek
Czernowitz
Elbe R.
PRAGUE
BOHÊME
Eger
Monts de Bohême
Iglau
Budwis
Olmutz
Olga
Nord-gau
Ratisbonne
Passau
Marchfeld (1278)
Vienne
Presbourg
Linz
AUTRICHE
Neustadt
Steyer
Salzbourg
Œdenbourg
Gunz
Gratz
Styrie
Carinthie
Carniole
Laybach
Drave R.
Wardsdin
Croatie
Zeng
Trieste
Aquilée
Bellune
Trente
Vicence
Padoue
Vérone
Venise
Chioggia
Este
Adige R.
Milan
Lombardie
Mantoue
Crémone
Plaisance
Parme
Ferrare
Modène
Bologne
Ravenne
Rimini
Florence
Pise
Lucques
Livourne
Toscane
Sienne
Arezzo
Urbin
Pérouse
Ancône
ÉTATS DE L'ÉGLISE
Foligno
Tibre
Abruzzes
Pescara
Chieti
Tagliacozzo (1268)
ROME
Civita Vecchia
Anagni
Aléria
Lucera
Manfredonia
NAPLES
Pouille
Capoue
Nola
Melfi
Salerne
Tarente
Bari
Otrante
Volturne R.
MER ADRIATIQUE
EMAGNE
Nuremberg
Anspach
SOUABE
Danube R.
Vittelsbach
Muhldorf (1322)
Augsbourg
Munich
Constance
Inspruck
Inn R.
BAVIÈRE
Rhin
Gran
Bude
Pesth
ALBE ROYALE
Danube R.
Unghvar
Theiss R.
Neitra R.
Waag R.
HONGRIE
Bihar
Varad
Transylvanie
Karlsbourg
Hermanstadt
Maros R.
Temesvar
Carpathes
Jassy
Roman
Tergowitz
Argisch
Slatina
Bukarest
Craïova
Belgrade
Save R.
Bihacz
Zara
Machow
Rascie
Bosnie
Rasxna
Widdin
NISSA
Ousitza
Ibar R.
SERVIE
Morava R.
ROYme VALAQUE-B
SOPHIA
Trinobum
Philippopolis
Andrinople
Christopolis
Raguse (Gén.)
Cattaro
Scutari
Pristina
Scupi
Strymon R.
Prosacus
Strumpitza
Croïa
Dibra
Prilip
Thessalonique
Durazzo
Despotat
Castoria
Macédoine
EPIRE
EMPIRE
Dristra
Silistrie
Danube R.

Intanto a Clairvaux

Intanto, a Clairvaux, Bernardo ed i suoi monaci continuavano nell'opera di interpretazione e di ricerca cercando di carpire il segreto che celava l'Arca ritrovata.

Già si era certi di una cosa, e cioè che l'Arca non potesse essere aperta se prima non si fossero indossate la tunica e la maschera ricoperte di piombo, che erano state trovate accanto ad essa. Non inutili orpelli, ma una protezione per quanto contenuto in essa; l'aggiunta di versetti e preghiere non sarebbe stata altro che un'invocazione al Divino, affinché questi concedesse protezione su ciò che ci si fosse accinti a fare.

Si arrivò a comprendere come nell'Arca fosse contenuto un qualche meccanismo che era possibile attivare solo con la corretta pronuncia di alcune parole chiave, che furono trovate incise su delle tavolette che sembrano essere un manuale atto a mettere in movimento questo meccanismo ed a fargli espletare correttamente le varie funzioni per le quali era stato costruito.

Nella ricca biblioteca del monastero, alla tremula luce di alcune lucerne che a stento rischiaravano lo stanco volto dei monaci presenti, era appena passata una lunga e faticosa notte di studio e, solo ora, un debole sole incominciava ad illuminare le alte vetrate della sala.

I gomiti poggiati sul tavolo e le palme delle mani a ricoprire il volto, per lasciare gli occhi liberi di vedere altri spazi, ecco che Ber-

nardo, tirate su le spalle e ripresosi da quel momento di quiete e di riflessione, incominciò con voce stanca ma ferma a parlare ai fratelli:

«Credo che voi tutti siate d'accordo che non si può più tergiversare: è venuto il momento di scoperchiare l'Arca ed osservarne il

contenuto. Solo così, potremo avere indicazioni sui nostri studi, se stanno seguendo una giusta via o se dobbiamo ricominciare tutto daccapo. È necessario decidere chi mandare e dare le indicazioni su fin dove ci si possa spingere in questo primo esperimento. Se non vi sono obiezioni, avrei pensato di inviare a Gerusalemme fra Adelmo, accompagnato da fra Reginaldo e fra Guillame; ad essi aggiungerei, come monaco servente, fra Gilbert».

Non essendosi levata alcuna voce, Bernardo continuò:

«Fra Adelmo, sarete voi che condurrete l'esperimento, fatemi riflettere ancora un po' e poi vi darò le indicazioni che dovrete seguire. Il giovane fra Gilbert sarà felice di uscire dalle mura del monastero e vedere Gerusalemme, avvisatelo voi della partenza».

Detto questo i monaci si alzarono ed ognuno si ritirò nella sua cella, per un paio d'ore di meritato riposo. Solo Bernardo rimase a riflettere su quali indicazioni fosse giusto dare e fino a che punto fra Adelmo si potesse spingere nella ricerca affidatagli.

Il nuovo giorno è sorto e nuove speranze sorgono nel cuore di Bernardo. Alcuni monaci vennero inviati a Gerusalemme per poter visionare l'Arca e verificare la correttezza delle idee elaborate e delle interpretazioni fatte. Nel segreto sotterraneo, a guardia del

quale ininterrottamente vigilavano i cavalieri del Tempio, i monaci levato il coperchio all'Arca, ne estrassero il contenuto e, dopo averlo posto sopra un tavolo, lo esaminarono.

Un fonema venne pronunciato e una vibrazione scosse l'ambiente, riempiendolo contemporaneamente di luce e di un sibilo acuto. Il timbro di voce impresso a quelle misteriose parole venne mutato ed ecco che un freddo raggio fuoriuscì da un foro. Questo raggio vibra, si accorcia e si allunga seguendo, quasi per magia, le vibrazioni impresse al timbro della voce dal monaco che guida l'operazione.

Uno dei confratelli presenti, rimasto un po' indietro per poter meglio osservare quanto accadeva, si accostò al raggio e, con grande stupore e sconforto dei presenti, si accasciò morto a terra.

«Fra Gilbert, fra Gilbert», i monaci gli furono tutti attorno, così giovane, morto, ma almeno riposerà in questa Gerusalemme nella quale è giunto sostenuto dalla gioia della fede e dalla gioventù.

Ne seguì una grande confusione.

Come può un raggio di luce uccidere un uomo?

La superstizione per un momento prese il sopravvento e travolse gli uomini.

È forse l'occhio di Dio?

Sedato il trambusto si compirono alcuni esperimenti

per cercare di stabilizzare con giusti accordi vocali quel raggio per poi poterne valutare le funzioni, ma ancora il timbro della voce e le vibrazioni erano incerti, così si poterono fare solo piccoli passi. Pertanto venne presa la decisione di sospendere l'esperimento e di ritornare a riferire. Rimessi i sigilli al sotterraneo, i monaci ritornarono al loro convento.

«Fra Adelmo», disse Bernardo, «non ti corrucciare per quanto avvenuto, la morte di fra Gilbert è un segno che ci deve indurre a riflettere su quanto ci accingiamo a fare; umiltà, pazienza e tenacia devono essere i nostri principi motori nonché la fede, che sempre deve guidare le nostre azioni. Non vacillate fratelli miei, la ricerca è ancora lunga, ma la nostra pazienza dovrà essere ancora più forte, aiutati dalla guida di Nostro Signore».

Ritornarono i monaci ai loro studi, chini sui rotoli, nella loro biblioteca, si accorsero a mala pena delle primavere che si succedevano, della natura che rifioriva, dei rigidi inverni che ricoprivano la terra con il candore della neve.

Nel frattempo ... nel frattempo Ugo de Payn è morto.

Morte di Ugo

L'alba è da poco passata ed ha dato spazio al Sole, affinché inondi, con i suoi vivificanti raggi, la città.

Nel deserto circostante, l'umidità della notte evapora per effetto del caldo del nuovo giorno, ne deriva una leggera foschia che, ancora, non permette di vedere nitidamente in lontananza.

I serventi hanno fatto già uscire dalle stalle i cavalli che ora scalpitano, pronti all'avventura.

L'alito che esce dalle nari e dalle bocche si condensa in piccole nuvole evanescenti.

Un cavallo, più bizzoso degli altri, si impenna ed il palafreniere lo blocca a stento.

I servi incominciano a pulire le stalle ed a rigenerare il fieno. Uno di questi, un po' meno attivo, appoggiato ad un muro, sbocconcella ancora un avanzo della colazione appena terminata. Il richiamo di un sergente lo fa affrettare, lacerando nel frattempo il silenzio con il suono di quel comando secco.

La città intanto si sta svegliando, si odono cigolare cardini di porte e finestre, il rumore dei carretti degli ambulanti, i primi fedeli che raggiungono la chiesa per il Mattutino, sugli spalti lo scalpitio degli armati per il cambio della guardia.

I serventi, finito il loro da fare, si rilassano, indulgendo in quel torpore tipico di chi si è svegliato presto ed ancora non si vuole staccare dal suadente abbraccio di Morfeo.

Un rumore di passi che affrettati scendono le scale, unito al tintinnio degli speroni ed al ferreo rumore delle armi, li ridesta.

I cavalieri per i quali sono stati approntati i cavalli, stanno arrivando, pronti come sempre per il solito giro di pattuglia.

Oggi però è un giorno speciale, è portato pure il vessillo del Gran Maestro. I cavalieri si sono radunati, parlano fra di loro ed attendono.

Una finestra ha cigolato, una delle tante; a questa si affaccia Ugo, rivestito della cotta e della tunica, pronto anch'egli a montare a cavallo.

Guarda il sorgere del Sole, chiude e riapre gli occhi, come a scacciare un residuo di sonno, con il pollice ed il medio della mano sinistra se li massaggia e poi, facendo scorrere la mano, si liscia la barba. Alle sue spalle un servo gli sistema il bianco mantello crociato, si volta Ugo ed esce dalle sue stanze per raggiungere i cavalieri in attesa.

Poche parole e poi in sella attraversano la città ed escono dalle sue porte per iniziare il quotidiano giro di pattuglia.

Ugo non ha mai amato il lavoro burocratico al quale ora è costretto. L'Ordine si è ingrandito e già si sono gettate le basi affinché la sua potenza si accresca sempre più. Vi è da ricevere ambascerie, suppliche, diramare ordini per i vari fratelli sparsi nel territorio, organizzare il continuo flusso fra l'Europa e la Terra Santa, nominare responsabili per le varie commende che si stanno edificando sia in Occidente che in Oriente, ricevere principi e notabili, informare degli avvenimenti il Papa ed in particolare Bernardo.

Tutto questo lo annoia; lo svolge perché è compito di ogni cavaliere assolvere a quanto è demandato fare, ma spesso interrompe questo tedio unendosi alle pattuglie del Tempio nelle cavalcate di controllo del territorio che queste compiono fuori Gerusalemme.

È un uomo anziano ma non vecchio, abbastanza in gamba per cavalcare e forse anche per combattere, pratica dalla quale, da qualche anno, si è dovuto astenere, sia per l'età che avanza sia per i molteplici impegni ai quali è stato chiamato. Oggi è dell'animo giusto per ca-

valcare, sente il bisogno di deserto, di vento caldo, di Sole, Sole, Sole.

Il Beauceant in testa, quindici cavalieri lo seguono, cavalcando in cerca delle numerose bande di musulmani che assaltano, di tanto in tanto, carovane e pellegrini. Non sono bande numerose, ma rappresentano una ferita nell'opera di pacificazione della zona ed è necessario annientarle per permettere la tranquillità del regno di Gerusalemme.

Non si sono allontanati molto dalle mura della città quando una nuvola di polvere che si alza dal deserto coglie la loro attenzione. È di sicuro un drappello a cavallo, bisogna andare a controllare di chi si tratti.

Spronati i cavalli, i cavalieri si dirigono in fretta verso quel punto.

Il sentiero li conduce ad una uadi i cui fianchi sono protetti da alti dirupi. Superata un'ansa di quel greto di fiume ora asciutto, alcuni cavalieri musulmani, appena intravisti, girano le loro cavalcature per darsi ad una fuga precipitosa. I Templari non hanno bisogno di un ordine per inseguirli, si lanciano con l'usuale loro ardore.

Ugo, insieme al vessillifero ed a due cavalieri, rallenta il passo, lascia che i giovani vadano avanti, non vuole intralciare con il peso della sua età lo slancio di quei cuori generosi, segue a distanza l'esito di quel probabile scontro, è sicuro del valore dei suoi.

La profonda gola ora si allarga, ora si restringe, rada vegetazione e qualche grosso masso ostacolano la corsa dei cavalli così che i Templari devono faticare un po' per raggiungere quel gruppetto di musulmani.

Questo loro correre li ha, un po' più del dovuto, allontanati dal loro Maestro e dai compagni con lui rimasti.

Ma ecco che accade l'imprevisto, è scattato l'agguato.

I musulmani hanno ben preparato l'azione, sanno dell'abitudine di Ugo di uscire in quelle azioni di pattuglia con i suoi uomini e sono mesi che mettono a punto un piano.

Questa mattina hanno visto che il vessillo del Gran Maestro è alla testa di questo manipolo ed hanno sperato che la fortuna fosse dalla loro.

Isolato il gruppo di cavalieri che si sono lanciati all'inseguimento dell'esca, li hanno circondati con un numero consistente di guerrieri e, staccatili dai loro compagni e dal loro Maestro, li impegnano in combattimento. Un altro gruppo, sbucato all'improvviso da un anfratto abilmente dissimulato, assalta Ugo ed i suoi tre compagni.

I Templari fanno scudo al loro capo con il loro cuore e con il ferro delle loro spade, ma è Ugo che i musulmani vogliono.

Anch'egli, sguainata la spada, accetta il combattimento.

Ruotano le spade, i cavalli si impennano, le frecce e le lance straziano i corpi. Ugo è colpito al costato da una lancia; non riesce, così ferito, a mantenersi in sella; la mano lascia la presa della spada che scivola a terra, con l'altra tenta di frenare, tirando la briglia, l'impeto della sua cavalcatura, la quale, non avvertendo più il dominio che il cavaliere esercita su di essa, imbizzarritasi, si slancia in avanti disarcionando Ugo, che, riverso, ha tentato di non cadere. Un piede rimane impigliato nella staffa ed il suo povero corpo è trascinato per

diversi metri, fino a quando la mano trionfante di un cavaliere musulmano, ferma il cavallo nella sua corsa. Il piede di Ugo si sgancia dalla staffa ed il corpo rotola brevemente per un lieve dirupo con del pietrisco e della polvere che seguono la sua scia.

I suoi compagni sono oramai corpi inerti e non lo possono più difendere. Il più numeroso gruppo degli altri Templari, che tutto ha tentato per disimpegnarsi e tentare di soccorrere il Maestro, a quella vista è accecato dal furore; sono i selvaggi guerrieri del Nord, i guerrieri bersekin che si risvegliano in loro, suonano il corno, nella speranza che altri gruppi odano questo loro richiamo di aiuto, e si lanciano, con moltiplicato ardore, contro i nemici, ma ad uno ad uno cadono nell'inutile tentativo di difendere il corpo del Maestro.

Ugo viene spogliato delle sue insegne e, così, giace in quello che ora è un fiume di morte.

Lacero nelle carni ed incrostato di polvere è lì, supino, con gli occhi spalancati come a fissare quel Sole che ha tanto amato.

L'emiro che comanda i musulmani, ordina che sia decapitato, perché vuole la testa come cruento trofeo.

Alcuni arabi scendono da cavallo e, circondato il corpo di Ugo, si accingono a compiere questo atto sacrilego sul corpo del fondatore dell'Ordine, quando alcuni corni suonano in risposta al richiamo udito, il panico li coglie e non hanno neanche il tempo di risalire a cavallo; su di essi piombano altri Templari che, arrivati da diverse direzioni, li assaltano sterminandoli.

Alla fine dello scontro, ai Templari non rimane altro che la soddisfazione di aver vendicato il loro Maestro, nulla di più.

Ora egli è lì, morto. Morto in battaglia, come si addice a un cavaliere, ma non sarà più con loro per ispirarli, con quello sguardo sognante, disperso nella immensità di quel deserto dove Dio si manifesta.

Raccolti i loro morti, ripulito alla meno peggio il corpo di Ugo, improvvisano una barella e lo trasportano entro le mura di Gerusalemme, la città che è stata il sogno, che oggi è la certezza dell'Ordine, con la muta preghiera che, come Ugo è stato accolto in questa Gerusalemme terrestre, Dio lo possa accogliere nella sua Gerusalemme celeste.

Triste è questa processione che raggiunge le mura della città di Dio. Una muta folla circonda il drappello che riconduce alla casa del Tempio il corpo di Ugo e muti sono gli sguardi dei cavalieri che accolgono il loro Gran Maestro nella sala delle adunanze.

Spogliato il corpo dalle laceri vesti, ripulitolo dal sangue e dalla polvere, un bianco Sudario di lino lo avvolge, candida ed umile veste per presentarsi al cospetto del Creatore.

Circondato dai cavalieri in preghiera, la veglia funebre ha inizio. Gli umili, come i potenti, vanno mestamente a rendere omaggio a quell'uomo che ha dedicato tutto se stesso ad un sogno. Non lacrime, ma un silenzioso rispetto e una certezza che i muti volti dei cavalieri esprimono: «Ci rivedremo lì, tutti attorno alla corte dell'Altissimo».

La notte si è inoltrata e solo alcuni cavalieri sono di guardia all'esanime corpo di Ugo quando, da una stanza lì vicino, si ode un vocio, vocio che diventa più concitato: un alterco. Poi, di nuovo silenzio.

Dalla stanza esce il maresciallo dell'Ordine con il tesoriere ed alcuni cavalieri che ricoprono alte cariche. Ai Templari di guardia è comandato di uscire.

«Fratelli, siamo tutti d'accordo, nessuno dovrà sapere cosa abbiamo deciso di fare, sarà blasfemo, sarà inutile, forse dannerà le nostre anime, ma ciò che è stato deciso sarà fatto. Orsù, solleviamo il corpo del nostro Maestro e portiamolo nel sotterraneo dove custodiamo l'Arca; se, come ci è stato detto dai monaci venuti a fare sperimentazioni sul meccanismo contenuto in essa, questa può dare la morte, chi sa se potrà dare la vita».

Scendono nel sotterraneo i cavalieri e, deposto il corpo su di un tavolo, scoperchiano l'Arca traendone fuori il contenuto, poggiandolo su di un altro tavolo lì appresso, cominciano così un salmodiare con toni ora bassi, ora acuti, ora lunghi, un raggio fuoriesce dalla macchina accompagnato da un sordo rumore, il corpo di Ugo è avvolto da una luce violetta e quasi sembra sussultare e prendere vita, ma nulla di più.

I cavalieri tacciono, sanno di aver dannato le loro anime, ritenendo di poter far resuscitare colui che Dio ha voluto chiamare accanto a Sé. Ripongono tutto e, riportato nel salone superiore il corpo del Maestro, sostano attorno ad esso in preghiera, chiedendo perdono per i loro peccati.

Di lì a qualche mese, cercheranno la morte sul campo di battaglia.

Il Sudario nel quale è stato avvolto il corpo di Ugo ora, per effetto del raggio emanato dalla macchina, ha impresse le fattezze del Maestro.

E poi ...

Ugo è morto, ma altri Maestri gli sono succeduti: Roberto di Craon (1136 - 13 gennaio 1149), Everardo di Barres (1149-1152), Bernardo di Tremelay (1152 - 16 agosto 1153).

Anche alcuni Papi hanno lasciato questa terra: Onorio II (Lamberto di Fagnano 1124-1130), Innocenzo II (Gregorio Papareschi 1130-1143), nel 1144 cade Edessa e la sede di Roma è vacante. Eugenio III viene eletto Sommo Pontefice (Bernardo Paganelli 1145-1153) e già nel 1147 viene bandita la II Crociata.

Muore il Papa e nello stesso anno Bernardo, *dottor mellifluus*, si

ricongiunge con l'Assoluto. Anche il Maestro del Tempio muore lo stesso anno e subito gli succede Andrea di Montbard (1153 - 17 gennaio 1156). Bernardo muore circondato dai suoi monaci, nel convento da lui fondato, pianto dall'Occidente intero e dall'Ordine Cistercense che, sotto la sua guida, è diventato faro della cristianità.

Muore Bernardo, ma altri continueranno l'opera intrapresa.

I Templari continuano a combattere in Terra Santa, continuano a morire sul campo di battaglia dove il loro sangue spesso si mischia a quello del loro Gran Maestro, anch'egli caduto a fianco dei suoi uomini con i quali ha voluto condividere pure l'ultimo respiro.

Altri Maestri si susseguono ed altri cavalieri continuano a morire inseguendo il loro sogno.

Alcune volte la successione a Gran Maestro comporta delle difficoltà, raramente accade che il Maestro di battaglia ed il Maestro segreto siano la stessa persona; è troppo importante, per il progetto, la buona distribuzione delle cariche, l'Ordine ha sempre cercato di proteggere dalla fatalità della morte sul campo di battaglia l'individuo che regge le fila della realizzazione del vero scopo dell'Ordine, ma a volte così è.

Una strana casualità è accaduta in Oriente; come tutte le cose che, inevitabilmente, devono attraversare la via della nostra esistenza, così, la via dei cavalieri si incrocia con quella di un'altra cavalleria, musulmana questa, ma per molti aspetti non da essa dissimile; i cavalieri iniziati gli uni e gli altri ai misteri della fede, hanno trovato un altro punto di congiunzione che li accomuna nella ricerca della tradizione del Sé. Alchimia ed inquietanti domande, quasi sempre, senza risposta.

© Clipart.com

Questi cavalieri sono gli Ismailiti, i guerrieri del Vecchio della Montagna (Hasan ibn el Sabbah), conosciuti comunemente come la setta degli Assassini (*hashishiyyin*), hanno la loro sede nella fortezza di Alamut, e da lì partono per le loro missioni di guerra. Intrepidi come i Templari, con questi si scontrano ferocemente sul campo di battaglia, ma quando non incombe la necessità della guerra, nelle fredde notti del deserto, al riparo di tende issate nelle rare oasi, sotto il pallido sguardo della Luna, intessono insieme pensieri profondi e lodi al Signore.

Differenti, ma nel contempo simili, hanno entrambi una nuova visione del mondo.

L'amicizia con questi monaci-guerrieri, al pari dei Templari, al momento opportuno sarà utile a questi ultimi.

BAPHOMET
KNIGHTS TEMPLARS' GOD

Il Baphomet

In inaccessibili sotterranei, in luoghi nascosti, dove il Maestro segreto ed i suoi cavalieri si riuniscono, e dove al neofita verrà spiegata l'importanza del progetto, sciolto il velo che copre il vero scopo dell'Ordine, sarà mostrata una figura terribile ed enigmatica posta a protezione, a guardia del progetto: il Baphomet.

Esso è una fantastica costruzione eretta amalgamando desideri ed aspirazioni, pulsioni degli uomini e loro peccati, gli inconfessabili desideri ed i più esaltanti misticismi.

Esso è l'Ordine, i suoi intenti, la speranza del dove giungere.

È un'allegoria dell'albero della vita, associata all'immagine della donna e del drago. L'albero viene simboleggiato nei vari elementi che contribuiscono alla costruzione di questo essere fantastico. Esso è il mercurio filosofale e il suo significato è triplice, corrisponde all'acqua Divina o di vita che resuscita ed illumina, alla donna Vergine e Madre, cioè la natura, ed infine alla forza naturale non ancora determinata, potenza distruttrice, caos primigenio.

Questo essere, così raffigurato, è espressione di una femminea energia universale, associata al concetto d'immortalità e congiunta all'idea di enormi rischi. Il fine è quello di conquistare questa forza, per impadronirsi delle sue virtù soprannaturali, ma per far ciò bisogna vincere il drago, la potenza scatenata che può condurre alla morte.

Il Signore della Serpe e della Madre, colui che uscirà vittorioso dalla lotta, farà parte di una nuova stirpe, la razza dei senza Re. Chi infatti ha posseduto la donna assurge ad una nuova dignità, in una società senza padroni, dove ciascuno è Re di se stesso e della natura.

Questo idolo, per il quale i Templari verranno accusati di idolatria, sarà interpretato come "testa di Maometto", per meglio portare avanti un'accusa di commistione dell'Ordine con i musulmani, in maniera più edotta, la sua etimologia ci riporterà all'arabo **Ouba El Phoumet**, la bocca del padre, cioè la parola di Dio, o a **Baphé-Meteos**, dal greco, battesimo ed iniziazione.

Altri si avvicineranno un po' di più, ed allora il suo significato verrà ricondotto a **Bapheus-Meté** cioè "tintore della Luna", indicando coloro che possiedono la pietra filosofale, capace di trasformare l'argento in oro.

Ma non è forse riduttiva quest'ultima interpretazione? Tintori della Luna, certo, di quella Luna che è Iside, Cibele, Vesta, Astarte, Giunone, Proserpina, Maria, nelle sue due qualità.

La prima come acqua mercuriale, madre e principio delle cose, Iside. Da qui l'acqua mercuriale volatile, cioè Iside, sorella e moglie di Osiride che, riunita con il suo zolfo, è giunta al colore bianco dopo essere passata attraverso il colore nero o putrefazione. Nella materia dei filosofi, essa è spirito puro, un corpo ermafrodito, ma è anche mercurio vivo, acqua fuggitiva che appare in una terra adamitica. Ma se la Luna è intesa dai filosofi come acqua mercuriale, essa non può non essere accostata alla rugiada.

La rugiada è materia dell'opera alchemica, serbatoio dello spirito universale della natura, ma essa è quella che conosciamo? No, essa è una rugiada metallica, cioè l'acqua mercuriale, sublimata in vapori nel vaso e che ricade sul fondo, proprio sotto questa forma. La rugiada alchemica è l'acqua mercuriale uscita dalla putrefazione.

Pertanto, non potrebbe darsi che con il termine Baphomet si volessero indicare "i coltivatori di rugiada"?

SOLVE
COAGULA
To: John
For: THELEMA LODGE
93.

Nel frattempo a Clairvaux

Impazienti, ma con pazienza, i monaci continuano nel loro cercare.

Rielaborando alcune carte che erano state portate da Ugo di Champagne, rimangono a lungo titubanti sul loro significato.

Dando anche spazio all'immaginazione, si rendono conto che le linee ed i contorni tracciati sono molto semplicemente una mappa che indica coste e rotte da percorrere.

Francia e penisola Iberica, le colonne d'Ercole, le coste africane, il grande mare Oceano e, al di là di esso, una terra sconosciuta.

Dalle coste africane è delineata una linea retta che conduce in queste mitiche terre di cui parlano le carte. Un mare immenso e sconosciuto da attraversare che, dai racconti dei marinai, si narra essere popolato da mostri capaci di inghiottire un'intera nave. Ma perché è indicato questo percorso e perché è necessario raggiungere questa terra sconosciuta?

L'enigma viene spiegato con il susseguirsi degli studi. L'Arca, ora in possesso dell'Ordine, non è l'unica; ve ne è un'altra, nascosta al di là di questo grande mare, in quelle terre sconosciute. Solo ricongiungendo i due pezzi si potrà ottenere un completo e perfetto funzionamento del meccanismo, celato in ciascuna di esse. È giusto e consequenziale, quindi, decidere di intraprendere questo viaggio.

Fedeli all'Ordine, rispondono al richiamo i marinai del Nord, abituati alle tempeste dell'oceano, con le loro lunghe e veloci navi ornate di teste di drago. Vengono inviati messaggeri e pagati compensi.

L'appuntamento è al porto di La Rochelle, dove sorge un'importante commenda templare.

Un messaggero partito da Chiaravalle ha nella sua bisaccia gli ordini con il sigillo del Gran Maestro, è un lasciapassare al quale tutti si devono inchinare. Giunto alla commenda, viene introdotto alla presenza del Maestro comandante.

Dopo le preghiere recitate insieme ed un frugale pasto, i due uomini si ritirano, soli, perché nessuno oda quanto è necessario riferire riguardo agli ordini appena arrivati.

«Fra Harold», dice il messaggero, «da qui ad alcuni giorni attraccheranno al porto navi del Nord che battono la nostra bandiera, saranno pronte per un lungo viaggio la cui destinazione è incerta come è incerto il ritorno. Ma così vuole l'Ordine ed i nostri destini sono già stati tracciati dalla mente di Dio. Voi fratello lascerete la commenda nelle mani di fra Stephen, vostro secondo in comando e, dopo aver scelto venti cavalieri che vi accompagneranno in questo viaggio, vi imbarcherete seguendo la rotta che conosce il comandante della nave.

Solo se arriverete nel luogo destinato, aprirete le carte che ora vi consegno e nelle quali sono scritti gli ordini che dovrete eseguire.

Tre giorni vi sono concessi per scegliere gli uomini che vi dovranno seguire in questa impresa, poi, partirete.

Non nobis Domine, non nobis, sed Nomime Tuo da gloriam».

Con queste parole si congeda il messaggero lasciando fra Harold assorto nei suoi pensieri.

L'Ordine comanda ed il cavaliere ubbidisce, senza porsi domande, pronto a dare la sua vita per la gloria del Signore.

Harold non ha dubbi, nessuno oserà chiedere, ma tutti in silenzio ubbidiranno.

Fatto chiamare il fratello Stephen, lo informa che di lì a qualche giorno egli, insieme a venti fratelli, dovrà partire e che a lui è affidato il comando fino al suo ritorno.

Rimasto solo, poi incomincia mentalmente a fare una cernita per scegliere coloro che lo accompagneranno.

Gli uomini sono sempre pronti e su tutti si può contare, ma è necessario che siano ben amalgamati perché ognuno con le sue peculiarità sarà complemento dell'altro.

L'indomani, convocati i venti uomini prescelti, li informa di tenersi pronti perché presto dovranno seguirlo.

Tutti vengono congedati tranne fra Gaetano che avrà il compito di fargli da secondo.

Harold non è più giovane, ha affrontato diversi campi di battaglia ed una brutta cicatrice, che gli attraversa la guancia sinistra, ne è un ricordo. Il viso chiaro è incorniciato da una folta barba dai riflessi color del rame, rossi capelli scendono lungo le spalle, alto e muscoloso. Proviene dalle terre del Nord ed è quindi avvezzo a quegli uomini con i quali ha appuntamento.

Fra Gaetano, che ora è accanto a lui in attesa di ordini, proviene invece dalle terre del Sud, dalla normanna Sicilia, ed anch'egli ha partecipato a duri scontri in Terra Santa.

Più basso di Harold di un palmo, è di corporatura abbondante; spesso i fratelli scherzano su di lui prendendo a spunto il simbolo che vuole due cavalieri su di uno stesso cavallo, per lui ne hanno coniato un altro: "Due cavalli per un cavaliere".

Amante della buona tavola e della buona compagnia, non si mostra mai irascibile ma, a volte, delle piccole vene sulle tempie sono il segnale che è il momento di non giocare più. Chiaro di carnagione, con dei piccoli occhi vispi, è pronto allo scherzo ed alla risata, mento glabro e radi capelli sono il complemento del suo rubicondo viso.

«Fra Harold, dimmi, sono pronto ad ascoltare i tuoi ordini».

«Fra Gaetano, mi sarai secondo in questa missione, missione della quale al momento non so nulla. Solo se arriveremo a destinazione dovrò aprire questo plico che contiene le istruzioni necessarie. Se io ne sarò impossibilitato, sarà tuo compito sostituirmi ed eseguire quanto qui scritto».

«*Non nobis Domine, non nobis, sed Nomine Tuo da gloriam*», con queste parole i cavalieri si separano.

Di lì a pochi giorni i cavalieri si imbarcano sotto la protezione della Fede e della Croce che spicca sui loro mantelli, si accingono ad affrontare le sconosciute acque, le terre che verranno, gli occhi mai rivolti indietro, così come i loro pensieri, solo il cuore che metteranno nell'impresa appena iniziata sarà la misura del loro valore e della loro totale dedizione all'Ordine.

Intanto altri monaci sono stati inviati a Gerusalemme per riprendere gli studi sul meccanismo nascosto nell'Arca.

Con una più corretta sequenza di fonemi, la macchina ha ripreso a funzionare, le vocalizzazioni ora sono fatte in modo più corretto e così è possibile ottenere alcuni primi risultati. Addirittura si è riusciti a trasformare del metallo in oro ed argento e del carbone è diventato preziosa gemma. Poi oggetti di varia natura sono stati tagliati da quel raggio e pesanti pietre sono levitate.

Ma che fine hanno fatto i cavalieri partiti per mare?

Al di là del mare Oceano

Il viaggio è stato lungo e di sicuro nessuna angoscia è stata risparmiata ai naviganti. L'aver incrociato varie isole ha rinvigorito gli animi e la cambusa della nave, poi l'incontro con gli abitanti di quei luoghi, incontro andato avanti con un parlare fatto di gesti e di lenta comprensione di alcune parole, delle quali se ne è riuscito a coglierne il significato, ha fatto intendere che la meta era stata raggiunta.

I nativi di quelle isole hanno raccontato che, non molto distante dalle loro terre, ve ne è un'altra, molto più grande e ricca, abitata da uomini che parlano con gli Dei, uomini che detengono un grande potere e che hanno ricche costruzioni, rivestite di oro, e di come il loro Re sia egli stesso il figlio di quel Dio Sole che essi adorano; uomini dagli straordinari poteri, capaci di sollevare e far volare enormi massi, di rischiarare la notte con un fuoco che non brucia, capaci insomma di mirabolanti magie; e loro ne hanno un riverente timore, specialmente quando sulle loro navi solcano il mare che li separa dalle loro isole, per razziare schiavi da sacrificare ai loro Dei.

Fra Harold ha compreso come la meta sia ora vicina e, chiamato in disparte fra Gaetano, apre gli ordini che fino a questo momento sono rimasti sigillati. La decisione è quella di ritemprarsi per alcuni giorni e poi affrontare il compito che quegli ordini hanno indicato.

Coste frastagliate e strana vegetazione hanno accolto gli intrepidi marinai, poi una baia ed un arenile. Sbarcati, hanno ringraziato il Signore ed incominciato ad esplorare i luoghi. Il contatto con quella terra li ha resi ansiosi di dare un senso a questo viaggio.

Dopo mezza giornata di cammino, si sono imbattuti in un villaggio abitato da uomini le cui caratteristiche fisiche si differenziano alquanto dalle loro. Pelle scura ma non nera, occhi dal taglio allungato e neri capelli, visi senza ombra di barba e toraci glabri. La loro comparsa ha provocato trambusto ed un certo allarme nel villaggio, ma non paura. Quegli uomini, si vede, sono fieri ed avvezzi a combattere.

La sorpresa per gli abitanti di quel luogo, invece, è stata quella di confrontarsi con altri uomini, molto più alti di loro, barbuti e con delle chiome bionde, colore di capelli che non avevano mai visto.

Scambiatisi segnali di pace e doni, è incominciato un dialogo di gesti e di poche parole apprese nelle isole toccate prima. I nativi dicono di essere Sudditi di un grande Re, che vive in una splendida città costruita sulle acque e che dista dal loro villaggio sette volte il sorgere del Sole e che loro, fedeli servi e valorosi guerrieri del loro signore, li accompagneranno.

Una staffetta è già partita per annunciare l'arrivo di quegli strani visitatori venuti dal mare e quindi bisogna affrettarsi, il loro Re non è abituato ad attendere.

Il viaggio attraversa impenetrabili foreste solcate da stretti sentieri, versi di animali sconosciuti rendono palpitante di vita la boscaglia, così come la vista di strani uccelli dalle piume variopinte, grossi serpenti ed una miriade di insetti infastidiscono il cammino; poi, all'improvviso, dopo essersi inerpicati su per una collina, ai loro occhi appare, meravigliosa, immensa, sfolgorante, la città del Sole.

Discendono rapidamente il pendio, per ritrovarsi all'inizio di quel dedalo di canali affollati di barche e di gente sorridente, frutti di ogni specie, tessuti, vasellame, ceste di pesce, un'eterogenea quantità di mercanzia è portata verso il centro della città. Seguendo il flusso di quella marea umana, dove volti incuriositi li scrutano e dove i bambini, come sempre ed in ogni luogo, più curiosi e più sfrontati si sono avvicinati, cercando di toccare le loro strane vesti e le loro armature;

protetti dalla troppa calca, dalla scorta che li ha guidati fino a lì, arrivano all'imbocco di una strada larga, che quasi sembra non finire più, tanto a loro appare ricca e maestosa. Ai lati, costruzioni con grandi massi squadrati, che aderiscono l'un l'altro in maniera perfetta e ad intercalare, templi. Templi maestosi, ornati da rilievi che illustrano battaglie vinte, prigionieri incatenati, cruenti sacrifici, Re avvolti in ricchissimi manti.

Un magnifico corteo li attende, notabili di sicuro, ornati d'oro e con ricche vesti sulle quali spiccano le piume coloratissime degli strani uccelli che già hanno visto attraversando la foresta. La loro scorta si ferma e si inginocchia, al segnale di un capo. Dei guerrieri con armi d'oro li circondano ed il notabile stesso con dei cenni li invita a seguirlo. Così i cavalieri, al centro di quel variopinto corteo, percorrono la lunga via che hanno imboccato entrando in città.

Sullo sfondo di quella strada, in lontananza, essi vedono la più grande meraviglia che quella città poteva ancora loro mostrare, un'enorme, immensa, altissima piramide tronca, costruita a gradoni. Lì, sicuramente, è ad aspettarli il Re di quel fantastico popolo.

Sono giunti finalmente, la piramide appare ora nella sua maestosità, i guerrieri di scorta si fermano, i notabili li invitano a salire con loro. Gradone dopo gradone, guardie armate riccamente, altri notabili ricoperti con gli stessi magnifici abiti e poi, il Re, assiso su di un trono d'oro e ricoperto egli stesso di quel prezioso metallo. Abiti di incommensurabile bellezza lo vestono ed egli, altero, solenne, circondato da ancelle e da quelli che, a prima vista, sembrano essere grandi sacerdoti, li accoglie.

I cavalieri si inginocchiano e quasi non osano guardarlo in viso, egli silenzioso li scruta e poi, fatto un cenno ai portatori, scompare alla loro vista, portato all'interno della piramide.

I cavalieri sono rimasti in ginocchio, si risollevano solo all'invito fatto loro da un personaggio del seguito e così attendono confusi su cosa ora debbano dire e fare.

Quello che sembra essere il gran sacerdote, si rivolge a loro, parole incomprensibili, che vorrebbero una risposta che i cavalieri non possono dare. A cenni, come già fatto in altre occasioni, con l'aiuto di pochi vocaboli appresi, iniziano uno scarno dialogo.

Dopo quelli che sembrano essere convenevoli di benvenuto, vengono assegnati dei servitori, che li dovranno accompagnare nel luogo ad essi destinato.

È stato riservato loro un alloggio non lontano dalla piramide, abbastanza grande, con un cortile centrale dove sgorga una fontana. Alcune schiave si fanno loro incontro e, spogliatili delle vesti, li invitano a fare abluzioni in un'apposita stanza; vengono forniti abiti e cibo ed è indicato dove riposare e come fare a richiedere quello di cui hanno bisogno. Rimasti soli i cavalieri si scambiano le impressioni scaturite da quel primo incontro; sono stupefatti, storditi, confusi.

«Fra Gaetano», inizia a dire fra Harold, «siamo sicuramente giunti nel luogo della nostra missione, ma sarà arduo scoprire dove cercare ciò che ci è stato comandato di trovare».

«Fra Harold», lo interrompe fra Gaetano, «per il momento credo sia opportuno accertarci delle intenzioni di questo popolo, amichevoli lo sono stati, ma non scordiamoci che è bene non fidarsi troppo».

«Dici bene, fratello, ci vorrà sicuramente del tempo e ci sarà utile farci amici i servitori a noi assegnati e, nel contempo, tutti noi ci dovremmo sforzare di capire quanto più possibile del loro linguaggio».

La notte è sopraggiunta ed un cielo splendente di stelle sconosciute veglia sul loro sonno. Passano così alcuni giorni nei quali ai cavalieri non è permesso uscire. In compenso, viene assegnato loro quello che sembrerebbe essere un Maestro, maestro il cui compito è quello di capire il loro idioma ed insegnare la sua lingua.

Ai cavalieri sembra di essere ritornati fanciulli quando, pazienti monaci, insegnavano loro i rudimenti della scrittura e della lettura, e così si perdono a volte in quegli scherzi ed in quei giochi lasciati da tempo ma vivi nei loro cuori.

L'insegnamento non è stato inutile, il Maestro ha una particolare predisposizione e ha prima e meglio di loro imparato il linguaggio. Fra Manfredo si è dimostrato il più bravo fra loro e ad esso si rivolgono spesso i fratelli quando vogliono parlare con i servi.

Alcune settimane sono passate e, finalmente capaci di comprendersi e di essere compresi, viene annunciato loro che riceveranno la visita dei sacerdoti del Dio Sole. Gran fasto e luccichio di oro e di colori accompagna l'ingresso nella loro dimora di quei personaggi. L'interprete è pronto, i cavalieri invece sono preoccupati, quali domande saranno rivolte loro e cosa dovranno rispondere?

L'incontro inizia nella maniera più banale. Da dove vengono? Chi è il loro Re? Cosa sono venuti a fare?

È fra Harold che risponde per tutti: «Essi sono guerrieri di un grande Re che governa vaste terre al di là del mare, una tempesta ha portato la loro nave su quelle coste e loro stanno cercando il modo di ritornare nella loro patria».

Ma è venuto anche il momento per i cavalieri di fare domande: chi è il Re misterioso che hanno intravisto nella piramide? Quale Dio adora quel popolo? Cosa c'è all'interno della piramide?

L'ultima domanda è stata inopportuna, i sacerdoti si sono irrigiditi. Le altre domande hanno avuto risposta, il loro Re è figlio del Sole, loro Dio, e Dio egli stesso, signore di un grande regno e di molti popoli. I cavalieri saranno liberi di visitare la città, ma non si potranno avvicinare alla grande piramide.

Rimasti soli, i cavalieri si crucciano della fretta che li ha portati a fare l'ultima domanda, ma oramai è fatta. Ora che sono liberi di girare, potranno osservare meglio e fra Manfredo, più padrone di loro della lingua, potrà fare molte domande.

I giorni trascorrono ed essi sono entrati in maggiore confidenza con i loro servi. Non è poi sconvolgente apprendere che questi sono degli schiavi, popoli vinti e condotti nella grande città per servire quell'altera gente. Schiavi che, se di alto rango, sono tenuti nelle prigioni, nei sotterranei della grande piramide e che verranno immolati, durante particolari feste dedicate al Dio Sole, in cruenti sacrifici.

I fratelli tutti prendono in giro fra Manfredo, uno dei più giovani di loro. È apparso a tutti evidente di come egli viene seguito dagli occhi di una schiava in particolare, e di come questa faccia di tutto per farsi notare, è pur vero il giuramento fatto dai Templari, ma è anche vero come certi divieti vengono infranti per la spacconeria tipica di questi guerrieri. La spacconeria sarà utile.

«Fra Harold, fra Harold», chiama fra Manfredo, in tono concitato e con voce affannata tipica di chi ha percorso una strada con molta fretta e con molta ansia, «devo parlare subito con te di cose importanti e vitali per la nostra missione».

«Su via fra Manfredo, calmati e dimmi cosa ti agita».

«Forse», continua fra Manfredo, «è preferibile riferire a te solo, o quello che ho da dire sarà bene che lo sentano tutti i fratelli?».

«Lascio a te il giudizio», replica fra Harold; «se lo ritieni chiama tutti e tutti insieme sapremo cosa accade».

Riuniti i cavalieri, fra Manfredo li informa di quanto ha appreso dalla schiava per la quale lo hanno preso in giro.

La grande piramide, come è facile capire, è il tempio principale del Dio Sole, ma come gli ha raccontato la ragazza, al suo interno sono celati grandi segreti; nella sala centrale di essa, dove sorge l'altare del Dio, l'accesso è consentito solo al Re e ad alcuni sacerdoti, perché lì è custodita una macchina, dono degli Dei, dai poteri magici e che rendono il popolo, del quale ella e la sua gente sono prigionieri, invincibile. Per rendere grazia al loro Dio, vengono sacrificati sull'altare che si trova al culmine della piramide i Re ed i guerrieri caduti prigionieri, e siccome i sacerdoti parlano con gli astri che brillano in cielo ad una domanda hanno da poco avuto risposta, i biondi guerrieri venuti dal mare dovranno essere sacrificati perché il biondo dei loro capelli, che ricorda il colore dell'astro che essi adorano, è dono gradito al loro Dio.

Ella non vuole che i cavalieri muoiano, così come non vuole che muoia il suo Re prigioniero nei sotterranei, ma il tempo è poco, il giorno del sacrificio sarà quello successivo al sorgere della nuova Luna, pertanto una decisione si dovrà prendere ed in fretta; la schiava li potrà guidare attraverso una porta poco sorvegliata e da lì essi potranno vedere l'interno della piramide e liberare il suo Re poi, attraverso sentieri poco battuti, guadagnare la costa e imbarcarsi per poter raggiungere le loro terre.

Nella notte senza Luna, spogliatisi dei loro bianchi mantelli, i cavalieri entrano attraverso quel segreto andito, all'interno della piramide, lasciando fuori alcuni di guardia. Al chiarore delle torce si aprono davanti a loro tortuosi corridoi. Strane mappe, incise sulle lastre d'oro che ricoprono le pareti, indicano percorsi tracciati fra le stelle, uomini ricoperti da strane vesti e macchine volanti.

La sala centrale della piramide è il luogo più sacro ed inaccessibile dove riposa il Dio Sole. Entrano, avendo come compagni il rumore dei passi ed il loro affannoso respiro; varcata la soglia del tempio sotterraneo al centro vedono un'Arca come quella che è stata loro descritta e già in possesso dell'Ordine. Ai muri, tuniche e maschere come quelle trovate dai loro confratelli. Le indicazioni ricevute vietano loro di scoperchiare l'Arca, il loro compito è di impossessarsene unitamente ai numerosi documenti.

Portare fuori l'Arca è più complicato, ma questo è lo scopo della missione. Non resta altro che, con un colpo di mano, liberare il Re, ma per uomini avvezzi al combattimento non è un grande problema.

Coltello alla mano, un breve e silenzioso assalto alle poche guardie delle prigioni, ed il Re è liberato. Raggiungono l'uscita, attesi con ansia dai loro compagni rimasti lì di guardia e, indossati i bianchi mantelli, sotto la guida della fanciulla e del Re ora libero, guadagnano i margini della città per poi sparire nei meandri della foresta che chiude, agli sguardi di possibili inseguitori, la loro fuga.

L'alba che sorge è l'inizio del fuggire, le guardie che controllano

la casa loro assegnata fanno scattare l'allarme. Lugubri richiami percorrono la città e soldati ne controllano i passaggi obbligati, ma è ben presto certo che i biondi cavalieri dai bianchi mantelli sono fuggiti ripercorrendo attraverso la foresta il cammino che li ha condotti alla città del Sole. Veloci pattuglie s'inoltrano nella foresta, richiami si intrecciano a richiami, l'inseguimento è cominciato.

I guerrieri del Re Sole, abili conoscitori della foresta, non impiegano molto a ritrovare i fuggiaschi; per i Templari non è difficile, con le loro armi di ferro, avere la meglio sul piccolo gruppo di uomini che li ha raggiunti, ma altri accorrono sempre più numerosi. L'ingombro dell'Arca li rallenta, ma quella è la loro missione.

Fra Manfredo si ferma nella sua corsa ed incomincia a parlare: «Fra Harold, ai più giovani il compito della retroguardia e di tendere un'imboscata agli inseguitori, io mi fermo insieme a chi mi vorrà stare accanto e cercherò di facilitarvi la fuga».

«Fra Manfredo, non dire sciocchezze», interviene fra Gaetano, «La tua sarebbe una morte certa», ma fra Harold lo interrompe:

«Hai ragione fra Manfredo, ma il compito è mio».

«No! Fra Harold, tuo è il compito di portare a buon fine l'impresa», dice fra Gaetano. «Il più vecchio ed il più giovane, tutti e due cercheremo di rallentare gli inseguitori».

Un abbraccio e poi via di corsa, fra Manfredo e fra Gaetano non raggiungeranno mai la costa.

Giorni di precipitosa fuga, laceri, impastati di fango e di sangue, fra Harold comprende che non potranno portare a compimento l'impresa. Scovato nel folto del bosco un tempio abbandonato vi nascondono l'Arca e, dopo aver tracciato una mappa del luogo, portando solo le carte frettolosamente raccolte nei sacchi a testimonianza della loro impresa, giungono al mare e velocemente prendono il largo.

Scompaiono così da quelle coste, misteriosamente come vi sono arrivati, bianchi nei loro mantelli, valorosi ed alteri come Dei e, come Dei venuti dal mare, saranno mitizzati dalle fantasie di quel popolo.

Il viaggio di ritorno non risparmia nulla che già non sia stato vissuto nel viaggio di andata, ma questa volta si aggiunge pure l'ansia di raccontare le loro avventure e di consegnare i rotoli affinché vengano studiati.

Silenziosi, avvolti dalle ombre della notte, protetti agli sguardi da una leggera foschia che si alza dal mare, i bianchi mantelli sbarcano a La Rochelle, accolti dalla fioca luce delle poche fiaccole che i confratelli hanno portato sul molo per rischiarare le ombre della sera. Silenziosi così come sono partiti, rientrano al castello dell'Ordine dove, riposte le carte ed il loro racconto, sono già pronti per raggiungere le destinazioni che l'Ordine ha stabilito per loro.

I nuovi documenti

Clairvaux è la destinazione dei messaggeri partiti da La Rochelle. Clairvaux, il luogo di Bernardo e motore principale delle decisioni che il Maestro segreto dell'Ordine prende per attuare il progetto che i cavalieri hanno assunto il compito di portare avanti.

Curiosità, aspettative, eccitazione, sono i sentimenti confusi ed ispiratori dell'attesa dei documenti e del racconto.

La consueta pace, filo conduttore dell'ascesi che ispira quel sacro luogo, è così bruscamente interrotta dall'arrivo degli uomini che portano quelle importanti carte.

Tre sudati e stanchi cavalieri hanno varcato le porte di quel luogo di preghiera, con i loro tre sudati e stanchi cavalli.

Fra Alonzo, fra Piotr e fra Alvise sono i Templari che si inchinano davanti al Gran Maestro e ai monaci che hanno l'incarico di interpretare i significati nascosti di ciò che è stato già trovato e di quanto ora consegnato.

«Alzatevi fratelli e seguiteci nella biblioteca», queste le prime parole indirizzate loro dal Gran Maestro. Chiusasi alle spalle del piccolo gruppo la porta di quel luogo di studio, un atteggiamento meno formale accoglie i tre messaggeri. «Fratelli», continua il Maestro, «qui fra le mie braccia, affinché insieme si possa lodare il Signore per la riuscita, almeno in parte, dell'impresa che ci eravamo prefissi. Orsù, consegnate ai monaci i documenti in vostro possesso e poi, preso il giusto riposo, ecco le vostre nuove destinazioni».

I tre Templari sono congedati ed agli impazienti monaci è ora concesso di dare un primo sguardo a quelle carte attese con tanta ansia.

Incomincia la paziente e difficile opera di studio.

Chi sa quali nuovi orizzonti si apriranno.

Il racconto del viaggio per le terre sconosciute è affascinante. Agli occhi dei monaci appaiono, come in sogno, le isole, l'odore dei frutti sconosciuti, la brezza del vento e la salsedine di quei mari lontani e poi gli animali dalle strane forme e dai piumaggi variopinti, i popoli incontrati e la loro ricchezza, la stupefacente città costruita sulle acque, la grande piramide tronca, l'altero Re ed i sanguinari sacrifici. Una preghiera si alza da quei petti al racconto di come fra Gaetano e fra Manfredo hanno voluto dimostrare la loro fedeltà all'Ordine, ma questo è nei disegni di Dio.

Si incominciano a mettere in ordine le carte ricevute e a cercare di carpirne il significato. Il racconto è quello di un'antica civiltà che adorava il Sole. Quel popolo, volendo eguagliare la potenza dell'astro suo Dio, con grande presunzione incominciò a studiare la possibilità di riprodurne il potere.

Nell'affrontare questo problema furono fatti vari esperimenti, molti uomini furono bruciati dall'energia che scaturiva dalla macchina che i sacerdoti-magi avevano costruito, ma questi segnali dell'ira divina non li fecero demordere dal continuare nella loro impresa. A volte terribili esplosioni sconvolgevano i luoghi dove si svolgevano gli esperimenti. La terra diveniva desolata ed inabitabile. Altri esperimenti e la brama di ricchezza insita nell'uomo ebbe il sopravvento. Del vile metallo venne tramutato in oro. Altri esperimenti ancora, e alla fine fu costruita una macchina che produceva un'enorme energia, capace di emettere un raggio che accecava i nemici, tagliava pietre e metalli, permetteva di sollevare grandi pesi e che consentiva di lanciare nel cielo, quasi a raggiungere il loro astro-Dio, delle macchine volanti.

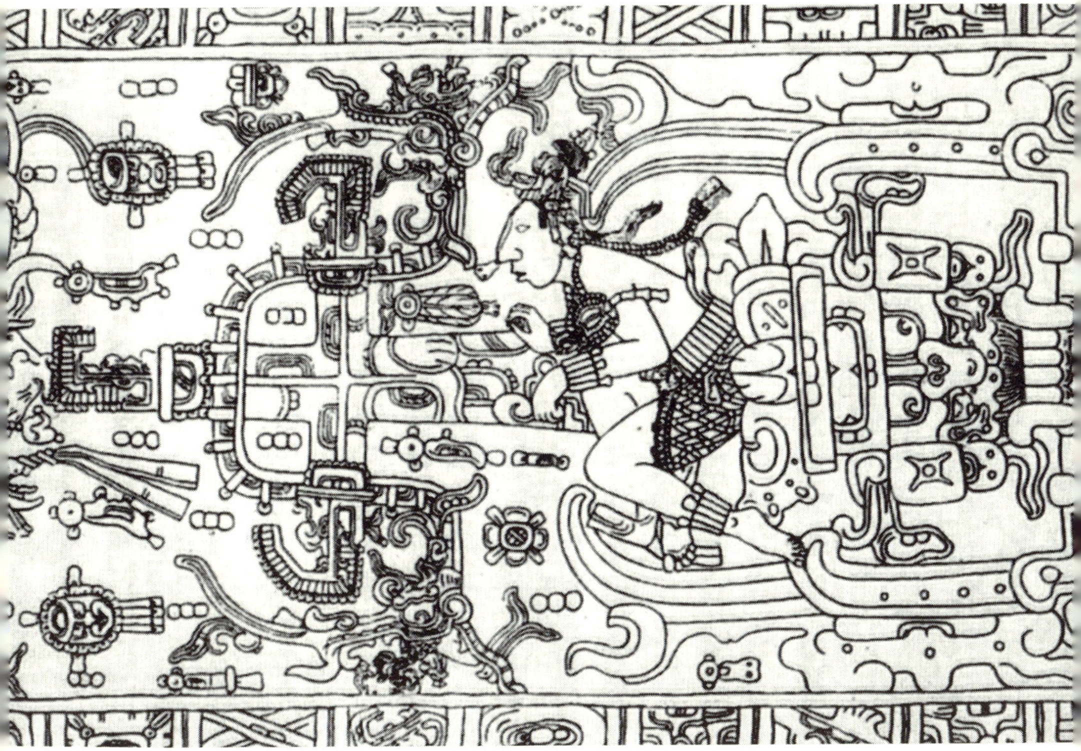

Queste sperimentazioni si basavano sulla scomposizione di particelle infinitesimali e sulla forza che scaturiva da una accelerazione eccezionale che si imprimeva loro. Questi sacerdoti-magi, però, non erano riusciti a comprendere appieno le reazioni scaturenti da tali meccanismi e, il più delle volte, non erano capaci di tenere sotto controllo le forze che si sviluppavano. La storia prosegue e narra di come un gruppo di sacerdoti fosse contrario a questi esperimenti, il loro timore era che il voler eguagliare la potenza del Dio Sole potesse arrecare gran danno sia alla loro razza sia alla loro religione, perché ritenevano essere l'esplosione un mezzo malefico che tutto distrugge e che genera solo rovina e morte.

Avversati nelle loro teorie, erano stati costretti ad allontanarsi e, raggiunta una lontana contrada, avevano a loro volta studiato la costruzione di una macchina in grado di produrre anch'essa energia ma che, al contrario della precedente, si basasse su di una nuova teoria chiamata "dell'implosione" o, come amavano definirla, "Il Sole nero". La macchina doveva servire a controbilanciare gli effetti che il primo meccanismo poteva produrre e, in tal modo, renderne meno catastrofiche le conseguenze, qualora il suo funzionamento fosse sfuggito al controllo dei suoi costruttori. Pertanto, dovevano trovare il modo per collegare le due macchine e farle funzionare in simbiosi.

La loro teoria consisteva non nel dividere le piccole particelle ed imprimere loro una forza esplodente, ma nel cercare, nella coesione degli elementi, una forza che riunisse e creasse un'energia senza scompensi fra i vari elementi con i quali essa veniva in contatto.

Il loro emblema divenne una croce a braccia ricurve, simbolo di rotazione ed armonia, il cui il centro è propulsore dei quattro bracci che la compongono e che rappresentano gli elementi fondamentali della creazione.

Solo nella certezza dell'armonia si ha la sicurezza della creazione.

La sicumera e la presunzione dei sacerdoti che lavoravano al primo progetto, procurò la catastrofe che un giorno si abbatté sulla loro sventurata terra. Nell'isola sacra posta al centro del continente, dove sorgeva il tempio del loro Dio e dove vi era il palazzo reale ricoperto dell'oro che la macchina aveva prodotto, avvenne una terrificante esplosione, che squarciò la terra creando un cratere dal quale sgorgò lava, con impeto sempre più potente che incenerì tutto. Poi forti scosse di terremoto fecero il resto. Caddero gli alteri palazzi, caddero gli alteri sacerdoti, la Madre Terra reclamò il suo tributo, inghiottendo gli uomini blasfemi che avevano osato tentare di eguagliare la potenza del Dio Sole. Il mare sommerse le terre, mentre alte colonne di vapore si sollevavano dalle acque raggiunte dal magma incandescente. Il mare che le loro navi avevano solcato, si rivoltò loro contro con altissime onde, che coprirono con la loro spuma quelle disgraziate terre. Poi, più nulla.

Pochi furono gli scampati che, insieme ai sacerdoti esiliati nel lontano tempio, poterono salvarsi. Proprio la lontananza dal centro dell'esplosione era stata la loro fortuna. Sconfortati, impauriti, ma salvi, smontarono le grandi macchine frutto delle loro ricerche e, imbarcatele separatamente su delle navi, presero il largo, affidandosi alla speranza.

Lapilli infuocati caddero dal cielo, forti onde squassarono le navi ed i superstiti videro sempre più da lontano sprofondare nel mare la loro terra. Si dispersero le navi, per non incontrarsi mai più.

Questo era quanto raccontato dalle carte che i cavalieri avevano portato via dalla piramide violata.

Ora era chiaro come i vari pezzi del meccanismo dovevano essere riuniti per ottenere un perfetto e totale funzionamento della macchina.

Ritornare in quelle lontane terre ed impossessarsi di quanto nascosto nel vecchio tempio per il momento non era possibile, ci si doveva accontentare di continuare a studiare quanto già in loro possesso.

Con la loro parte di macchina solo alcune cose era possibile fare, tagliare pietre e metalli, trasformare il metallo in argento. Si accorsero pure che gli uomini sottoposti a piccole esposizioni del raggio che emetteva la macchina, guarivano da malattie, che i dotti monaci dediti alla medicina credevano risiedessero nel sangue e nella sua circolazione, mentre l'esposizione per lunghi periodi produceva ustioni che non guarivano più e che conducevano alla morte.

L'Ordine avrebbe potuto usare l'argento per aumentare la sua ricchezza e potenza, così sotto la sua ala protettrice si sarebbero potute costruire tante commende, basi per la realizzazione del progetto e poi, la grande aspirazione, la costruzione di cattedrali che come inni al Signore, con guglie svettanti a toccare il cielo, antenne per recepire i messaggi dell'Altissimo e ad Esso inviare le aspirazioni, le necessità, le aspettative, le ansie degli uomini che, in Dio, credono. Cattedrali come punto di congiunzione con il Divino.

Le Cattedrali

La cattedrale gotica, magnificenza della fede, voluta dall'Ordine Cistercense e costruita dal Tempio: essa non è solo uno stile di costruzione, ma un linguaggio segreto che sono soliti scambiarsi coloro che non vogliono che altri intendano.

Gotica perché, con quel miscuglio di termini che, come amano i Templari, dicono e nascondono, velano e svelano il mistero della Grande Opera, essa è indicazione sia della potenza di Dio, a gloria della cui madre, la Vergine Maria, sono erette, sia la summa dei segreti, nei meandri dei quali ci si deve insinuare per carpirne il significato celato, e così assurgere a quella maestranza che non è la muratoria capacità dei costruttori artigiani, ma il perfetto dominio di se stessi, dei pensieri, delle azioni, della meravigliosa capacità che Dio ha concesso agli uomini e che a pochi soli è dato averne compiuta contezza. Essa rende l'universo percettibile. È una bussola, un punto di riferimento nella foresta dei simboli, un centro di forza che catalizza l'energia cosmica e la ridistribuisce.

La cattedrale è una manifestazione terrena che cerca un riflesso della città di Dio. In essa trovano rifugio e riposo le sue creature, ma è anche il luogo sacro dove si accoglie la divinità, pronta a proteggere la moltitudine dei credenti. In essa si manifesta la gioia naturale della contemplazione, è il luogo della Rivelazione.

Il profilo della cattedrale è quello di una montagna sacra, i cui picchi sono le sue guglie ed il suo campanile; l'ingresso è l'antro della

caverna, dove tutto è da scoprire. Caverna che è interiorità dell'animo umano, riflesso oscuro che bisogna scarnificare per fare arrivare al cuore la giusta tonalità di luce. E come nelle antiche caverne, luogo di culto ctonio, erano poste a guardia dell'ingresso raffigurazioni di draghi, protezione per i tesori in esse contenute, così nelle cattedrali, esseri mostruosi, grifoni, animali fantastici adornano il portale, luogo d'ingresso della capanna sacra, luogo di iniziazioni.

Anche la cattedrale, pur essendo immagine della città divina, è momento di passaggio. Ciascuno, entrando, deve percorrere il proprio cammino iniziatico per arrivare a comprendere il mistero.

La sua pianta è a croce, simbolo della crocifissione, ma croce è pure crogiolo, crogiolo alchemico di elevato potere simbolico; il suo incrocio è il punto di incontro fra la direzione verticale e quella orizzontale e corrisponde al centro della chiesa, in cui il transetto incrocia la navata nel punto dove è situato l'altare maggiore. Ma per giungere ad esso, si deve attraversare il labirinto che ne è la pavimentazione; esso rappresenta il viaggio alla ricerca del centro dell'Essenza.

Attraversarlo con i passi di una danza circolare, quasi menadica, dove si perde il contatto con certi piani di coscienza per poi, nel vortice di essa, ritrovarsi lì dove ti porta il cuore. Danza sacra di quando gli uomini danzavano attorno al fuoco dei solstizi per attrarre su di essi l'attenzione della divinità ed entrare in diretto contatto con essa. Passi rituali scanditi con il ritmo che regola il movimento delle sfere divine e senza la cui armonia si rischia di smarrirsi.

Lo spirito della cattedrale è quindi l'armonia delle proporzioni in cui si fonde l'antica tradizione druidica ed il nuovo simbolismo cristiano. È l'albero sacro il cui tronco sono le colonne e la sua chioma i capitelli. Il viale d'ingresso che conduce all'altare è il percorso attraverso la foresta sacra fino alla grande quercia, cioè l'altare, fondamento della fede. Le vetrate policrome sono le evanescenti lame di luce che, a tratti, attraversano il folto del bosco per guidare il penitente fino all'incontro con il Divino.

Il suo luogo di costruzione è il giusto punto di incontro di quelle forze che sono il collegamento con il Sacro; la sua cupola è il cielo stellato e, pertanto, essa è una rappresentazione del modello cosmico.

La cattedrale è casa di tutti ma anche libro del sapere. Sapere che può essere compreso solo da chi è capace di carpirne il significato più profondo. La guida, che indica all'uomo il percorso nel tempo e nello spazio, è il mondo dei simboli, che sono il legame con un altro tipo di realtà. I simboli, presenti sia all'interno sia all'esterno della sacra costruzione, non sono altro che il linguaggio segreto dei Templari, che bisogna scoprire e far proprio. Solo così si diventa cittadini del mondo.

I Templari sono i figli spirituali degli argotiers. Gli argonauti che conoscono la rotta per raggiungere il vello d'oro ed impossessarsene, che conoscono la via per il giardino delle Esperidi e che scrivono nella pietra il loro messaggio con segni incomprensibili a quegli uomini, la cui coscienza non ha subito trasmutazioni ed il cui pensiero non ha subito quelle accelerazioni, grazie alle quali l'incomprensibile diventa reale e sensibile.

I tempi mutano

Battaglie e sangue, delusioni per la contrarietà degli eventi ed esaltazione per vittorie schiaccianti, e sempre i cavalieri pronti a dare il loro tributo. Atti di eroismo, ma anche feroci massacri costellano gli anni di guerre continue.

L'elenco di scontri che vedono protagonisti gli uomini del Tempio è infinito. Piccole e grandi battaglie, scaramucce anonime fra le

sabbie del deserto, imboscate, città espugnate, villaggi dati alle fiamme, sangue, dolore, cadaveri, sporcizia, polvere e sudore.

I Templari hanno difeso i loro castelli ed in essi hanno accumulato ricchezze per poi inviarle in Occidente.

Da Nord a Sud, la Terra Santa è costellata di rocche che questi uomini hanno difeso con strenuo ardore e dove il loro spirito è indissolubilmente legato ad ogni pietra che, se potesse, racconterebbe dei loro sogni, delle loro sofferenze, dei loro desideri.

A Nord e poi verso l'Egitto, Roche de Roissel, Castel Blanc, Beaufort, Chastellet, Castel Destroit, Le petit Gerin, Tour Rouge, Castel des Plains, Toron des Chevaliers, e poi tanti altri insediamenti più o meno piccoli, tutti macchiati dal sangue della loro fede.

Ma i tempi sono mutati, altre forze sono scese in campo, una grande figura di

guerriero ha preso le redini delle sorti dell' Islam: il Saladino (Salah ad din Yusuf ibn Ayyub, Mesopotamia 1138 – Damasco 1193).

Nel 1187, a seguito della disastrosa battaglia di Hattin, cade Gerusalemme ed il regno latino è ridotto alla sola Tiro; nel 1189 la III Crociata e nel 1191 Acri è riconquistata.

Bandita la IV Crociata nel 1203, questa non ha alcun esito se non quello puramente economico e, difatti, sotto la pressione dei veneziani, che vogliono avere un monopolio per il commercio con l'Oriente, viene attaccata e saccheggiata Costantinopoli.

La riconquista di Damietta avviene con la V Crociata nel 1217.

Nel 1228 Federico II, *Stupor mundi*, con sottili arti diplomatiche e dietro pagamento di un forte riscatto, recupera il dominio di Gerusalemme, ma nel 1244 la sua perdita è definitiva.

Nel 1248 Luigi IX, detto il Santo, tenta una inutile VII Crociata.

Inutilmente, ma con valore, sono

morti sul campo di battaglia il Gran Maestro Armando di Perigord (1232 - 18 ottobre 1244) ed il suo successore Guglielmo di Sonnaz (1244-1250).

È destino che ogni cosa terrena abbia la sua fine, così nel 1291 cade San Giovanni d'Acri, ultimo baluardo in Terra Santa.

L'avventura è finita, ma non il sogno.

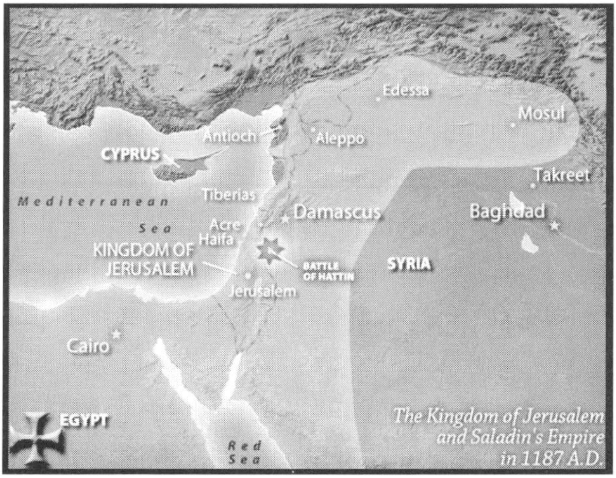

San Giovanni d'Acri

Nere nuvole cariche di pioggia oscurano, spinte da un forte vento, l'ultimo quarto di Luna, in quella notte di tensione e di morte.

Dal deserto, raffiche di sabbia portate dal vento sferzano i volti degli ultimi crociati a guardia della cinta della città.

Nel porto frenetici preparativi, gente che giù dalle strade della cittadella si assiepa sul molo, coperta da mantelli che fanno assomigliare tutti a spettri vaganti, quali avanguardie della morte in attesa. Alcuni carichi degli averi raccolti in fretta, altri solitari con lo sguardo perso nel vuoto.

Ogni tanto, in qualche parte della città, divampa un incendio fatto scoppiare dal fuoco greco, che gli assedianti lanciano per mezzo di grandi catapulte e lì nessuno con dei secchi a spegnere le fiamme perché, oramai, si pensa solo alla fuga ed alla salvezza.

I marinai delle poche navi ancorate al porto sono nervosi e non aspettano altro che il segnale della partenza e, a stento, i loro capitani

li trattengono. Alcuni soldati cercano di mettere ordine fra tutta quella gente in fuga, lì il pianto di un bambino, lì il latrato di un cane, lì il gemito di qualche ferito, lì un grido di sconforto. Il Maestro del Tempio (Guglielmo di Beaujeu 1273 - 18 maggio 1291), sporco di sudore e di sangue, avvolto nel suo bianco mantello che si solleva ad ogni folata più intensa di vento e che, per il gioco delle ombre, lo proietta immenso e quasi soprannaturale, gira fra gli spalti incitando i pochi a resistere ancora. Nessuno si lamenta o fa segno di indietreggiare.

Si ferma a bere un sorso d'acqua offertogli da una portatrice, che gira lungo le mura per dissetare i soldati. Un attimo di tregua e poi uno sguardo giù dalle mura ad osservare i movimenti dei nemici, che si stanno preparando allo scontro finale.

Un soldato lo informa che l'imbarco è completato e che si sta aspettando il segnale per la partenza. Il Gran Maestro gli mette una mano sulla spalla, quasi a cercare sostegno, e si fa precedere giù per le scale. «Vai», gli dice, «il segnale della partenza è dato, solo l'ultima nave aspetti ancora».

Si dirige con passo affrettato nel luogo dove il cappellano del Tempio sta finendo di celebrare la funzione, attorniato da pochi cavalieri in ginocchio.

Il Maestro entra e, con lui, il vento del deserto che fa ondeggiare la fiamma delle candele. Sta lì un attimo fermo, con una mano appoggiata alla porta che mantiene aperta e con l'altra sull'elsa della spada.

I Templari in preghiera sono immoti, in ginocchio, le teste basse, gli sguardi assenti. Il cappellano li benedice e poi, disceso dall'altare maggiore, li abbraccia uno ad uno. I cavalieri si alzano e si dispongono su due fila per far largo al loro Maestro. Al centro della navata vi è un sepolcro avvolto nel labaro del Tempio: è il sepolcro di Ugo, loro fondatore e loro primo Maestro.

Guglielmo di Beaujeu avanza in silenzio, s'inginocchia accanto al sepolcro e bacia il labaro. Rialzatosi, alcuni cavalieri sollevano il sepolcro e, in una silente e triste processione, si apprestano a condurlo fuori dalla chiesa, fuori dalla città oramai persa, fuori dalla Terra Santa, sulla nave che lo condurrà alla Gerusalemme celeste. Come per incanto, non si odono più urla, più pianti, al chiarore dei fuochi degli incendi. Silenziosamente il corteo percorre il tragitto verso il porto, il suono dei sistri lo accompagna come se il

tintinnio delle campanelle sia il segnale che delle anime stanno per salire in cielo.

Sugli spalti, intanto, i cavalieri rimasti non pensano più ai nemici, si girano ed i loro sguardi sono rivolti al mesto corteo. Non è momento di battaglia.

Il prezioso carico è imbarcato e con lui i cavalieri di scorta. Sono slacciate le cime e la nave lentamente prende il largo, confondendosi con le nebbie della notte, quale spettrale traghettatore di chi l'anima l'ha lasciata in quei luoghi.

Il Maestro si volta e con lui i due cavalieri che gli sono a fianco, sguainano le spade e di corsa a raggiungere i compagni sugli spalti.

A questo segnale i Templari si voltano verso il nemico urlando il loro terribile grido di guerra: «Beauceant! Beauceant!».

A quel grido, Phobos e Daimos, i due figli di Marte, irrompono fra le truppe che cingono d'assedio le mura e che il panico fa ondeggiare. Il gioco delle ombre fra gli spalti, quando il plumbeo cielo si allarga per dare spazio al chiarore di una pallida Luna, fa apparire la cinta della città come se essa si fosse apprestata all'assedio, richiamando dalle fiamme dell'inferno irreali spettri di guerrieri che, morti ed ora resuscitati, sembrano grondare sangue e chiamare alla morte quanti questa vogliono sfidare, brandendo e roteando le loro affilate spade, le sole capaci di spezzare il filo tessuto dalle Parche.

Le fiamme che si alzano

indomate all'interno della città sono la spettrale coreografia, l'eccesso di condimento per quanti pensano di poter facilmente assaporare il piatto della vittoria.

Questa è la visione che da sola basta a far indugiare l'ordine di attacco alla città. Sbandano i mori, ma il loro indietreggiare è solo momentaneo; alle loro spalle altri guerrieri spingono, ed altri ancora.

Incuranti delle frecce, insensibili alle ustioni causate dalla pece bollente che viene buttata giù, alzate le lunghe scale iniziano una inarrestabile arrampicata fino al colmo delle mura.

«Non nobis Domine, non nobis, sed Nomine Tuo da gloriam», ma è tutto inutile, cadono i Templari e confondono il rosso del loro sangue con il rosso della croce che adorna i loro mantelli.

Guglielmo di Beaujeau è ovunque, ma ovunque non basta, la morte è pronta per lui. Un arco saraceno

ha scoccato la freccia che era segnata nel suo destino. Colpito ad un fianco, si accascia e ruzzola giù dalle scale, la freccia si spezza e si conficca ancora di più lacerandogli la carne e l'anima. Lì, giù, abbandonato, un carro; alla sua grande ruota si appoggia Guglielmo per avere la possibilità di accogliere a testa alta e mai doma la morte ed avere riparo per le sue spalle, alle quali non vuole essere colpito. La sua morte, così, non si potrà mai dire che sia avvenuta in una fuga, nell'abbandono di un giuramento fatto.

Alcuni accorrono e cercano inutilmente di tamponare la ferita. Su di una improvvisata barella un grande scudo da battaglia, lo conducono verso il quartiere del Tempio nelle vicinanze del porto.

«Non allontanatemi dai miei uomini, non voglio morire lontano da essi», una fievole, implorante voce: è un non udito appello che egli, a mala pena, si sforza di dare come ultimo comando.

Con una delle poche scialuppe rimaste nella darsena si potrà forse raggiungere l'ultima nave or ora partita ed affidare ad essa le sorti del Maestro. Ma il Maestrale ha reso il mare ancora più agitato;

un segnale, come se il vento, che è latore dei messaggi più segreti degli uomini, si rifiutasse di essere complice di un abbandono che il Maestro non desidera, lì, insieme ai suoi cavalieri, vuole e dovrà morire.

Si ritorna indietro, la chiesa, dove giacciono altri feriti, sarà l'ultimo riposo. Due cavalieri vengono lasciati di guardia, si batteranno per non permettere che il corpo del Maestro venga profanato;, gli altri si ricongiungono ai rimanenti.

L'alba è vicina ed i combattenti sono stremati, la cinta esterna della città non si può più tenere. Indietro, indietro fino al quartiere del Tempio che è ben fortificato.

«Lì venderemo cara la pelle».

I musulmani hanno penetrato le difese della città, e con essi entrano grida di vittoria; ma quanto terrore i pochi Templari sono riusciti, quella notte, a generare in loro!

La battaglia è stata dura, le truppe si fermano, un po' di fiato bisogna pur prenderlo.

Il saccheggio è iniziato, ognuno vuole la sua preda, ma i capitani raggruppano le loro schiere ed ognuno torna ai propri ranghi.

I Templari sono all'interno del loro quartiere, attoniti stanno a guardare quale spettacolo si offre ai loro occhi, ora che il Sole è sorto e lo sguardo, senza tema di essere ingannato, può mostrare.

Nella prima mattinata, il loro Maestro è spirato e non rimane altro che approntare una sepoltura, la quale, anche se non degna, lo possa nascondere al dileggio che sicuramente ne farebbero i musulmani qualora lo rinvenissero.

Ognuno è tornato sugli spalti, ognuno con i propri pensieri, il volto inaridito dal Sole, la barba irsuta, le labbra secche, sanno che la loro avventura fra poco sarà finita e non ci sarà più pietà.

Un'altra giornata è rubata alla morte, nell'inutile attesa di un improbabile attacco, in quanto gli assedianti si sono dati al saccheggio.

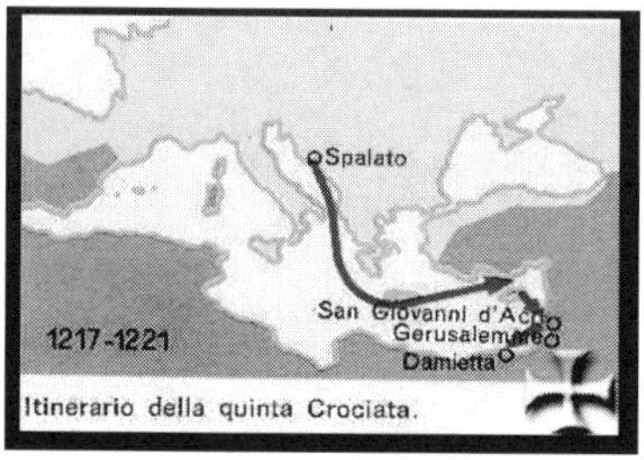

Itinerario della quinta Crociata.

Passano alcuni giorni durante i quali lo spettacolo è sempre lo stesso: saccheggio, saccheggio dell'ultimo lembo di terra d'Oriente.

Incupiti ma fermi attendono eventi che si possono solo profetizzare, ma nei confronti dei quali non vi è possibilità né di azione né di mutamento. Primi attori, come sempre, durante tutta l'avventura delle Crociate, questa volta si devono attenere ad un copione che loro non hanno scritto.

Ma ecco, un nuovo Sole è sorto nella piana circostante; le tende, innalzate all'inizio dell'assedio, si sono svegliate e le donne al seguito delle truppe hanno formato un semicerchio; scure figure lontane, velate, dalle lunghe vesti, quali prefiche di un solenne funerale, hanno iniziato a modulare, con le vibrazioni della lingua, un loro tipico, allucinante suono, lo zagrit, quale isterico incitamento per i soldati che devono iniziare l'attacco.

Rullo di tamburi e fiato ai corni, un grido di battaglia "Allah akbar", le nere e verdi bandiere dell'Islam vengono sollevate fra le macerie ed i musulmani attaccano.

Le mura, indebolite dall'azione dei minatori che nelle

notti d'assedio ne hanno scavato la base, dalle pietre lanciate dalle catapulte e dalle fiamme che ne hanno corroso la resistenza, cedono, trascinando i cavalieri e seppellendo i nemici. Il combattimento è uomo contro uomo, corpo a corpo, feroce. Spade, lance, pugnali, lacerano i corpi.

Non è neanche la speranza di una fuga, ma la massa dei nemici che spinge gli ultimi superstiti verso il mare, verso il porto.

In una delle poche lance abbandonate trovano posto i cavalieri che prendono il largo, non fuggitivi per viltà ma perché anche il morire sarebbe inutile.

Si imbarcano in nove, tanti sono i sopravvissuti. Ironia del destino, in nove hanno iniziato la loro avventura in Terra Santa e in nove questa ha avuto fine.

La loro rotta è a Nord, verso l'isolotto di Ruad, dove si stanno raccogliendo le ultime truppe per continuare l'avventura nelle terre d'oltremare, dove altri compiti li attendono.

Dall'alto dell'ultima torre che quasi integra è sopravvissuta all'assedio, Al Ashref, il conquistatore, gira lo sguardo intorno a ciò che rimane della sua impresa.

Ritorno in Europa

L'ultima nave partita da Acri nel frattempo ha fatto anch'essa rotta per Ruad e di lì a Famagosta, nell'isola di Cipro, capitale dei Lusignano, Re di Cipro e Gerusalemme.

Cipro è ora punto di ricongiungimento di quanti fuggono dalla Palestina.

Servi e padroni si frammischiano in quella baraonda che è il porto, dove regna sovrano il caos.

Navi partono verso la Grecia, l'Italia, la Francia. Navi giungono da Oriente, imbarcano e sbarcano speranze perdute, sogni infranti.

Fra quella massa eterogenea, i mantelli dei cavalieri che hanno reso possibile l'avventura a Gerusalemme. Ospedalieri, Teutonici, Templari, uomini cupi che raramente si mischiano fra di loro.

Ognuno ha i suoi ordini ed i suoi pensieri.

I Teutonici pensano a Marienburg, dove stanno edificando la loro città-fortezza sulle coste del Baltico e da dove hanno intrapreso una loro particolare Crociata di evangelizzazione e conquista delle terre dell'Est Europa.

Gli Ospedalieri pensano a Roma, altro luogo santo della fede da dove il loro Maestro farà giungere ordini. Intanto rafforzano le difese in molte delle isole che costellano il mare Egeo.

I Templari non pensano. Attendono, cupi in viso e nell'animo, che venga eletto un nuovo Maestro, per sapere dove dovranno andare ad immolarsi, affinché il progetto dell'Ordine possa essere compiuto.

La nave che avvolge con il suo fasciame il corpo di Ugo è ancorata al porto. L'imbarcazione che ha portato i nove fratelli scampati ad Acri è giunta, e giunge pure la notizia che Tibaldo Gaudin (Chartres 1291 - 16 aprile 1293) è la loro nuova guida.

L'ordine per tutti è quello di retrocedere lentamente, isola dopo isola, porto dopo porto, castello dopo castello e raggiungere la terra di Francia ed altre commende sparse in Europa.

Un messaggio è riservato a coloro che hanno in custodia il corpo di Ugo. Nella stiva della nave viene rotto il sigillo ed attenti occhi scrutano le segrete carte per conoscerne il contenuto.

Facendo rotta per lidi amici, evitando accuratamente le insidie del mare, sfuggendo ad ogni impeto di battaglia, scivolando silenziosamente sulle onde, silenziosamente e senza segni di riconoscimento, dovranno approdare nel piccolo e defilato porto di Savona, più lontano possibile da occhi indiscreti, e da lì, seguendo la via della val di Susa, risalire verso Hautcombe ed ancora raggiungere Cìteaux, Clairvaux e Troyes, facendo percorrere ad Ugo un pellegrinaggio a ritroso verso i luoghi della sua giovinezza e poi condurlo proprio a Chartres, città natale dell'attuale loro Gran Maestro, dove la maestosa cattedrale lo attende per essere luogo della sua sepoltura.

Chartres fa parte di quell'insieme di cattedrali che i Templari hanno costruito in terra di Francia.

Bernardo e l'Ordine hanno voluto che certe cattedrali seguissero un tracciato che disegnasse sulla terra ciò che Dio aveva disegnato in cielo e cioè la costellazione della Vergine, questo, per rafforzare la devozione al culto della "Damedieu", della Sophia, della Vergine Nera, la Madre Magica, la Madre Terra così cara a Bernardo.

Nella costruzione terrestre della costellazione della Vergine, Chartres, equivale al luogo del cielo dove si trova "Spiga", la stella più luminosa, ad indicare come proprio questa cattedrale sia il luogo più luminoso del percorso.

Proprio lì è giusto che Ugo riposi. Le due grandi torri, quella di

Nord-Ovest, rappresentazione del Sole, principio maschile, e quella di Sud-Ovest, rappresentazione della Luna, principio femminile, ne saranno i guardiani.

Partono i cavalieri da Famagosta per affrontare quel viaggio che non dovrebbe riservare né pericoli né sorprese, il mare si dimostra amico così come i luoghi nei quali, a volte, approdano per rifornirsi.

Ma se il mare è calmo, agitati sono i loro animi, che ancora soffrono per la morte di tanti fratelli e l'oramai definitiva perdita della Terra Santa.

Approdati a Savona, trovano pronti ad accoglierli altri cavalieri inviati dal Gran Maestro.

Vengono condotti per strade secondarie e polverose, guadi, lì dove non vi sono ponti da attraversare, folte e sonnolente foreste, che vengono risvegliate dallo scalpitio dei loro cavalli.

Le tappe sono faticose ed i bivacchi li accolgono stremati.

Ad ogni tappa nuove notizie si aggiungono alle vecchie, monastero dopo monastero ai cavalieri è raccomandata estrema prudenza, essi sono ancora temuti e rispettati, ma qualcuno sta facendo circolare strane voci, voci di dissenso che li accusano di viltà e di essere fra i maggiori responsabili della perdita della Terra Santa; pertanto è bene osservare discrezione e segreto sulla loro missione, per meglio proteggere il loro prezioso carico e lo scopo del loro peregrinare.

Il gruppo di cavalieri ha cavalcato per intere settimane, ma, alfine, le due grandi torri della cattedrale, svettanti verso il cielo, sono il segnale che la meta è raggiunta.

Si fermano, ritengono che non sia prudente entrare in corteo ed in piena luce, attraversare con il loro carico le vie della città.

Scesi da cavallo, governano gli animali e sistemano il feretro di Ugo all'ombra di una quercia secolare, poi, inviati due di loro in città, attendono gli ordini che questi porteranno.

Fra Felipe e fra Anselmo continuano per il sentiero fin lì percorso, fino a ricongiungersi con la strada maestra che conduce alla città. Il loro sbucare così dal nulla sorprende quanti, numerosi, percorrono quella strada, ma nessuno osa porgere domande a quegli uomini dal piglio cupo ed avvolti in un mantello che incute timore e rispetto.

«Fra Felipe, tu sai dove sorge in questa città la casa del Tempio?».

«No, fra Anselmo, avviciniamoci alla cattedrale, giunti lì vedremo».

Le porte della città con i loro armati di guardia non sono un ostacolo al loro passaggio, il mantello è un lasciapassare che non ammette domande.

Le torri della cattedrale, che tutto sovrastano, sono la sicura guida per giungere fino ad essa.

Davanti alla magnificenza dello spettacolo che si presenta davanti ai loro occhi, i cavalieri sono come storditi; scesi da cavallo si inginocchiano per pregare quella Vergine al cui culto è stata eretta la splendida costruzione, quando una mano, poggiata sulla spalla di fra Felipe, lo fa sussultare. Con gesto spontaneo, la mano corre alla spada così come quella di fra Anselmo che, con la coda dell'occhio, si è accorto di quanto sta avvenendo, ma l'allarme cessa immediatamente perché, davanti a loro, vi sono altri due cavalieri dalla rossa croce.

«Fratelli, chi siete e da dove venite?».

«Siamo messaggeri per il Gran Maestro», quasi all'unisono, rispondono i due cavalieri. «Vi preghiamo di condurci alla casa del Tempio affinché possiamo portare a termine la nostra missione».

«Seguiteci», dice uno dei due. «Non siamo molto lontani, svoltato quell'angolo lì, proprio dietro la chiesa, è la nostra casa in questa città. Dell'agitazione vi è stata in questi giorni, e voi sicuramente siete coloro che il Maestro attende, oramai, da diverse settimane».

Affrettato il camminare, giunti alla porta della casa dell'Ordine, l'ingresso viene loro consentito solo dopo che sono state recitate delle parole di passo.

Essendo state date le parole giuste, fra Felipe e fra Anselmo vengono condotti in una sala ed in questa viene detto loro di attendere.

I due possono guardarsi un po' attorno e scambiare poche parole quando, come se spinta da un'improvvisa folata di vento, la robusta porta si apre e da essa entrano il Gran Maestro ed altri cavalieri.

Al suo apparire i cavalieri si inginocchiano, ma non è il momento dei convenevoli, un eccitatissimo Gran Maestro, stringendoli per le spalle, li abbraccia.

«Siete voi, finalmente, quelli che da un tempo, che la nostra ansia ha fatto apparire infinito, aspettavamo. Ditemi, dove sono gli altri ed il prezioso carico che vi è stato affidato?».

«Fra Tibaldo», dice fra Felipe, «il carico, vigilato dai nostri fratelli, è nascosto in un luogo defilato, fuori dalle mura e dagli sguardi, al culmine di quella piccola altura boscosa dalla quale, attraverso uno stretto viottolo, si raggiunge la strada maestra che conduce alla città. Abbiamo ritenuto prudente fermarci lì, e solo in due venirvi a dare la notizia del nostro arrivo ed attendere ordini».

«Ben fatto, cari fratelli», replica Tibaldo. «Ciò che deve essere fatto è già stato stabilito, si aspettava solo il vostro arrivo. Ora dovrete ritornare dai fratelli che sono in attesa e questa sera stessa, quando la notte sarà più fitta, qualcuno vi raggiungerà per condurvi qui».

La notte è diventata scura ed un solitario cavaliere attraversa le porte della città, già chiuse, ma che quella notte si apriranno due volte, la prima per permettergli di uscire, la seconda per condurre all'interno il corteo che accompagna il feretro di Ugo.

Sprona il cavallo il Templare al quale è stato affidato il compito di condurre i fratelli alla casa del Tempio e, lasciata la via maestra, imbocca il tortuoso viottolo che porta in cima alla collina.

Inoltratosi nella fitta boscaglia che la ricopre, giunto quasi al suo culmine, lancia un segnale al quale un altro risponde; è la certezza di non aver sbagliato strada.

All'improvviso alcuni cavalieri gli sbarrano il passo, ed uno, preso il cavallo per le briglie, lo trattiene.

«Chi siete cavaliere?», una voce dal tono basso pone la domanda.

«Appartengo al Tempio», è la pronta risposta.

«E come lo dimostrate?», replica sempre la voce dal cupo tono.

«Con dei segni e delle parole», dice il Templare di rimando.

«Ebbene, ora verrò da voi e così vi potrete far riconoscere», è il dire della voce che viene dal bosco.

I due cavalieri s'incontrano e, dopo essersi scambiati i segni e le parole, si abbracciano.

«Non attardiamoci ancora oltre», dice il messaggero. «La buia notte coprirà i nostri passi. Su, in fretta, i fratelli ci attendono».

I bianchi mantelli lasciano così la collina e si accingono a portare a compimento la loro missione.

La strada è solitaria e solitaria è la grande porta della città che, silenziosamente, si apre al loro arrivo.

Il percorso che li conduce alla casa del Tempio, e quindi alla cattedrale, è sgombro, nessuno sguardo indiscreto a scrutare quello che i cavalieri faranno questa sera.

Il Tempio è ancora potente e temuto nella città che ora, deserta, accoglie il corteo. Qua e là Templari armati indicano la strada con delle fiaccole che illuminano il percorso. Il sordo rumore dei passi sull'acciottolato, i bianchi mantelli a guardia di una città che appare deserta, i fuochi che illuminano visi che non tradiscono emozioni, nessuno osa parlare.

Si giunge così alla porta della cattedrale, il portone si apre ed appare in tutta la sua affascinante coreografia, in tutta la sua potenza, la grandezza dell'Ordine.

File di cavalieri armati fanno ala al passaggio del corpo di Ugo e, man mano, abbassano i vessilli in segno di lutto; ad un preciso comando tutta la navata della cattedrale è un coro di voci che innalzano un canto al Signore. Continua lo sfilare dei cavalieri che hanno il compito di portare il corpo del primo Gran Maestro, e si giunge all'altare maggiore. Il coro della chiesa è adornato dalla presenza dei dignitari dell'Ordine.

La fiamma tremolante di centinaia di candele illumina i presenti che, in piedi, attendono.

Tibaldo si inginocchia e così tutta la chiesa, in un silenzio interrotto solo dal fruscio dei mantelli.

Il chierico dell'Ordine che dovrà officiare, entra indossando i paramenti del lutto, accompagnato da altri religiosi; il Maestro si alza e così pure i cavalieri; il suono dei sistri è la musica che, prepotente, risveglia l'animo dei presenti. Quante volte, in battaglia, ha suonato questo strumento ad indicare agli angeli, con il tintinnio delle sue campanelle, che di lì a poco tanti cavalieri sarebbero saliti in cielo.

Ora è il momento di accogliere nella definitiva sepoltura il corpo di Ugo.

L'ufficio funebre ha inizio e gli incensi che bruciano inebriano le nari, producendo con i loro fumi mistiche visioni, visioni di battaglie e di dolore, visioni di compagni caduti, visioni di deserto, deserto, deserto.

Canti e preghiere, lodi al Signore, la conferma del giuramento di essere pronti a morire per l'Ordine.

Così il mesto ufficio si compie.

La cerimonia è finita, i cavalieri escono, le luci vengono spente.

L'ambiente vicino all'altare maggiore è l'unico ad essere rischiarato dalla luce di nove ceri, uno per ogni cavaliere fondatore dell'Ordine.

Il corpo di Ugo è lì, attorno ad esso, il Gran Maestro Tibaldo, il chierico officiante, il maresciallo dell'Ordine, pochi altri dignitari.

Con voce autoritaria, usa a dare ordini che non ammettono repliche, Tibaldo chiama: «Mastro André, ora potete venire».

Da una porticina quasi nascosta, esce mastro André, che è il responsabile della fabbrica della cattedrale, seguito da alcuni uomini:

«Eccoci, Gran Maestro, nostro protettore, siamo pronti ad eseguire i tuoi ordini».

«Bene, mastro André, è venuto il momento di servirci con l'abilità che sempre avete dimostrato unita oggi alla segretezza che avete giurato di mantenere. Iniziate quanto vi è da fare».

Al maestro muratore ed ai suoi compagni d'arte è già stato spiegato per quale compito sono stati chiamati e, presi gli attrezzi, iniziano il lavoro affidato con la stessa maestria, maestria che è servita loro per erigere la cattedrale, gloria del Signore.

Una pietra viene rimossa, alcuni materiali di risulta, ed una scala appare ora libera per essere discesa, scala che conduce ad una cripta sotterranea.

La cripta non è molto ampia, al centro di una delle pareti che la delimitano, così come nelle camere sotterranee degli antichi templi erano custodite le statue di Iside, vi è posta la statua di una Vergine Nera con una scritta alla sua base "Vergini pariture", cioè alla Vergine che partorisce, a simboleggiare la Terra Vergine, prima che venga fecondata dai raggi del Sole.

Al suo centro, un sarcofago di pietra con su scolpita la figura di un cavaliere in armi. Il coperchio viene rimosso ed i resti di Ugo vengono così collocati al suo interno insieme a una spada e a un bianco mantello crociato.

Rimesso a posto il coperchio del sarcofago, i maestri d'arte si discostano per consentire a dei cavalieri di collocare dodici scanni attorno alla tomba e su di ognuno di essi una spada ed un bianco mantello. Sarà idealmente lo spirito di dodici cavalieri che veglierà sul sonno del Maestro.

Parte dell'oro del Tempio viene sistemato negli spazi rimasti liberi attorno al sepolcro, oro che è prerogativa del Sovrano, oro che è offerta al Dio, oro simbolo di incorruttibilità.

Ma perché sono stati chiamati i maestri d'arte e quale pietra è stata rimossa per dare accesso alla cripta sotterranea?

Ritorniamo indietro, al tempo della costruzione di questo sacro edificio. Esso è stato realizzato con delle particolarità.

L'asse della navata non è un prolungamento esatto di quello del coro, la deviazione dell'asse è una rottura fra la navata, luogo della conoscenza razionale ed il coro, luogo della conoscenza in assoluto.

La navata, che è comune con le altre cattedrali, come dice la parola stessa, è una nave rovesciata, simbolo dell'arca, sulla quale si imbarcano i saggi, per intraprendere il viaggio verso la luce.

Il labirinto, disegnato sul pavimento, indica che esiste una sola via percorribile per arrivare al "Centro". Ciò vuol dire che la via iniziatica è una, e solo percorrendo questa si arriva al centro del nostro "Essere".

Nella navata laterale, ad Ovest del transetto Sud, vi è una pietra rettangolare incastrata di sbieco rispetto al pavimento, la cui bianchezza risalta nell'ombra sulla generale tinta grigia del lastricato.

Questa pietra è contrassegnata da un risalto di metallo dorato.

Ogni anno, al solstizio d'estate, il 21 giugno, a mezzogiorno, un raggio che filtra da un foro della vetrata detta di Sant'Apollinare va a colpire questa pietra. Proprio questa è la pietra che il maestro muratore è stato chiamato a divellere ed a ricollocare, pietra che indica il luogo di sepoltura di Ugo.

E che Ugo riposi ora in pace, illuminato ogni anno dal Sole nel suo massimo fulgore, per ricordare che al solstizio d'estate si apre la porta degli uomini, i quali, se sapranno navigare come gli argonauti, anch'essi potranno raggiungere e conquistare il vello d'oro.

I Templari, maestri nel saper velare i propri segreti, hanno voluto porre un foro in questa vetrata. Apollinare, cioè sacro ad Apollo e quindi al Sole, è il giusto nascondiglio per celare un altro loro mistero.

Non Sant'Apollinare, discepolo di Pietro e primo vescovo di Ravenna, ma Apollinare di Laodicea, che così si era espresso: «*Una natura Dei Verbi incarnata*».

L'incarnazione è una discesa del Verbo nel corpo concepito nel seno di Maria, essa è una semplice assunzione della carne.

Il Logos, proprio di Dio, scende in Cristo uomo ed egli, con la sua passione e resurrezione, passa oltre i limiti della morte e comunica questo dono ai credenti in Lui.

Il Verbo, consustanziale al Padre, si unisce in Gesù Cristo al corpo e prende il posto dell'anima.

Questo è il pensiero celato nella vetrata, espressione della lettura dei rotoli trovati da Ugo di Champagne ed interpretati da Bernardo e dai suoi monaci.

Le porte della cattedrale si sono chiuse, silenzio è sceso d'intorno. Silenzio. Il corpo di Ugo riposa.

Il Gran Maestro e i suoi uomini sono tutti rientrati nella casa del Tempio. Silenzio. Il primo raggio di Sole rischiara un nuovo giorno. Silenzio.

L'avventura continua.

In terra di Francia

Le parabole sono i percorsi che delimitano il destino degli uomini. Il loro flettersi non è altro che il giro della ruota della fortuna, di Voltumna, che, insieme a Tike ed Ananke, determina il Fato, al quale anche gli Dei devono inchinarsi. L'avventura dell'Ordine in Oriente è finita, ma di questo erano da sempre consapevoli sia Bernardo che i Maestri succedutisi nel tempo.

La Crociata era un'occasione che sarebbe dovuta servire ad arruolare cavalieri, infondere in essi un credo e nuove aspettative per il futuro. Una palestra, insomma, nella quale il corpo e lo spirito si sarebbero rinvigoriti insieme, per forgiare una nuova tempra di uomini che avrebbero dato corpo all'idea di Bernardo, e cioè di rifondare un'Europa sotto un nuovo concetto, quello di Imperium. L'unico che possa garantire una progressiva e serena ascesa, non solo di pace e benessere fra gli uomini, ma anche e soprattutto di valori, per ricondurre ad uno sviluppo, interrotto dalla caduta di Roma, ma che questa volta avrebbe avuto il supporto della nuova religiosità, il Cristianesimo, i cui valori di giustizia avrebbero rafforzato quelli già intrinseci nel concetto di Imperium.

L'Ordine, quindi, mette ordine fra le sue cose.

Tibaldo Gaudin si è trasferito nella casa di Parigi da dove dirama ordini e riceve gli altri Maestri delle varie commanderie.

La fitta rete di possedimenti ha già reso sicure le strade. I contadini, gli artigiani, famigli del Tempio sono da questo garantiti nel loro lavoro. Agricoltura, architettura, commercio, artigianato, cominciano a rifiorire prepotentemente, dando nuova energia e linfa vitale ad un popolo vessato da briganti, baroni e vescovi prepotenti.

Il mondo del Tempio è rifugio sicuro, dove regna il benessere. Le donazioni, le grandi ricchezze accumulate, sono pozzo inesauribile dal quale attingere e che, sempre più, viene alimentato dalla oculata gestione dei monaci-cavalieri.

I tempi, però, forse non sono maturi, o forse gli uomini non hanno ancora compreso. Arroganza, smania di potere e di ricchezza, sentimenti che ancora albergano prepotenti, hanno fatto sì che alcuni uomini bramino primeggiare, costi quel che costi e così, in alcuni di essi, certamente di talento e di grande carisma, ma anche di grandi ambizioni, sorge l'idea di nazione. Non un continente senza barriere, ma piccoli ed inutili stati in lotta fra loro per la conquista di un effimero potere che potrà durare solo lo spazio di una vita.

Gli intrighi, le lotte per il potere, il Papato si intrecciano fra di loro, creando tensioni e conflitti, seguiti da effimere tregue e tradimenti. Ognuno vuole un posto al Sole, ma i pochi posti sono ambiti da molti e prenderne possesso è un forte compromesso con la morale e la giustizia di Dio.

Ciò nonostante, fra matrimoni combinati, alleanze del momento, concessioni strappate a denti stretti, Filippo IV, detto il Bello (Fontainebleau 1268-1314), salito al trono nel 1285, ha il sopravvento in Francia.

Tibaldo Gaudin muore il 16 aprile del 1293. È il Maestro che ha traghettato l'Ordine in Occidente e ha dato inizio all'assestamento dello stesso e di quanto da esso posseduto, cercando di ricollocarlo in una Europa che non è ancora matura per il progetto di Bernardo, ma che, nel contempo, è ansiosa per il futuro.

Filippo IV è uomo di forti passioni, pochissimi scrupoli, molta ambizione; non indietreggia pur di raggiungere i suoi scopi, si è scordato della propria anima e del suo Dio.

Al trono di Pietro si è assiso, nel 1288, Niccolò IV (Girolamo Masci Lisciano inizi 13° sec. - 4 aprile 1292), un francescano e non un buon politico, ma che ha cercato di riorganizzare la cristianità contro i turchi e ha con un certo successo trattato con mongoli, tartari, armeni.

Ha favorito gli Angiò e non è stato di intralcio al Re di Francia.

Ma, alla sua morte, la lotta per la successione è dura. I cardinali italiani e francesi sono in aperto scontro, non riescono a raggiungere un accordo, ed allora quale migliore soluzione se non quella di eleggere un Papa di transizione?

Viene eletto Celestino V (Pietro del Morrone, Isernia 1215 - castello di Fumone, Perugia 1296). La scelta è caduta su un monaco eremita, già in fama di santità, discosto dagli affari terreni, il quale, comunque, accetta.

L'elezione avviene a Perugia il 5 luglio 1294 e la sua consacrazione il 29 agosto dello stesso anno a L'Aquila.

Carlo II d'Angiò, che ha spinto l'elezione di un Papa italiano, si ritiene soddisfatto, ha pagato il debito contratto con il precedente Pontefice che gli è stato amico.

Ma anche le segrete stanze del papato sono animate da uomini in cerca di gloria, ambiziosi ed assetati di potere.

La già titubante natura di Celestino V è scossa, non si è mai sentito a proprio agio in quei panni che gli stanno stretti e il 13 dicembre del 1294 abdica.

Ma il 1294 è un anno di tensioni che sfociano in un conflitto fra l'ambizioso Filippo e l'Inghilterra.

Ed il papato?

La rinuncia di Celestino V ha scosso il mondo cristiano, mai prima di allora un Pontefice aveva abdicato. Ma non bisogna attendere poi molto per avere un successore di Pietro. Il 24 dicembre 1294 viene eletto a Castelnuovo di Napoli Bonifacio VIII (Benedetto Caetani, Anagni 1235 - Roma 1303).

È colui che ha insinuato dubbi nell'anima titubante di Celestino V? È lui che ha saputo manovrare così bene tanti cardinali?

È, in ogni caso, un uomo di potere. Crede nella chiesa di Roma e nella sua supremazia, non intende scendere a compromessi, il potere che i Re hanno proviene per grazia divina tramite il suo Pontefice e tutti si dovranno inchinare al suo volere.

Come primo atto, con una decisione arbitrale, mette per il momento fine al conflitto fra Francia e Inghilterra, poi si vedrà. Intanto ha confinato lo scomodo Celestino V nel castello di Fumone presso Perugia, dove il monaco eremita morirà nel 1296, prematuramente.

Per Filippo questo non è un Papa comodo, avrebbe preferito un francese, che lo potesse assecondare nelle sue mire, ma non sempre quello che si desidera è possibile. Le continue guerre, le tensioni, le corruzioni che ha dovuto portare a termine, per assicurarsi quel potere al quale tiene tanto, hanno dissanguato le casse dello stato.

Il Re di Francia, da monarca avveduto, si è circondato di uomini anche loro senza scrupoli. Fra i più fedeli, il ministro del tesoro è Enguerando de Marigny. Egli non può far altro, in questo frangente, che suggerire a Filippo di percepire le imposte anche dal clero, e così avviene nel 1296.

Ma un Papa come Bonifacio VIII può accettare ciò?

Con una bolla, *Clericis Laicos*, scomunica chiunque, laico, avesse preteso imposte dai chierici. È scontro aperto. Una forte reazione ha suscitato questo suo atto, unita al contrasto con i Colonna, potentissima famiglia romana, dalla quale è stato accusato di frode e simonia, contrasto che ha portato alla distruzione di Palestrina, loro roccaforte, ed all'esilio, proprio in Francia, dei maggiori di questa.

Per cercare di calmare le acque, promulga un'altra bolla più accomodante: *Ineffabilis Amoris Dulcedine*.

Ma oramai lo scontro è aperto. Filippo fa arrestare nel 1301 il legato pontificio Bernardo Saisset, vescovo di Pamiers.

A quell'atto Bonifacio risponde con la bolla *Ausculta Fili*, ma il Re, istigato pure dai Colonna, raduna un'assemblea nazionale con i rappresentanti di tutte le forze del paese e tronca i rapporti con il papato.

Il 18 novembre 1302, un'altra bolla, *Unam Sanctam*, fa precipitare gli eventi.

Filippo ordina che Bonifacio venga arrestato e tradotto davanti ad un Concilio per essere deposto, in quanto simoniaco. Le vecchie accuse dei Colonna hanno trovato attente orecchie che sanno come sfruttarle.

Il Papa è ad Anagni, sua città natale. Una città che è quasi una fortezza, ben munita e ben guardata. Ma le arti della corruzione danno i loro frutti.

Il primo ministro del Re, Guglielmo di Nogaret, insieme a Sciarra Colonna, riesce con un colpo di mano ad entrare in città e, giunti alla presenza del Pontefice, Sciarra lo schiaffeggia (7 settembre 1303).

L'umiliazione, la rabbia, la sconfitta portano Bonifacio VIII alla morte nello stesso anno.

Gli succede, il 22 ottobre 1303, Benedetto XI (Nicolò Boccassini, Treviso 1240 - Perugia 1304), domenicano erudito, uso alla diplomazia; mentre mantiene la scomunica verso gli attentatori del Papa, assolve il Re e reintegra parzialmente i Colonna; vuole così evitare un processo postumo al suo predecessore e mantenere il prestigio del papato ma, forse, del veleno mette fine al suo breve pontificato.

Filippo ha bisogno di un Papa francese che sia strumento nelle sue mani, così il 5 giugno del 1305 viene eletto ad Avignone Clemente V (Bertrando de Got, Gard, Guascogna 20 aprile 1314).

Il Tempio in tutto questo periodo si è tenuto fuori, discretamente ha continuato il suo lavoro, non si è voluto mischiare in questa sordida lotta nella quale non vi è nulla di onorevole per cui combattere.

Il sorgere dell'idea di nazione è un pericolo ed è finita l'epoca dei Papi suoi protettori. Altri Pontefici si sono succeduti e non tutti hanno guardato l'Ordine con occhio benevolo.

Il 16 aprile 1293 è morto Tibaldo Gaudin, bisogna eleggere un nuovo Maestro.

I Intermezzo

Isola che svetta solitaria, Castel del Monte è il luogo magico fatto costruire da Federico II, *stupor mundi*, principe, mago, alchimista, su di una altura che domina la piana circostante.

Un castello, una fortezza che non serve per difendersi da assedi di feroci nemici bramosi di conquista, ma da attacchi ben più infidi, quelli che provengono dall'animo di ciascun uomo. È il luogo dell'iniziazione, della ricerca interiore, del "solve et coagula".

In tutta la sua imponenza, nulla è lasciato al caso.

È una costruzione che vuole indicare, attraverso i vari passaggi ai quali si è obbligati, il percorso che l'uomo deve seguire per ricongiungersi con l'armonia delle sfere celesti.

Per tale motivo è stato scelto come luogo di ricevimento per pochi uomini che, all'interno di una ristretta cerchia, hanno il compito di difendere l'Ordine, i suoi segreti, il Maestro iniziato e, da questi, ricevere direttive per i futuri progetti del Tempio.

Bernardo ha voluto che il Maestro segreto ed il Maestro di battaglia non siano necessariamente la stessa persona, ed è un bene che così sia stato fatto, in quanto quasi sempre è il Maestro di battaglia che deve apparire e sacrificarsi affinché il Maestro segreto possa continuare la missione.

In un giorno imprecisato dopo la morte di Tibaldo, è stato convocato un capitolo per prendere importanti decisioni che si possono rivelare fondamentali per il futuro. Tibaldo, Maestro di battaglia ed insieme Maestro segreto, è morto ed ora, vista la situazione che si sta evolvendo in Europa, è necessario che il compito si sdoppi nuovamente. Dovrà essere eletto un Maestro di battaglia pronto a sacrificarsi, se necessario.

I cavalieri elettori sono arrivati dalle commende del Tempio sparse un po' ovunque. Chi ha viaggiato a cavallo, chi per mare, approdando a Barletta, città vicina.

Tutti hanno risposto all'adunanza, consci della grave situazione e delle altrettanto gravi difficoltà.

Maldicenze sull'Ordine sono state udite più spesso del dovuto, attacchi all'onore dei singoli cavalieri e del Tempio in generale, invidie per il potere, invidie per la ricchezza.

Il momento è delicato. La sala delle adunanze è ornata con i colori dell'Ordine, labari che si sono ricoperti di sangue e di gloria, dodici fiamme delimitano il magico cerchio entro il quale si dovranno riunire i Maestri lì convenuti, un cerchio entro il quale ognuno accederà seguendo la direzione della propria provenienza, Nord, Sud, Est, Ovest.

Con l'ingresso dell'ultimo Maestro, un tredicesimo fuoco viene acceso al centro della sala; è il sigillo che chiuderà in una magica catena i fratelli che, così isolati dal mondo, potranno compiere la loro alchimia.

I Oratore: «Fratelli, tutti noi sappiamo perché oggi siamo qui convenuti e quale compito siamo chiamati ad assolvere. *Non nobis Domine, non nobis, sed Nomine Tuo da gloriam*. Sotto gli auspici di questo motto, che ci ha sempre guidato, dovremo prendere la più saggia delle decisioni».

II Oratore: «Fratelli, la salvaguardia del progetto è, e deve essere, il nostro primo pensiero. Le dicerie che stanno circolando, mettono tutto l'Ordine in grave pericolo».

III Oratore: «È vero quanto affermato, è necessario sdoppiare la maestranza, è bene eleggere un Maestro di battaglia che sia la nostra parte visibile. Pertanto, non solo dovremo scegliere bene, ma dobbiamo stabilire a quali direttive dovrà attenersi se gli eventi dovessero precipitare».

IV Oratore: «Precipitare? Forse volete dire che è in pericolo la stessa esistenza dell'Ordine?».

I Oratore: «Proprio così, fratello, dobbiamo tenerci pronti all'eventualità di dover rinunciare a tutto per proseguire segretamente la nostra missione».

IV Oratore: «Rinunciare a tutto? Ma abbiamo uomini, ricchezze, castelli, non è forse il caso di accelerare il progetto?».

III Oratore: «Accelerare il progetto è estremamente pericoloso, non vedete voi i tempi, gli animi degli uomini? No! È ancora presto, non possiamo rischiare per la fretta di perdere tutto».

V Oratore: «Ed allora, il Maestro di battaglia dovrà morire?».

II Oratore: «Sì, se necessario, e con esso tutta la parte visibile del Tempio».

IV Oratore: «Non mi sarei aspettato mai una fine così ingloriosa. Morire sul campo di battaglia, sì, così si addice ad un cavaliere, ma questo mi appare quasi un fuggire».

I Oratore: «Ti sbagli, noi non fuggiamo, ci mischieremo a quegli uomini che, per il momento, nulla comprendono del futuro. Staremo fra loro per guidarli senza che nulla sospettino, al riparo da invidie, gelosie, manie di potere, solo così la nostra opera potrà avere compimento».

IV Oratore: «Capisco, se necessario ... ma almeno si scelga bene».

I Oratore: «Fratelli, abbiamo dei nomi da proporre?».

L'assemblea, scossa dalle parole dette e dalle prospettive che si presentano, esprime i propri giudizi insieme ai nomi di vari cavalieri che, atteso il loro grado, possono assurgere al compito di Gran Maestro dell'Ordine.

Per quanto concerne il Maestro segreto, non vi sono né voti né elezioni, secondo quanto vuole la tradizione dell'Imperium, poiché il potere trasmigra dal migliore al migliore; è stato lo stesso Tibaldo, come già fu fatto dai suoi predecessori, a scegliere colui che ricoprirà questa carica. Il I Oratore, infatti, è stato il prescelto dal defunto Maestro.

I nomi proposti sono tutti di ottimi cavalieri, ma si vuole dare un tocco di credibilità agli occhi del mondo; non è bene scegliere un Maestro troppo giovane, che potrebbe rivelarsi irruente, né uno troppo vecchio che, all'inverso, possa essere troppo accondiscendente.

La scelta ricade su Jacques de Molay, veterano dell'Ordine, ancora vigoroso e che sta tenendo Cipro con tatto e diplomazia ma anche con fermezza.

Così deciso, si dà ordine di far giungere la notizia a Cipro, con l'indicazione di non rientrare, almeno per il momento, in Europa.

I Oratore: «Abbiamo scelto bene, fratelli, ora dobbiamo decidere quali strategie applicare in base agli elementi in nostro possesso; ora sarei propenso ad informare fra Jacques che tutto deve procedere normalmente, ma che si tenga pronto al peggio».

II Oratore: «Se tutti siamo d'accordo, riserviamoci di riunirci quando il tempo e gli eventi ci daranno altri elementi di valutazione per meglio comprendere quale dovrà essere la nostra linea di azione».

Si alzano i fratelli, il fuoco centrale viene spento, ognuno esce da dove era entrato, il cerchio magico si spezza, si spengono i dodici fuochi e la catena così interrotta rimarrà salda solo nello spirito di coloro che sono stati presenti.

II Intermezzo

L'anno è il 1304, sono passati dieci anni da quando Jacques de Molay è stato eletto Gran Maestro dell'Ordine, il luogo di questa riunione è l'Abbazia di Fossanova.

I Oratore: «Vi ho riunito qui, cari fratelli, per aggiornarvi sugli sviluppi, in un certo senso vaticinati, delle vicende che ci toccano così da vicino.

Circolano voci sempre più insistenti, che ci vedono posti all'attenzione dei più, troppa invidia, troppa. Inoltre, con la perdita della Terra Santa, molti si chiedono il perché di tanti Ordini che, fino ad ora separati, non possano fondersi fra loro.

A questa separazione fra noi, gli Ospedalieri, i Teutonici, i cavalieri del Santo Sepolcro, ed alle divergenze su come condurre la Crociata, è attribuita la colpa della perdita di Gerusalemme.

Coloro che mormorano, non possono sapere il vero scopo della nostra missione, non lo devono sapere e, pertanto, non possiamo neanche confutare le accuse rivolteci.

Abbiamo sdoppiato la carica di Maestro segreto con quella di Maestro di battaglia e quest'ultimo, il caro fratello de Molay, è giusto che venga guidato sul percorso che sarà obbligato a seguire. Pertanto, vi dico che è già stato informato di lasciare Cipro per raggiungere la casa di Parigi.

È bene che sia il Maestro ad affrontare le mire di re Filippo in quanto il papato non ci difenderà. Clemente è strumento nelle mani del Re di Francia ed è molto probabile che Marigny e l'infido Nogaret stiano già tramando contro di noi, dato che abbiamo negato un forte prestito e ci siamo opposti a che un figlio di Filippo entrasse come cavaliere fra noi. Ci siamo guadagnati l'odio del Re e dei suoi ministri, è logico aspettarsi delle ritorsioni; quindi, se qualcuno vuole proporre una qualche alternativa od una linea di azione, che parli».

II Oratore: «Quanto appreso dai nostri informatori in Francia ci deve indurre ad agire con molta cautela, se il nostro scopo è quello di sacrificare alcuni fratelli, per poi agire fra le nebbie, è bene che tutto avvenga nel modo più naturale possibile, così che nessun sospetto possa balenare nelle menti dei nostri astuti avversari. È bene che il fratello Jacques vada a Parigi e che, come limpido è il suo animo, così limpidamente difenda l'Ordine. Quando il destino si sarà compiuto, che Dio salvi le nostre anime per quello che abbiamo dovuto fare».

I Oratore: «Sì, fratello mio, che Dio salvi le nostre anime. Non è con cuore sgombro che abbiamo adottato questa via di azione, ma è l'unica che riteniamo ci possa garantire un sicuro successo. Ora, fratelli miei, preghiamo, preghiamo per noi stessi e per coloro i quali si dovranno sacrificare».

Alla corte di Filippo: arresto e fine dei Templari

Ma a Filippo i soldi non bastano mai. La brama per il potere è grande e grandi sono le sue necessità. Il denaro non è cosa che si trova facilmente, egli è indebitato con diversi banchieri italiani che già temono di non poter più ritornare in possesso del denaro dato in prestito. Intrighi e minacce si intrecciano fra la corte e gli allarmati banchieri. Marigny, ministro delle finanze, allarga le braccia al Re, non si può più spremere il popolo, non ci si può inimicare la nobiltà, i banchieri non intendono aprire le loro casseforti.

La bancarotta. Ma ciò significherebbe disordini interni, baroni ribelli, si infrangerebbe il sogno di Filippo.

Il Tempio, suggerisce l'astuto Nogaret, ma il Tempio rifiuta, come rifiuta l'ammissione fra le sue fila di un figlio di Filippo.

In Francia, la casa di Parigi ed il Tempio tutto hanno grandi possedimenti, ricchezze, oro. Guglielmo di Nogaret, anima nera del Re, che già si è tanto esposto per lui in quel di Anagni, subdolamente invita il Re a prestare attenzione alle dicerie che girano intorno ai Templari. Eresie, idolatria, sodomia.

Ma l'Ordine è potente, non si può agire d'impulso, bisogna indagare, interrogare, raccogliere prove; un lento e paziente lavoro al quale si dedica il fidato ministro insieme al suo aiutante Guglielmo di Plaisians. Spie, falsi testimoni, uomini del Tempio cacciati via perché indegni, il fascicolo prende corpo.

La svolta avviene nel 1305 con la delazione di un certo Esquieu de Floyran, la gravità delle accuse non può sfuggire al Nogaret che subito ne approfitta. Il Papa, venuto a conoscenza di queste voci, rifiuta di dar loro credito. Clemente V si incontra a Lione nel 1305 con Filippo, ma cosa si dicono?

Il Papa francese voluto da Filippo, Papa che ha portato la sede ad Avignone, è dominato dal Re di Francia? Teme per il futuro del papato? Teme un processo al suo predecessore? Teme di poter, egli stesso, essere accusato di eresia e quindi deposto? Quali sono i motivi che lo porteranno ad ambigue decisioni in questo frangente?

La pressione sul Papa viene accentuata ed egli si incontra nuovamente con Filippo a Poitiers nel 1307, ma, nella stessa primavera del 1307, giunge a Parigi da Cipro Jacques de Molay che chiede a Clemente V l'apertura di un'inchiesta per confutare le vergognose accuse.

Il 24 agosto 1307, il Papa informa il Re di Francia che ordinerà un'inchiesta. Basta questo per dare il destro all'impaziente Filippo di comandare l'arresto dei Templari e, così, arrivare ad impossessarsi delle ricchezze dell'Ordine.

Il 13 ottobre 1307, l'ordine è dato. «Un fatto funesto, un fatto deplorevole, un fatto certamente orribile a pensarsi ... Un crimine detestabile, un misfatto esecrabile ... Una cosa del tutto disumana, ed anzi estranea ad ogni criterio umano, ci è giunta all'orecchio, grazie al racconto di molte persone degne di fede.

Dato che la verità non può essere del tutto scoperta in altro modo, e che un grave sospetto si è impadronito di tutti … abbiamo deciso che tutti i membri del detto Ordine, nel nostro regno, siano arrestati, senza eccezione alcuna, tenuti prigionieri e rinviati al giudizio della Chiesa, e che tutti i loro beni, mobili ed immobili, siano confiscati, messi in nostro potere e conservati con attenzione … Perciò vi incarichiamo e vi diamo ordini rigorosi …». Così Filippo giustifica se stesso ed il suo operato.

Vengono informati principi e Re d'Europa, non vuole rimanere

solo al cospetto della storia, ma le sue azioni non vengono seguite da tutti o, quantomeno, in maniera differente, caso per caso. Il mondo cristiano teme la Francia e l'ambizioso Filippo, ma non lo seguirà compatto in questa avventura. Con mano dura i Templari vengono sottoposti a tortura per far loro ammettere i diversi capi di accusa, e le confessioni arrivano ed arricchiscono il carteggio.

«I Templari rinnegano Cristo, che definiscono falso profeta e che è stato crocifisso per le sue colpe non per riscattare l'umanità, sputano sulla croce, la calpestano, vi urinano sopra nel corso delle loro cerimonie. Adorano degli idoli: gatti e teste a tre facce, che sostituiscono al Salvatore. Non credono ai sacramenti, e i sacerdoti dell'Ordine dimenticano le formule di consacrazione durante la messa. I Maestri e i dignitari dell'Ordine, anche se laici, assolvono ai peccati dei confratelli. Esercitano pratiche oscene e omosessualità. Hanno il dovere di contribuire all'arricchimento dell'Ordine con qualsiasi mezzo. Si riuniscono segretamente la notte, ogni rivelazione fatta all'esterno sui capitoli tenuti è severamente punita, talvolta anche con la morte».

L'esser pavido del Papa, la sua subordinazione a Filippo, la coscienza di dover fare qualche cosa per difendere la chiesa di Roma, la necessità, davanti al mondo, di tenere alto il prestigio del papato, paure, ansie, sono i terribili compagni che stringono Clemente V in un periodo travagliato di quel potere, tanto agognato, ma che ora vorrebbe non aver mai raggiunto.

Abilmente pilotato ma, altrettanto abilmente, usando le arti della diplomazia, cerca di prendere tempo, forse spera in avvenimenti che potrebbero accadere per tirarlo fuori da questo brutto pasticcio. Ma non vi sarà un "deus ex machina" che lo trarrà d'impaccio, dovrà trovare da solo delle soluzioni che possano accomodare le cose e, pertanto, il 12 agosto del 1308 con la bolla *Faciens misericordiam*, decreta che inquisitori e vescovi agiscano congiuntamente per appurare i fatti. Con questo suo atto vorrebbe in qualche modo arrogare solo alla chiesa il diritto di indagare. Questo suo atto rende furioso Filippo il quale, ad ogni costo, non vuole farsi sfuggire dalle mani una così consistente preda. Permettere al Papa che solo la chiesa sia a giudicare, potrebbe inficiare tutto il suo progetto.

Nel frattempo, tanti sono i processi intentati, le torture inflitte, le confessioni estorte. I Templari cominciano a pagare, con il loro sangue, la fede per l'Ordine. Processi farsa, seguiti da roghi di presunti eretici, questo lo scenario di quegli anni bui.

Il Re ha ottenuto dal Papa che sia eletto come vescovo di Sens,

da cui dipende il vescovado di Parigi, Filippo di Marigny, fratello di Enguerrando, ministro del tesoro. Il prelato non è certo tipo da meritarsi l'onore degli altari; implicato in diverse storie, non proprio limpide, è strumento malleabile, e come tale si comporta. Infierisce sui Templari e, quando Filippo percepisce i tentennamenti del Papa, è proprio lui a spingere il Pontefice a convocare un concilio generale a Vienna nel 1310, dove il Papa promulgherà la bolla *Regnans in coelis*, per decidere sull'eventuale soppressione dell'Ordine.

Ma il 2 marzo 1310 de Molay proclama pubblicamente l'innocenza dell'Ordine e l'infondatezza delle accuse.

La commissione, incaricata di indagare sui capi di accusa, conclude le udienze il 26 maggio 1311, il carteggio è voluminoso, tendenzioso il contenuto nel quale sono più i pettegolezzi elencati ed i si dice che le smentite alle accuse rivolte. Il 16 ottobre 1311 il Papa dichiara aperto il concilio; ha un desiderio: farla finita al più presto.

Il pericolo incombe, perché, se è desiderio del Pontefice chiudere bene e presto questa vicenda, Filippo è esasperato. Convocati gli stati

del regno nel marzo del 1312 a Lione, il Re fa pressione sui rappresentanti di Clemente V. Il 20 marzo annuncia l'arrivo a Vienne con il suo esercito. Il Papa non può perdere tempo e il 22 marzo 1312 con la bolla *Vox in excelso*, abolisce l'Ordine del Tempio.

Avendo il Papa riservato a sé il giudizio sui dignitari del Tempio, fra cui il Gran Maestro, detenuti a Parigi, questa è l'occasione che attende il de Molay per poter scagionare l'Ordine e tutti i fratelli, un colloquio con il Papa, cosa che ha sempre chiesto ma che fino ad ora non gli è stata concessa.

Il 22 dicembre del 1313 Clemente V nomina una commissione di tre cardinali, destinata a giudicare in suo nome, non vi è più speranza per de Molay ed i fratelli detenuti con lui.

Il 18 marzo 1314 egli compare davanti a questa commissione, presieduta da Filippo di Marigny, solo per sentirsi ripetere le accuse e per ascoltare la sentenza di condanna.

Non resta altro, al povero Maestro, che riempirsi di orgoglio per essere appartenuto ad un Ordine come quello del Tempio e gridare, con tutta la forza che gli rimane, l'innocenza dei cavalieri. Questo suo ultimo atto, inatteso, e che mette in dubbio la verità delle accuse e lo stesso operato del Papa, aperta sfida nei confronti di Filippo e di quanti in questa triste vicenda gli hanno dato manforte, sarà la strada verso il rogo che lo attende.

Quella stessa sera, all'ora del vespro, su di un'isoletta della Senna, egli, insieme al precettore di Normandia de Charney, affronta risoluto il supplizio del fuoco, determinato a negare fino alla fine.

Arde sul rogo, come arde la sua fede nell'Ordine, il suo mantello però non avrà l'onta della fiamma, non ha voluto che coprisse le sue spalle affinché non sia offuscato nel suo candore dall'acre fumo. Un anatema prima di spirare: «Prima che un anno passi, anche tu Clemente ed anche tu Filippo mi seguirete. Alla presenza di Dio sarete giudicati». Nella chiesa di Notre Dame, silenziosa ed oscura, un uomo solitario è inginocchiato in preghiera, il suo viso è solcato da lacrime ed il petto scosso da singulti: «Mea culpa, mea culpa, Signore perdonatemi per quello che ho dovuto fare, perdonatemi».

Il Maestro segreto dell'Ordine non può trovare pace, ma, in cuor suo, sa che altrimenti non sarebbe stato possibile, l'Ordine visibile è scomparso, ma continuerà lo stesso, nell'ombra, ad adoperarsi affinché si compia il destino.

«Non nobis Domine, non nobis, sed Nomine Tuo da gloriam».

Jacques de Molay, ultimo Gran Maestro di battaglia dell'Ordine, è morto, è morto il 18 marzo 1314. Come il 18 marzo 1118 era stato fondato l'Ordine. Sommando 1 + 8 si ha nove, sommando 1314 si ha nove, Marzo è il terzo mese dell'anno e moltiplicando tre per tre si ha nove e nove sono i cavalieri fondatori dell'Ordine.

In quanto a Clemente V, morirà il 20 aprile e, sempre nello stesso anno, Filippo renderà l'anima a Dio il 29 dicembre.

La ruota del destino continua a girare, il fato si compie.

III Intermezzo

È la notte del 30 marzo 1314, anche il tempo si è ribellato al rogo del de Molay, in tutta l'Ile de France il cielo è cupo e forti rovesci di gelida pioggia si stanno riversando, oramai da diversi giorni, sia su Parigi sia sulle località intorno.

Le strade sono deserte. Infreddoliti contadini, avvolti nei loro pesanti mantelli di lana grezza, attraversano saltellando, per evitare le grosse pozze d'acqua, le strade del piccolo villaggio ansiosi di ritirarsi nelle loro case per potersi riscaldare al fuoco dei loro camini e rifocillarsi con una zuppa calda.

Piccole luci brillano dalle poche finestre ancora aperte e qualche grosso cane, di guardia alle greggi o ai pollai, ha incominciato ad ululare ad una Luna che non c'è.

Sul far della sera, diversi cavalieri solitari hanno attraversato le vie della cittadina, schizzando, con l'impeto della loro corsa, acqua e fango e si sono diretti tutti al castello, dal quale non filtra alcuna luce e non appare nessun segno di vita. Inghiottiti per magia nei cunicoli che, si dice, si diramano dal castello per ogni dove?

Nessuno ha osato sollevare lo sguardo od attardarsi in curiosità che, in questo momento, visto il subbuglio creatosi con l'arresto ed il rogo dei Templari, possono rivelarsi pericolose.

Il Re ha sguinzagliato soldati ovunque, ed il pericolo incombe sia sui Templari sfuggiti all'arresto, sia su coloro che li hanno serviti.

Le ultime finestre sono state serrate, ma lo scalpitio dei cavalli in corsa è continuato per quasi tutta la notte, poi, silenzio.

Al chiarore della fredda alba, il castello appare deserto, le porte e le finestre chiuse, nessuno sugli spalti, i fantasmi arrivati quella sera si sono rinchiusi in un demoniaco consesso per mettere in atto chi sa quali malefici.

Questo basta ai superstiziosi contadini per tenersi alla larga e neanche parlarne fra di loro, per non attirarsi malocchio e maledizioni.

Siamo a Provins ed è l'alba del 31 marzo 1314. La sala dove si tiene la riunione, non è ornata né con labari né con bianchi mantelli, solo visi tirati ed occhi infossati dal pianto e dal dolore.

I Oratore: «Fratelli, ho pregato quella notte, ho pregato in ginocchio sul sagrato della chiesa di Notre Dame, mentre le fiamme dell'infame rogo avvolgevano i nostri fratelli; i loro mantelli non sono stati bruciati, essi hanno voluto che in questo triste momento non fossero a loro protezione, per non annerirli con l'acre fumo, ne hanno voluto preservare per sempre il candore. Ora è compito nostro non offuscarli. Da oggi in poi agiremo nell'ombra, ma sarà un'ombra che

dovrà preludere ad una radiosa alba, che vedrà la realizzazione del nostro progetto.

I fratelli di Parigi, che avevano il compito di salvaguardare quanto era necessario portare via, hanno eseguito quanto loro ordinato, ed ora tutto ciò che di prezioso per noi era custodito nella casa del Tempio è in salvo.

In questo momento, sono i sotterranei di questo castello il loro nascondiglio, ma un lungo viaggio li attende, altri lidi è necessario che li ospitino affinché possano essere al sicuro fino a quando lo riterremo opportuno.

Ora ci disperderemo, saremo uomini fra gli uomini, ci confonderemo per ritrovarci quando sarà necessario che ciò avvenga, e che Dio guidi il nostro percorso.

Salutiamoci ora, gridando per l'ultima volta insieme il nostro grido di battaglia:

Beauceant ... Beauceant … Beauceant ...».

In fuga

Rinunciare alla visibilità dell'Ordine, una dura battaglia che è stato necessario combattere, ma non una rinuncia ai veri tesori del Tempio ed a quello che è lo scopo per il quale è stato fondato e per il quale tanti cavalieri hanno immolato la loro vita.

L'ordine di evacuare Parigi ha trovato i cavalieri pronti come sempre. Non possono Filippo ed i suoi ministri prevedere il piano che i Templari ed il loro Maestro segreto hanno portato avanti con

così grande attenzione e capacità. Nessuno ha potuto intuire a quale grado di sacrificio siano disposti gli uomini che il Tempio ha saputo forgiare, così, con il martirio di quanti era necessario che dessero la loro vita per lo scopo, gli altri hanno avuto la libertà di agire per poter lasciare Parigi con tutto il loro prezioso carico.

I carri si sono allontanati dal quartiere del Tempio con prudenza, camuffati da varie mercanzie e sotto una discreta scorta di cavalieri che, pur non indossando il bianco mantello, rimangono guerrieri temibili. Le guardie poi, alle porte, sono state abbondantemente pagate, nessun controllo, nessuna ispezione. La sortita è riuscita e ci si incammina velocemente verso il Sud, velocemente, perché Filippo non è uno sciocco e sicuramente incomincerà un inseguimento.

I cavalieri hanno bisogno di essere accolti in luoghi sicuri per portare a termine il loro viaggio, luoghi certamente prevedibili e che saranno tenuti d'occhio, ma il loro viaggio deve essere rapidissimo e solo poche ore di riposo, in luoghi amici, basteranno a ritemprarli.

La prima tappa è Provins, dove li attende il Maestro segreto e gli altri dignitari, poi si seguiranno le istruzioni.

Provins è terra avita della famiglia di Ugo de Payn e lì vicino Troyes, capitale del conte di Champagne, poi Dijon ed infine Clairvaux per un'ultima, speranzosa preghiera nel monastero caro a Bernardo. L'alta Savoia e nel folto del bosco, sulle rive di un cupo lago, Hautecombe, e siamo nella terra dei Savoia.

Il luogo è abbastanza sicuro ed ideale per un breve riposo. I cavalieri si rinfrancano dopo una fuga così precipitosa e che, molto velocemente, li ha condotti in quel luogo.

Il bosco, per chi lo sa abitare, è rifugio e nascondiglio ideale. Gli esseri che lo popolano, si manifestano solo a chi sa vedere con gli occhi dell'anima. In caso contrario, rimangono invisibili, ed invisibili rimangono i cavalieri per tutti coloro ai quali si vogliono celare.

A Chambery, intanto, una delegazione è a colloquio con il conte Amedeo V di Savoia, signore di quelle terre. Pur se amico di Filippo,

è intrepido ed indipendente e la sua aspirazione è quella di poter allargare i propri domini e tenerli saldi. Valoroso e sicuro di sé, non teme il Re di Francia e poi la sua famiglia ha stretti legami con l'Ordine, in quanto molti suoi rampolli ne hanno indossato il mantello e molti lo vestono ancora.

Amedeo è disponibile a concedere loro protezione e riposo, ma non per molto tempo, e quindi i cavalieri non si potranno soffermare; ma ciò non importa, la meta del loro viaggio li dovrà condurre altrove.

Il viaggio continua verso la val di Susa, dove vi è una forte presenza benedettina, e poi più a Sud, verso Genova, dove sono certi di avere approdo sicuro, in quanto questa città è, fin dal 1311, sotto la tutela dell'imperatore Arrigo VII che, di certo, non ha in simpatia Filippo.

Genova è signora del mare ed al suo porto approdano navi, navi che servono ai Templari per raggiungere la loro destinazione. I cavalieri si installano nelle vicinanze del molo principale ed attendono le risposte ai messaggi inviati lontano.

SCALES.
English
Yards.
Mile.
Metres.
GENOA.
(GENOVA.)
(GÈNES.)
Published under the Superintendance of the Society for the
Diffusion of Useful Knowledge.
Arsenal
PIAZZA
Pal. del Re
MARINE
ARSENAL
PAL. D'ORIA
Batteria della Fratta
MOLO VECCHIO
Extended New works
MOLO NUOVO
SKETCH OF THE

NOTE.
Pl. Piazza .... Place, Square.
Vi. Vicolo .... Lane.
Bast. Bastione .... Bastion.
St. Strada .... Street.
Pian Piano .... Plane.
STRADA NUOVA
HOSPITAL
ST. NOVELLA DELLA PACE
PL. SARZANO
Pl. della Cerva
Batteria della Cerva
Batteria della Strega
Batteria del Ecoi
THEATRE
BUILDINGS AT GENOA

Ritorno in terra d'Africa

Attendere, ma attendere è peggio che morire, ed i cavalieri, a Genova, attendono risposte a messaggi inviati lontano e, giorno dopo giorno, muoiono nel ricordo di quanto accaduto, dei fratelli che si sono sacrificati, della missione che devono compiere e che è piena di incertezze. Conoscono bene l'importanza di quanto è stato portato via da Parigi e di come sia necessario trovare, per il loro prezioso carico, un rifugio sicuro.

L'abitato attorno al porto è un sordido quartiere di vie strette, con costruzioni addossate le une alle altre che il Sole difficilmente illumina con i suoi raggi; botteghe artigiane, piccoli commerci, traffici più o meno leciti, bettole oscure e fumose dove si intrecciano ubriachi, donne di malaffare, dadi e bestemmie.

I Templari poco si mischiano in quel dedalo di viuzze, la loro permanenza deve essere discreta e, pertanto, poche sono le sortite al di fuori del loro rifugio, tanto quanto basta per non creare sospetti e per procacciarsi quanto necessita alla loro esistenza.

Filippo ha molte spie sparse per l'Europa e Genova, essendo un nodo di notevole importanza, è da sempre all'attenzione del sovrano.

Le risposte ai messaggi inviati giungono inaspettatamente prima del previsto e, quindi, è necessario affrettarsi e prepararsi all'imbarco.

Le spie di Filippo hanno ben guadagnato il loro soldo, non sono rimaste inattive e, avendo avuto forti sospetti su quel gruppo di uomini che conducono una vita così ritirata, hanno anche loro chiesto istruzioni.

Colti di sorpresa dalla febbrile attività e dagli evidenti preparativi per una veloce partenza, non possono far altro che tentare un colpo di mano.

Per i Templari il giorno della partenza è arrivato, fin dall'alba hanno incominciato a trasportare a bordo dell'imbarcazione le preziose casse insieme ai loro miseri averi. Tutto procede con una fretta ordinata tipica di uomini pronti all'obbedienza ed all'azione, non vi sono sprechi di tempo e discussioni in cui perdersi, partire prima possibile è di vitale importanza e ciò tiene impegnati i loro pensieri.

Se questa è una distrazione, le spie di Filippo la sanno cogliere appieno. Durante le manovre di carico scatta il tentativo di impadronirsi della nave e di ciò che è custodito nella sua stiva, ma falliscono.

I Templari, pur se avviliti dalle traversie, rimangono sempre uomini di guerra, usi ai colpi di mano ed alle imboscate. Una colluttazione sanguinosa ma, anche se i cavalieri che sono stati aggrediti per primi non hanno avuto il tempo per potersi difendere, l'accorrere degli altri non dà scampo agli assalitori che, vistisi a mal partito, abbandonano sul molo i loro morti per darsi ad una precipitosa fuga.

Lo stridere delle armi, le urla, non possono sfuggire ai marinai ed ai frequentatori del porto, gente abituata ad atti di violenza ma che, nel contempo, sa farsi gli affari suoi. Nessuno è intervenuto, ma le guardie della città stanno accorrendo e non è il caso di farsi trovare lì e dover rispondere a delle domande che, per molti, potrebbero essere imbarazzanti. Allo stesso modo pensano i Templari, che, avendo quasi ultimato le operazioni di carico, raccolti morti e feriti e trasferitili sulla nave, riassettano quanto contenuto nelle ultime casse che sono ancora da imbarcare e, caricate anche queste, levano le ancore e, spiegate le vele al vento, dirigono la prua verso la loro nuova destinazione.

Destinazione è destino, destino che Dio ha stabilito per ciascun uomo, un percorso già tracciato al quale è possibile apportare solo piccole variabili. Ed il destino vuole che l'Africa sia la meta da raggiungere, meta che culminerà in un incontro con un nemico odiato ma rispettato, con un'altra cavalleria, alla quale i Templari sono uniti da vincoli di rispetto e di un comune sentire, che li fa essere uguali anche nelle loro differenziazioni.

Ma prima bisogna raggiungere le Baleari, isole nelle quali sono ad attenderli i discepoli di Raimondo Lullo (Maiorca 1233-1315). Il vecchio Maestro è morto da poco, ma la scuola da lui fondata è ricca di spiriti liberi che credono nei dettami della cavalleria e nella sua missione. Saggio e colto, ha sempre sperato di convertire al cristianesimo l'Islam. Incarcerato dai musulmani, è stato liberato giusto il tempo di ritornare in patria e morirvi, ma nei lunghi anni trascorsi in Nord Africa ha saputo guadagnarsi il rispetto. Gli stretti rapporti intessuti con la setta degli Ismailiti, vecchie conoscenze dei Templari, sono stati riallacciati, così che questi garantiranno ai cavalieri accoglienza in questi tristi frangenti.

Componenti della setta sono migrati da Alamut, loro roccaforte, al seguito degli eserciti che muovevano alla conquista, nel nome di Allah, e hanno fondato lungo il cammino diverse Ribat, dove è possibile non solo istruirsi per la piccola Jihad, la guerra che deve portare al dominio dell'Islam, per garantire la formazione di un unico popolo del Signore, ma anche per perseguire la via della grande Jihad, via santa di meditazione, lotta ben più dura in quanto combattuta dentro se stessi.

Questi vecchi nemici-amici dei Templari si sono dichiarati ben disposti ad aiutare i cavalieri nel più puro spirito della cavalleria che non conosce confini né di razza né di religione.

Breve sosta alle Baleari e poi verso Algeri, dove al largo vi sono delle navi barbaresche che aspettano per fare da scorta alla nave fuggitiva.

Il pericolo si è allontanato, la tensione è scesa, e l'Africa appare ai loro occhi.

«Fratelli, non è la salvezza, è l'esilio, ben più triste cosa della morte che dura lo spazio di un attimo. L'esserci salvati dal rogo approntato dai nostri nemici non è un premio, il premio lo hanno ricevuto coloro che hanno potuto dare dimostrazione della loro fedeltà all'Ordine, immolandosi. A noi il compito di custodire il segreto, non slanci eroici, non morte in battaglia, ma un aspettare la signora della notte, giorno per giorno, e non poter sfuggire ad essa, attendere, attendere che il fato si compia».

Questo è il benvenuto in terra d'Africa che fra Jean Pierre riserva ai fratelli che, con lui, hanno attraversato il Mediterraneo ed ora si accingono a scomparire fra le sabbie del deserto.

Occhi incuriositi di chi non pensava di vedere più bianchi mantelli, seguono lo sbarco, qualcuno vorrebbe accennare ad una reazione violenta, ma i Templari incutono ancora timore e, poi, la scorta di cavalieri islamici che, si intuisce, non hanno intenzione di tollerare alcuna reazione, trattiene la massa dei beduini, che si diluisce, mano a mano che la carovana si allontana dal porto e guadagna le porte della città per confondersi con le sabbie.

Le dune sono le onde del mare deserto e le oasi le isole che danno ristoro ai naviganti. Onda dopo onda, isola dopo isola, la carovana si dirige verso Tangeri, da lì la destinazione sarà fra i monti dell'Atlante, dove sorge la più segreta ed inviolabile Ribat.

La strada, ora, è divenuta pietrosa, è solcata da numerosi rigagnoli che scendono dalle montagne e che a tratti la interrompono. L'aria è sempre più tersa mano a mano che ci si inerpica su, per sentieri rocciosi. Non vi sono abitanti lungo questa via, in lontananza si intravedono, fra le valli bruciate dal Sole, le tende dei berberi.

Dopo aver attraversato gole profonde, scavate nei millenni da fiumi che non ci sono più, irti sentieri, forre e radi boschi, un deserto di pietre, un mare grigiastro, appaiono all'orizzonte i primi contrafforti della catena montuosa. Dapprima bassi monti, scoscesi ed erosi dal tempo, costellati da caverne, una fortezza naturale facilmente difendibile perché, per inoltrarsi e raggiungere le cime più alte, vi è una sola strada stretta ed impervia costeggiata, da un lato, da pareti verticali, dall'altra, da profondi burroni. Nei monti, le caverne sono incastonate come occhi di spaventosi fantasmi, orbite vuote che non sono altro che accessi a cunicoli, dedali di corridoi che le uniscono fra loro. Trappole mortali sono celate nei punti cruciali, chiunque osasse addentrarsi, non invitato, difficilmente troverebbe scampo alle spade dei difensori.

La particolarità di questo luogo è il colore della roccia, di un rosso ruggine, irreale. Questo fa sì che le montagne spicchino in mezzo ad un circondario totalmente diverso, tanto da renderle uniche.

Le montagne della Luna, così sono state battezzate da tempo immemorabile.

Splendidi, i cavalieri si presentano alle porte della Ribat, avvolti nei candidi mantelli ornati sulla spalla sinistra dalla rossa croce; non alterigia o superbia, ma una fierezza che non può essere offuscata dalle loro disgrazie, questo è il presentarsi dei Templari al cospetto degli Ismailiti e del loro Maestro.

Attraversata la porta della fortezza e condotti nello spiazzo centrale, scendono da cavallo, rispondendo al saluto, toccando con la mano destra prima il luogo del cuore, poi la bocca ed infine la fronte, a significare: «Sarai sempre nel mio cuore, nelle mie parole, nei miei pensieri». Gradito omaggio a chi sta facendo tanto per loro.

È lo stesso Emiro che li accoglie, attorniato da quelli che sono i fratelli a lui più vicini. Gli altri, intorno, guardano con la curiosità ed il rispetto di chi, per la prima volta, vede quei cavalieri le cui gesta sono già state tramandate come mito. L'invito ad entrare, a scrollarsi di dosso le fatiche del viaggio e scrostarsi della polvere e del sudore, i locali loro assegnati vengono raggiunti e, solo ora, i cavalieri possono trovare un momento per rilassarsi.

L'ospitalità è spartana, tipica di uomini avvezzi alla guerra. Il momento del cibo è occasione per il racconto, del racconto degli avvenimenti, del furore degli uomini e delle loro pulsioni, la persecuzione, il processo, il rogo, la fuga.

Meditazioni fatte insieme, scambi di concetti filosofici ed esoterici, spirito di cavalleria, cacce con il falcone, ma nessuna curiosità espressa per quelle casse che i Templari hanno portato ed alle quali vi sono sempre due di loro di guardia. Nulla vogliono e possono dire su questo argomento i cavalieri lì ospitati e questa loro riservatezza viene appieno onorata.

Il segreto è solo dell'Ordine.

Così il loro tempo si compie, fino a quando altri cavalieri arriveranno a sostituire chi, vecchio o malato, non potrà più intendere al compito, o fino a quando il Maestro segreto non invierà nuovi ordini.

Gli altri fratelli, rimasti in Europa, continueranno nel segreto la loro opera e terranno vivo l'Ordine, con l'istruzione di nuovi cavalieri che verranno ritenuti degni di indossare il mantello. I rimanenti fratelli, sbandati dalle persecuzioni, dopo il rogo del de Molay hanno ricevuto, con molta discrezione, delle indicazioni su come doversi comportare; i più vecchi hanno trovato rifugio in qualche monastero, mentre i più giovani, ancora ansiosi di combattere, sono stati fatti confluire tra le fila degli Ospedalieri o dei Teutonici. Altri ancora, sono stati inviati in Spagna ed in Portogallo dove continua la lotta contro l'Islam.

Ma Tike ed Ananke valgono per tutti, non solo per i Templari. Anche il mondo islamico è in fermento, altre forze premono e bisogna inchinarsi al destino.

Del tempo è passato ed ora i mamelucchi, fermate le orde mongole, hanno intrapreso la loro conquista. Berberi e tuareg devono soccombere e ritirarsi a Sud, fra le dune del deserto, antiche dinastie islamiche vengono soppiantate.

Al giungere di nuove e più preoccupanti notizie, l'Emiro ha ritenuto giusto convocare il Templare che è a capo del piccolo nucleo di cavalieri suoi ospiti e lo accoglie con queste parole:

«Fratello cavaliere, i tempi mutano e gli uomini perdono il senno, avidità e conquista vanno di pari passo con intolleranza ed oscurantismo. L'Islam combatte l'Islam e non vi è più pace fra i figli di Maometto. Nuove forze ci sono ostili e, come accaduto a voi, oggi è il nostro destino. Le nostre Ribat sono state assaltate e distrutte, i nostri pensieri non vengono compresi e siamo perseguitati. Anche noi abbiamo deciso di scomparire alla vista di questa specie di uomini e dobbiamo abbandonare questo nostro ultimo luogo di ascesi, non vi abbiamo mai chiesto di svelarci il vostro segreto, né ve lo chiederemo oggi. Sappiate però che questo luogo fino ad ora rimasto inviolato, può rivelarsi custodia sicura per ciò che avete portato con voi. Pozzi segreti e ben occultati non saranno mai scoperti da chi non conosce i percorsi degli oscuri anditi, sarà per tutti sempre pericoloso addentrarsi fra le mille trappole, tese all'interno delle nostre grotte. Se volete, potrete celare qui il vostro segreto, in attesa di tempi migliori. Il nostro ed il vostro onore saranno la garanzia che il segreto non verrà tradito».

«Fratello cavaliere, mai dubitammo del vostro onore e dello spirito della cavalleria che lo anima. Vi siamo grati e condividiamo con voi la tristezza dei vostri cuori, che è pure la nostra. Gli avvenimenti non ci colgono però impreparati, il nostro Maestro conosce bene le difficoltà ed i pericoli che aleggiano anche su questo sperduto luogo di meditazione e già da tempo ci sono state date delle direttive sul come comportarci se gli avvenimenti si fossero volti al peggio. Con il pensiero che sto per esprimervi, non abbiamo inteso abusare della vostra ospitalità, ma esso è la risultanza di quello spirito di onore e di cavalleria che voi stesso, poc'anzi, avete voluto ricordare. Gli ordini ricevuti vogliono che sia la vostra fortezza ed i suoi oscuri anditi ad essere sicuro rifugio per il nostro segreto. Stileremo una mappa dopo

aver riposto quanto riteniamo in una profonda ed inaccessibile grotta, preclusa a chi non ne conosce la via. Insieme, poi, abbandoneremo questi luoghi, sotto la guida dell'Altissimo, dell'Ineffabile, dell'Impronunciabile».

I due uomini si separano ed ognuno attende a quanto è necessario fare. Non vi è motivo di parole inutili, di gesti, di saluti, la ruota della Fortuna continua a girare.

Almoravidi e Almehadi, infine gli Hafsidi prendono il potere in tutto il Nord Africa.

Anche la setta del Vecchio della montagna dovrà abbandonare le Ribat e divenire segreta.

I vecchi forti vengono abbandonati, i cavalieri Ismailiti si rifugiano in loro stessi e scompaiono agli occhi del mondo.

I Templari sono andati via e, fra le montagne della Luna, rimane solo il loro sogno.

Un passo indietro: a Genova

Ma ritorniamo indietro nel tempo, per ritrovarci in quel di Genova, e precisamente sul molo. È il momento nel quale è scattato l'agguato teso dagli sgherri di Filippo ai cavalieri che, forse resi un po' disattenti dai frenetici preparativi per la partenza, non hanno avuto quell'opportuna attenzione, visto il momento delicato, e si sono fatti sorprendere in un assalto, dal quale solo la loro prontezza nel rintuzzarlo li ha salvati da una sconfitta che avrebbe potuto inficiare l'esito della loro missione e del progetto tutto.

Se breve è stato lo scontro, il sangue non è mancato. Alcuni cavalieri sono stati presi alla sprovvista e ora giacciono morti accanto agli assalitori che, fortunosamente, sono stati sopraffatti dagli altri Templari prontamente accorsi e che hanno fatto valere, su quei sicari, il valore delle loro armi e l'ardore nel combattere.

Visto il fallimento di quello che doveva essere un veloce e vittorioso colpo di mano, quelli che sono potuti sfuggire alle lame dei cavalieri si sono dati ad una fuga precipitosa e si sono confusi con la moltitudine che affolla le strette vie del quartiere a ridosso del porto. Alcuni loro compagni, che non si erano impegnati nello scontro, avendo avuto ordine di tenersi discosti ed intervenire solo nella remota ipotesi che a qualche estraneo fosse venuto in mente il ghiribizzo di intromettersi, si sono ora mischiati a quei curiosi che, dileguatisi nel momento del tafferuglio, ora ritornano sul luogo dello scontro per vederne gli esiti e per … curiosare, insomma.

Fra coloro che a quell'ora mattutina frequentano il porto, vi è un mercante che, intuito quanto stava per accadere, ha trovato rifugio dietro delle mercanzie, lì accatastate, ed è stato testimone dell'avvenimento in tutte le sue fasi. Nel momento del maggior trambusto, mentre tutti erano intenti a cercare di capire cosa fosse successo, a soccorrere i feriti, a porsi domande, ha colto l'occasione di far sua la giornata.

Nei convulsi momenti dell'attacco e della susseguente scaramuccia, delle casse che ancora dovevano essere caricate si sono aperte ed hanno rovesciato sul molo il loro contenuto. L'attenzione del mercante si è soffermata su un fascio di carte che, più di altre cose, erano alla sua portata e, arraffatele, non ha indugiato a celarle sotto il mantello e poi, confusosi tra la folla accorsa, ha svicolato per portarsi lontano ed in luogo sicuro controllare se un qualche valore potesse avere il bottino di quel giorno.

Ma non è il solo che ha seguito la scena, i compagni delle spie che si erano tenute discoste, lo hanno ben visto ed anche loro sono curiose di accertarsi del valore di quelle carte sottratte.

Nascosti i documenti nelle pieghe del mantello, con la certezza che nessuno ha notato le sue mosse, egli si allontana. È talmente sicuro di sé, che non si preoccupa di controllare se, per un qualche caso, viene seguito, e non si accorge che altri occhi hanno prestato attenzione. Si incammina per la sua strada senza fretta e, senza voltarsi indietro, imbocca la via che percorre abitualmente, per recarsi a casa sua nel ghetto ebraico. Gli occhi continuano a seguirlo a debita distanza e con molta attenzione.

Strada facendo però, un piccolo dubbio si insinua nella mente del mercante: "E se qualcuno ha visto?". Rallenta, si volta, si ferma, si volta un'altra volta, si guarda intorno. Nulla di strano. "Sarà la mia fantasia?", ma si è fatto più cauto, forse è meglio eccedere in prudenza. "Farò una sosta alla Sinagoga", pensa: "Andrò a scambiare quattro chiacchiere con il mio amico rabbino, così mi accheterò".

Girato l'angolo di una ulteriore viuzza, si ritrova nella piazzetta dove vi è la Sinagoga, bussa, e ad aprirgli è proprio il rabbino, suo vecchio amico. Entrano e si mettono comodi a parlare nella stanza del religioso, il mercante racconta degli avvenimenti ai quali quella mattina ha assistito, del trambusto avvenuto sul molo, degli accoltellamenti e dei morti, della fuga degli assalitori e della immediata partenza degli assaliti. Poi, come se nulla fosse, chiede al suo amico se vuole essere così gentile da tenergli in consegna dei documenti, delle carte, egli dice, che non vuole portare con sé. Ha un importante appuntamento d'affari e si preoccupa che gli possano essere sottratte, nel qual caso l'affare potrebbe andare a monte ed egli ne avrebbe un grave danno, anzi, teme di essere seguito e, per uscire, vorrebbe usufruire della porticina sul di dietro. Si è guardato bene dal raccontare il vero.

Il rabbino non fa difficoltà ed egli, dopo averlo ringraziato, esce da una porta secondaria.

Gli occhi che non hanno potuto varcare la soglia della Sinagoga, si sono fermati al riparo di un androne poco discosto e si sono approntati all'attesa.

Il protrarsi di questa, oltre ogni ragionevole tempo, li mette in agitazione, sono diventati irrequieti e si incominciano a domandare se, per caso, non vi sia un'altra uscita e se proprio da questa il mercante si sia allontanato.

Qualche domanda mirata ai bottegai lì intorno, e ci si rende conto che la preda è andata perduta. Si chiede qualche informazione, si cercano riscontri, salta fuori un nome, da qui all'indirizzo dell'abitazione il passo è breve, la gente è sempre pronta a chiacchierare più del dovuto e, specialmente quando trova orecchie disposte ad ascoltare, il parlare diventa sproloquio e le informazioni saltano fuori.

Gli occhi non possono far altro, per il momento, che ritornare alla base, per decidere il da farsi con i pochi compagni rimasti.

Una casa anonima in una via anonima, buone entrambe per confondersi tra la gente. Gli occhi entrano nella casa, salgono una rampa di scale, il bussare in maniera convenzionale fa aprire la porta. Un compagno lievemente ferito si sta fasciando un braccio, un altro beve vino ed impreca, altri due stanno ammazzando il tempo giocando a carte.

All'arrivo del compagno, fioccano le domande: cosa è accaduto dopo la fuga? I Templari hanno preso il largo? Vi sono altri superstiti del loro gruppo? E come mai non si è riunito a loro prima? Forse è accaduta qualche altra cosa che essi ignorano?

Il compagno narra loro la scena come è stata da lui osservata, vista la sua particolare collocazione all'interno del piano stabilito. Accusa i compagni di non essere stati più decisi nel condurre l'imboscata e di come, forse, sia stata sottovalutata la capacità di reazione dei Templari, ma, oramai, quello che doveva essere fatto è stato tentato, si dovranno subire le ire di Filippo, ma forse in qualche modo si potrà, almeno in parte, rimediare a questo loro insuccesso.

Racconta, quindi, del mercante e di come egli si sia impossessato di documenti caduti da una cassa che non era stata ancora caricata sulla nave e, che, durante il trambusto, rovesciatasi, aveva disperso sul molo il suo contenuto.

«Ho seguito il mercante», egli dice, «fra le strette vie del ghetto ebraico, ma poi, essendo egli entrato nella Sinagoga, non ho potuto far altro che attendere la sua uscita per continuare il pedinamento, ma forse si sarà insospettito e l'ho perso, certamente ha usato un'uscita secondaria. Ma non mi sono perso d'animo, ho chiesto qua e là ed ora so dove egli abita, se recuperiamo le carte, forse, queste, ci diranno qualche cosa di interessante, ed allora, se così è, non avremmo un totale fallimento, ed almeno re Filippo sarà meno adirato con noi».

Non vi è tempo da perdere e le spie decidono che è il caso di agire quella notte stessa, per impedire al mercante di leggere le carte sottratte e, eventualmente, nasconderle in un altro luogo che non sia la sua casa e, quindi, di più difficile accesso.

Aspettata la sera, escono dalla anonima casa e, alla spicciolata, ognuno seguendo un differente percorso, si ritrovano nella via dove abita il mercante.

La loro irruzione sorprende il pover'uomo nel sonno, egli non ha il tempo per reagire, ma neanche la forza di difendersi data la sua non più giovane età.

Lo legano ad una sedia e giù botte per farlo parlare. La violenza usata e lo spavento subito, non producono altro effetto che dare un ultimo e definitivo colpo al suo cuore malandato per l'età, ed egli muore senza aver detto niente.

«Che sfortuna! Ma questa mala sorte dovrà pur cambiare. Perquisiamo le stanze, svuotiamo cassetti e bauli, le carte dovranno saltare fuori», ma ... niente.

Avviliti, gli uomini si fermano e guardano il compagno che li ha condotti lì, che fare? E se il mercante ha lasciato le carte alla Sinagoga perché non si sentiva tranquillo ad averle con sé? Potrebbe essere la soluzione, ma bisogna far presto, la notizia della sua morte, se giungesse al rabbino, potrebbe indurlo a riflettere sul colloquio avuto il giorno prima ed a collegare la morte dell'amico, con le carte che, quasi sicuramente, sono in suo possesso. Bisogna andare alla Sinagoga per intimorire quell'uomo e farsi dare le carte.

In fretta in fretta, raggiungono la loro destinazione e, scardinata una finestra, irrompono nelle stanze del rabbino che, per loro sfortuna, non si è andato ancora a coricare e non dorme come essi si auguravano. Egli è intento alle preghiere ed il rumore che inevitabilmente essi producono, fa sì che non ci sia più la sorpresa; grida, grida con tutte le sue forze, teme che ladri vogliano rubare oggetti sacri, grida e con le sue urla non solo frena l'impeto degli assalitori, ma richiama gli altri confratelli presenti nella costruzione, ne viene fuori che, urla su urla, grida su grida, tutta la strada è in subbuglio. I vicini escono dalle loro case, le pattuglie di ronda si dirigono velocemente verso il luogo da dove provengono quelle invocazioni di aiuto ed ai nostri sicari non rimane che svignarsela, ma non è così facile, una piccola folla li ha circondati e l'arrivo delle guardie fa il resto. Tentano una reazione, ma è inutile, i loro coltelli non sono sufficienti contro le picche dei soldati e tutti e cinque vengono uccisi. Questa è la fine e Filippo non saprà mai di quelle carte e del loro contenuto.

Sedato il trambusto, le guardie vengono informate che purtroppo il rabbino è morto, una coltellata, un inutile tentativo per impedirgli di gridare, ha posto fine ai suoi giorni.

L'indomani ai religiosi della Sinagoga non rimane altro che comporre per la sepoltura il corpo del loro confratello. Compiuto il triste ufficio, vi è da sistemare la stanza, riunire quanto appartenuto all'ucciso in qualche cassa e riporre questa in solaio, in attesa che le sue cose possano essere richieste da qualche suo parente.

Nulla essi sanno dell'incontro del giorno antecedente con il mercante, nulla delle carte, nulla di Filippo e dei Templari.

Dei documenti, si perderà memoria.

E ... gli altri cavalieri rimasti in Europa?

Oramai l'Ordine è stato decapitato. I cavalieri, rimasti senza guida, hanno ricevuto solo poche e confuse indicazioni su cosa poter o dover fare. Il Gran Maestro è morto e, con lui, molti alti dignitari o hanno perso la vita o sono stati imprigionati, senza che di essi si abbiano più notizie. Così i più anziani o i malati hanno trovato accoglienza nei vari monasteri, che tante donazioni hanno ricevuto dal Tempio. I più giovani, ancora desiderosi di combattere, sono confluiti in altri ordini cavallereschi, altri ancora rimangono isolati e si disperdono.

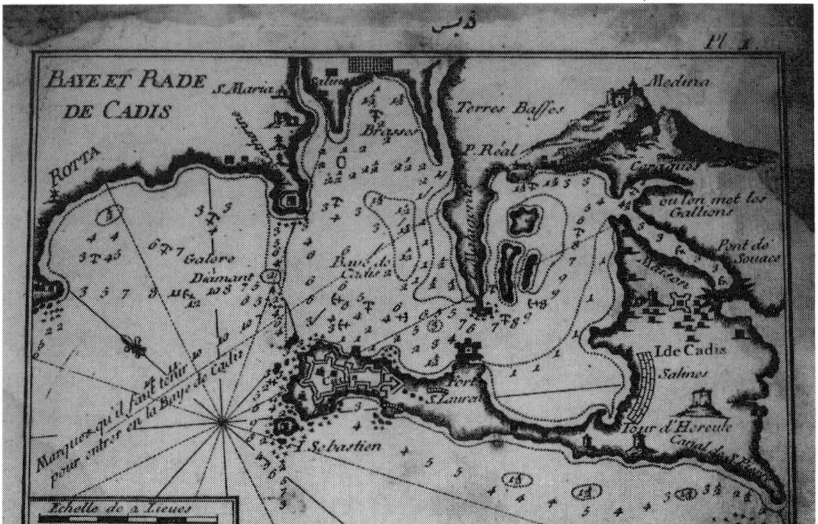

In Inghilterra si mimetizzano, in Spagna ed in Portogallo continuano a combattere i saraceni, in Italia la poesia e la letteratura sono il proseguo dei loro pensieri e della loro filosofia; il Dolce stil novo è il naturale evolversi di una cavalleria che, non più combattente sul campo di battaglia, affila le sue armi per divenire quella cavalleria spirituale che, con i Fedeli d'Amore, manterrà vivi i concetti, le aspirazioni, i propositi dei Templari.

Nella penisola iberica, per consentire loro di proseguire al sicuro nell'opera, don Dionigi, Re del Portogallo, muta il nome ed essi diventano l'Ordine dei cavalieri di Cristo. Il Re è sempre stato un grande ammiratore del Tempio ed è grato ai Templari per aver combattuto i mori nelle sue terre, vuole che continuino a combattere e, pertanto, non solo li protegge, ma fa loro grandi doni.

Tomar diviene la sede di questo nuovo Ordine, prosecuzione del Tempio. Da tutta l'Europa vi confluiscono i cavalieri sbandati che, al sicuro dentro le poderose mura di questa fortezza, possono continuare ad essere vivi nei loro ideali e proseguire la loro opera.

Ai cavalieri, arroccati nel turrito castello, giungono scarne e confuse notizie sul destino di tanti fratelli sparsi in Europa; non si convincono di come l'Ordine sia potuto crollare, così, all'improvviso, senza che il Gran Maestro abbia dato ordini precisi.

I più anziani, nelle discussioni che intrecciano fra di loro, spesso si soffermano sul ricordo di vaghe voci che volevano l'Ordine retto da un consiglio segreto, e, se così fosse, come mai non arriva nessuna notizia? La doppia maestranza che vuole l'Ordine retto da un Maestro segreto e da un Maestro di battaglia è stata annientata? E se il Maestro segreto è ancora vivo, perché non si manifesta, almeno, inviando loro degli ordini? Quale è il segreto del quale si mormorava, così tenacemente nascosto e per custodire il quale forse l'Ordine stesso si è immolato?

Questi sono i temi principali di tante discussioni che i cavalieri imbastiscono fra di loro. I dubbi aumentano, le incertezze, l'arrivo di notizie portate da cavalieri provenienti dalla terra di Francia che hanno vissuto più da vicino la persecuzione, fratelli che forse sanno ed ora hanno paura di parlare, appunti scritti ai margini di libri, diari bruciacchiati, pergamene ritrovate sul fondo di bauli e delle quali si è salvata solo qualche pagina. Si ricomincia lentamente a ricomporre i tasselli ed a farli combaciare, ma non tutto è chiaro, mancano elementi essenziali che li possano aiutare a ricostruire il tutto.

Ad una certezza, però, sono arrivati, fra quanto rinvenuto e ricostruito vi è il racconto di un viaggio fatto da alcuni fratelli, in gran segreto, oltre il mare oceano, alla ricerca di chi sa quali terre, delle quali non si ha conoscenza.

Il segreto del loro Ordine è allora al di là del mare? Bisogna attraversare l'immenso oceano, per avere risposta alle loro domande? E, se così è, quale è la rotta da seguire? Nei cavalieri è nata la speranza che veramente esiste un Ordine segreto e un Gran Maestro che lo regge, in essi si rafforza la convinzione che i fratelli hanno raggiunto queste terre lontane e lì continuano la loro opera, nella salvaguardia di quel segreto che li ha condotti alla distruzione ed al rogo.

Il loro scopo diventa, quindi, di ricercare la rotta che li possa portare in quelle terre, per ricongiungersi a questa ipotetica frangia segreta dell'Ordine. A tal uopo, incominciano a sovvenzionare spedizioni

ed a raccogliere varie informazioni su terre lontane, venti e correnti, rotte da seguire, racconti di marinai che, colti da tempeste, hanno avuto la ventura di vedere strani luoghi abitati da uomini differenti, narrazioni dei vichinghi che seguono le rotte del Nord.

Tutte le notizie così raccolte, diventano una massa enorme di informazioni e di documenti, si incomincia a rivedere carte geografiche che disegnano nuovi contorni alle terre fino ad ora note. Le conoscenze sono così tante e così interessanti che Enrico, infante del Portogallo (1394-1460), detto il Navigatore, fonda il centro cartografico di Sagres. In quel momento egli è pure il Maestro dell'Ordine dei Cavalieri di Cristo.

IV Intermezzo

Il luogo: un luogo imprecisato in una città imprecisata.

Il tempo: un tempo imprecisato intorno al 1400.

Il Maestro Segreto, come da abitudine, ha indetto una riunione periodica per informare tutti i fratelli dello svolgersi degli eventi che hanno un interesse per il Tempio, e sugli sviluppi del progetto.

I Oratore: «Nessun Sole nuovo brilla per il nostro amato Ordine, chi sa quanto tempo ancora dovremo aspettare per ritornare allo scoperto ed indicare agli uomini, che così poca fede hanno avuto, la strada che abbiamo sempre inteso intraprendere, per portare ad un

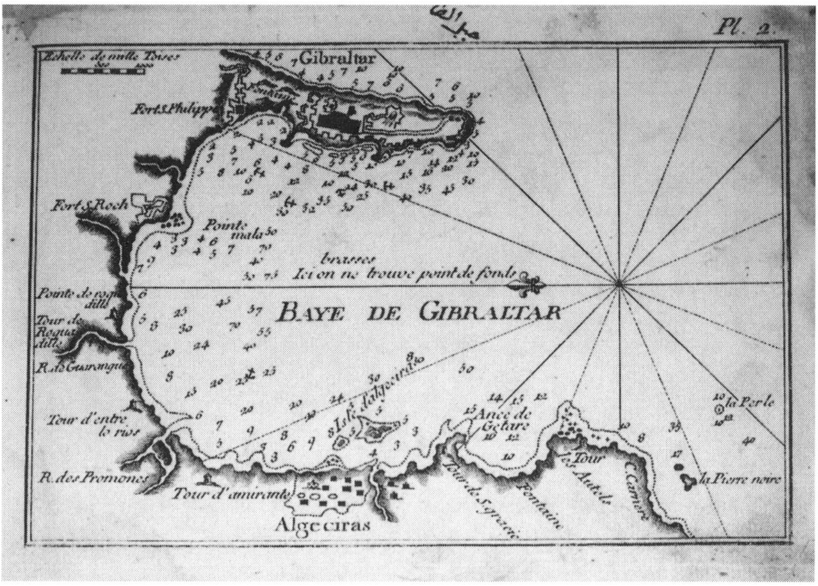

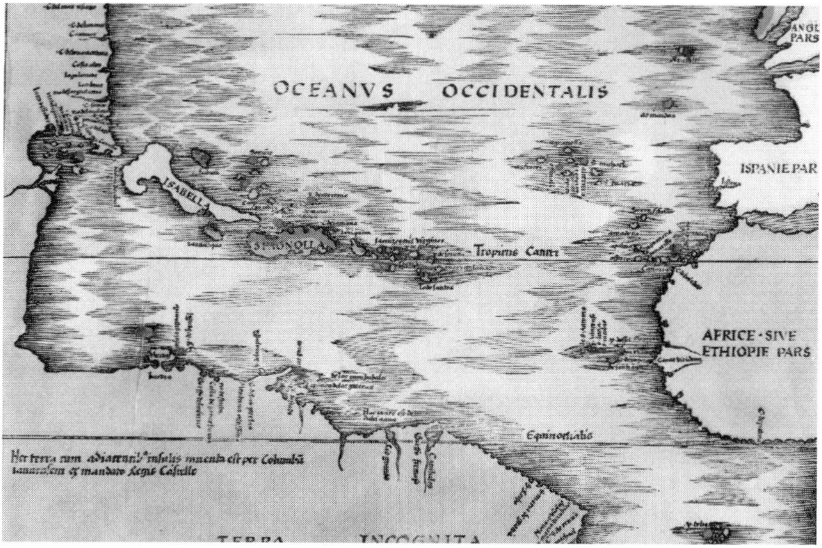

nuovo corso la storia del nostro continente e delle sue genti; ma se su questo fronte non vi sono novità, se non il quotidiano seguire silenziosamente la nostra via, sappiate che i fratelli rifugiatisi a Tomar, sotto la protezione del Re del Portogallo, hanno fatto importanti passi verso la comprensione di tanti misteri, dei quali non sono mai stati messi a parte. Hanno raccolto dicerie su di una ipotetica branca segreta dell'Ordine e, dalle ipotesi, sono passati ad una attenta e minuziosa ricerca. Poi, trovate alcune carte che chi sa come, confuse con altre, sono sfuggite ad un nostro controllo, hanno intuito del viaggio fatto oltre oceano da alcuni nostri fratelli, alla ricerca di un segreto lì custodito e hanno incominciato a raccogliere informazioni su terre lontane e rotte da seguire. È bene che lo spirito dell'Ordine si mantenga vivo, pertanto ritengo che non è il caso di ostacolare, per il momento, quanto i nostri fratelli stanno tentando, potrebbe essere il loro operato la scintilla che farà scoccare un nuovo corso».

Il I oratore conclude così il suo dire e i fratelli, congedatisi, ritornano a scomparire in quelle nebbie che l'Ordine vuole che li avvolgano, fino a quando non verrà il momento.

Un secolo è passato ...

Un secolo è passato, tanti avvenimenti hanno mutato gli uomini ed il loro vivere, nuove scoperte e nuove conoscenze hanno spalancato porte fino ad allora rimaste chiuse e che hanno impedito di vedere oltre.

Ma, per la gente comune, il vivere quotidiano continua così come sempre.

A Genova ha aperto bottega di lanaiolo la famiglia Colombo e il figlio Cristoforo si divide fra la professione paterna e la passione per il mare.

Al porto lo conoscono tutti, egli domanda dei carichi e delle loro destinazioni, si informa sui venti e sulle tempeste del grande mare, vuole sapere come si costruisce una nave e come sia giusto navigare, insomma è un eterno domandare, che non sempre viene soddisfatto dai marinai che, una volta a terra, hanno ben altro a cui interessarsi. Solo i più vecchi, stanchi del loro passato, trascorrono le giornate al porto e amano raccontare. Cristoforo è un instancabile ascoltatore.

La famiglia Colombo è di origine ebraica e, come tante altre, ha seguito il suggerimento, dato nell'XI secolo da rabbi Samuel, una raccomandazione per tutti gli ebrei, di farsi battezzare e convertirsi al cristianesimo per poter occupare cariche e posizioni chiave precluse agli ebrei, e per meglio confondersi e non subire persecuzioni.

La famiglia Colombo ha seguito, come altre, questo suggerimento non perché vi fosse un'aspirazione a conseguire chi sa quale

potere ma, molto più semplicemente, per lavorare in pace. In ogni caso sono rimasti sempre di religione ebraica e, se pur nascostamente, continuano a frequentare la Sinagoga. Da un po' di tempo, sono i fornitori di quanto alla Sinagoga necessita: stoffe o quant'altro è di pertinenza del loro mestiere. Così, anche se con discrezione, sono diventati più assidui, senza destare sospetti. A Genova non sono comunque i soli che, apparentemente convertiti al cristianesimo, frequentano la Sinagoga, agli occhi del mondo fedeli seguaci di Roma, ma nel loro intimo ancora legati al loro credo, ritengono che sia più utile non apparire pubblicamente e continuare in questa loro finzione.

Ma ritorniamo alla famiglia Colombo. Un bel giorno, al giovane Cristoforo, entrato nelle grazie del rabbino capo, viene chiesto se può interessarsi per la pulizia delle soffitte della Sinagoga, che sono ingombre di ogni genere di cose lasciate a prendere polvere da troppo tempo. Bisogna creare nuovi spazi per altro materiale. L'incarico è di fiducia, perché bisogna catalogare quanto vi è conservato, buttare via l'inutile e riporre con cura quanto ancora potrebbe servire. Si è reso necessario rifare la copertura del tetto e, prima che vengano operai non ebrei, è bene controllare tutto, in quanto vi potrebbero essere vecchi oggetti sacri e paramenti che non si vuole vengano profanati da mani cristiane. Non è che il giovane Colombo sia entusiasta di questa incombenza, ma l'amicizia con il rabbino è importante e non vuole inimicarselo con un rifiuto.

Cristoforo incomincia questo suo noioso lavoro, casse da spostare, vecchi vestiti, oggetti di ogni tipo e polvere, tanta polvere.

Le casse vengono aperte, il contenuto rovistato, messo da parte quanto è ritenuto utile, il resto con molta fatica disceso a piano terra e poi buttato. Il giovane Colombo non ne può più, lui che sogna il mare, nuove terre, avventure, relegato lì, in quella polverosa soffitta a fare un lavoro che lo annoia fino alla morte. Mentre rovista un'altra cassa, pensando: "Ma non finiscono mai", in mezzo ad abiti fradici e che fanno odor di muffa, ritrova un carteggio che, a lui così curioso, non può non suscitare attenzione.

Per puro caso egli ha ritrovato il baule dove è stato riposto quanto apparteneva al rabbino ucciso tanto tempo prima, proprio quel rabbino amico del mercante, il quale aveva sottratto delle carte durante lo scontro fra i Templari e le spie di Filippo. Proprio a questo egli aveva affidato quei documenti che nessuno dei due aveva potuto leggere, perché morti prematuramente ed improvvisamente per mano di sicari i quali quelle carte cercavano e delle quali non erano riusciti ad entrare in possesso, nonostante i loro sforzi e due omicidi.

Stanco di rovistare e di riempirsi di polvere, il giovane Colombo decide di prendersi quello che, ritiene, sia un meritato riposo. Non ne può più, ed ora è venuto il momento di fare ciò che a lui piace, cercare un'avventura fra quei rotoli che sanno tanto di misterioso.

Egli non è in grado di interpretare vecchie scritture, ma una mappa nautica, quella sì che la sa leggere, e fra quelle carte vi è proprio disegnata una rotta.

Fatta finire, più presto del solito, la giornata di lavoro, si avvia verso casa, e nella tranquillità della sua stanza potrà leggere meglio e cercare di capire cosa vi è scritto. Per la rotta tracciata non ci dovrebbero essere problemi, si sente un provetto marinaio e già immagina qualche avventura che lo conduca verso terre lontane.

Dopo parecchi giorni, passati inutilmente a cercare di comprendere quella vecchia scrittura, non trova altra soluzione che confidarsi con il padre. A chi rivolgersi, se non all'amico rabbino, per capire quanto in esse vi è scritto?

Aver sottratto le carte è stata un'azione scorretta. In quel modo, è stata tradita la fiducia che il rabbino riponeva in lui, ma il padre saprà calmare le sicure ire del religioso, facendo presente la giovane età del figliolo e la sua smania di navigare e di avventure.

Con la scusa di mostrare nuove pezze di lana, ideali per paramenti sacri, si recano alla Sinagoga, ma il rabbino è occupato, bisognerà ritornare un altro giorno. L'ansia di Cristoforo è tanta. Bisogna imparare ad attendere pazientemente.

Dopo alcuni giorni, padre e figlio vengono convocati per mostrare la loro mercanzia all'ignaro rabbino. L'incontro avviene alla presenza di altri religiosi che palpano le stoffe, ne chiedono il prezzo, contrattano, ma ciò non serve ai Colombo, che vogliono restare soli proprio con il rabbino capo.

Finita la contrattazione, stabilito il prezzo ed i tempi per la fornitura di quanto ordinato, il padre, con fare ossequioso, chiede se è possibile avere un incontro privato, perché ha necessità di confidarsi su problemi personali. Data la vecchia amicizia e la familiarità con la quale essi hanno sempre ottenuto i favori del rabbino capo, vengono invitati ad accomodarsi nelle sue stanze, dove avranno agio di parlare indisturbati.

«Rabbino, nel riassettare la soffitta, mio figlio ha trovato queste carte, sventato come è, preso dalla smania di avventure, ha mancato nei vostri riguardi, non avvertendovi di quanto rinvenuto, ma portandolo indebitamente con sé. Però egli è un ragazzo di cui potersi fidare e, preso dal rimorso per quanto fatto, si è confidato, ed ora siamo qui a chiedere il vostro perdono e nel contempo ad illustrarvi quel poco che dalla lettura di queste siamo riusciti a comprendere. Per quanto concerne la rotta tracciata in una pergamena, mio figlio ritiene di essere un buon navigatore ed un conoscitore di mappe e, per lui, essa non è altro che una via per poter raggiungere terre sconosciute, che celano immense ricchezze. Non sarebbe il caso che voi gli deste una lettura, come la vostra sapienza sa fare e, se è il caso, vedere di poterne trarre beneficio?».

«La sventatezza è una caratteristica della giovane età, ma il pentimento dimostra i buoni sentimenti nei quali avete cresciuto il vostro figliolo. Non ho motivo di perdonarvi. Il pentimento è già un perdono. Vedrò queste carte con attenzione e con la massima riservatezza e, se ci sarà qualche cosa per voi, ve lo farò sapere».

Così il rabbino congeda i due Colombo, ai quali non resta altro che attendere.

L'istruzione e gli studi fatti sono sufficienti al rabbino per poter leggere quanto consegnatogli dai Colombo, il suo intuito, poi, fa il resto.

Queste antiche carte rivestono un'importanza eccezionale e possono diventare un'opportunità. La loro lettura ha richiesto del tempo, però ora è chiaro che queste indicano una rotta verso una terra sconosciuta, terra ricca di oro e di argento, terra adatta ad essere la soluzione per quanto sta avvenendo, in Europa, al popolo di Israele.

Uno strisciante antisemitismo sta riesumando vecchi odi, e l'opportunità che presentano quelle carte è proprio questa.

Una profezia di Isaia, che indica la possibilità di nuovi cicli e nuove terre e dove si vagheggia della tribù perduta di Israele.

Perché non sfruttare l'opportunità che queste carte offrono e condurre al sicuro, al di là del mare, in una terra ricchissima il popolo ebraico?

Portare avanti questo progetto ed avere la certezza della sua realizzazione, non può essere compito della sola comunità di Genova. È necessario che intervengano ben altri personaggi e tutti i fratelli sparsi per l'Europa dovranno dare il loro proficuo apporto.

Il tempo necessario non sarà breve, ma neanche ci si può permettere di protrarre di molto una sua, eventuale, realizzazione; tempi difficili incombono ed il segreto sarà necessario, per non insospettire i potenti.

La spedizione che si dovrà intraprendere, dovrà avere come comandante un uomo fidato e, visto che il giovane Cristoforo è ansioso d'avventure, che parta, si impratichisca nelle rotte che conducono alle Azzorre ed alle Canarie, ed impari a governare nell'oceano tempestoso. Nel frattempo, il rabbino capo di Genova intesserà quei complici rapporti che saranno necessari.

La fortuna vuole che potente cardinale sia Giovan Battista Cybo, che salirà al soglio di Pietro con il nome di Innocenzo VIII (Genova 1432 - Roma 1492). Il nonno di questi, aveva deciso di convertirsi al cristianesimo, secondo le indicazioni di rabbi Samuel. Il padre, Aharon, aveva cercato di mimetizzarsi, nonostante l'evidente discendenza ebraica del suo nome, e, per sembrare più credibile, aveva mandato il figlio in seminario, facendogli intraprendere la carriera ecclesiastica, nella quale si distinguerà in modo tale da essere eletto Papa nel 1484.

Uomo ambizioso, avido di denaro, con molti pochi scrupoli, fin da quando era stato eletto cardinale nel 1473 aveva intessuto rapporti economici con i Medici di Firenze mantenendo, anche da Papa, la società con la quale, insieme a Lorenzo il Magnifico, sfruttava il monopolio del commercio dell'allume. Il sodalizio con i Medici diverrà talmente stretto, da indurlo a nominare cardinale, a soli tredici anni, il figlio di Lorenzo, Giovanni, che sarà Sommo Pontefice con il nome di Leone X (1513-1521). Simoniaco e nepotista, padre di due figli, Teodorina e Franceschetto, che riconoscerà concedendo loro onori e feudi. Tale era il cardinale sul quale si poteva contare per l'impresa.

Giovanni Bicci, capostipite della famiglia Medici, aveva incominciato la sua fortuna di mercante facendo da prestanome a commercianti ebrei; con questi aveva mantenuto sempre buoni rapporti, pur non essendo, egli stesso, di origine ebraica. I suoi discendenti non gli erano stati da meno nella protezione degli ebrei e Lorenzo si era pesantemente esposto, pressando alla corte del Re di Francia per la liberazione di Pico della Mirandola, discendente da una famiglia sospettata di essere di ebrei convertiti.

L'apporto del cardinale sarà di vitale importanza anche perché, così, si potranno muovere le relazioni diplomatiche dei Medici e si potrà avere accesso ad importanti documenti. In possesso di Lorenzo vi è la famosa geografia di Tolomeo, portata dall'Oriente da Emanuele Crisolora e tradotta da Jacopo Angeli; saranno questi scritti lo scudo dietro cui proteggere il segreto della rotta per le nuove terre, insieme alle argomentazioni e le ipotesi dell'antico e famoso autore.

Vi è un passaggio delicato da compiere. Bisogna recarsi a Tomar e tentare di accedere nel luogo dove è conservata tutta la cartografia raccolta. Consultarla e scoprire i segreti nascosti a Segres non è però cosa facile.

È il 1476 e, sull'onda di un falso naufragio, Cristoforo Colombo arriva in Portogallo, dove, di lì a qualche anno, sposa Felipa Moniz Perestrello, di famiglia originaria di Piacenza e di ebrei convertiti, il cui padre è riuscito ad insinuarsi nelle grazie del Re, Enrico detto il Navigatore, fatto questo che gli consente di poter consultare i cartsi fa ricevere a corte ed a pubblicizzare l'idea che si possa raggiungere l'Oriente, navigando verso Occidente, nascondendo, naturalmente, che nel mezzo di questo percorso vi è la nuova terra.

V Intermezzo

Anno 1484, le rovine del castello dei Catari di Montsegur.

I Templari, richiamati in quel luogo dal Maestro segreto, sono in attesa di ascoltare cosa egli ha da riferire.

I Oratore: «Questo Cristoforo Colombo, mezzo cristiano e mezzo ebreo, non ci siamo accorti neanche della sua esistenza, ma sicuramente egli non è altro che la punta di una piramide nascosta dalle sabbie.

Non è possibile che, da solo, abbia fatto tanta strada. Da dove avrà attinto notizie della terra al di là del mare, che i nostri confratelli visitarono tanto tempo fa e dove hanno nascosto l'oggetto che tanto bramiamo avere, ma che, per il momento, ci è preda irraggiungibile?

La comunità ebraica è in fermento, ci saranno loro alle sue spalle? E poi, questo Papa appena eletto? Avranno attinto a carte sottratte, con l'arresto dei nostri fratelli in Francia,

al tempo del de Molay? Ed allora le indiscrezioni provengono da Roma?

Questo Papa non mi piace, si dice che abbia origini ebraiche, sarà vero? Non credo però che sappiano del nostro segreto ma rimane pericoloso il fatto che si vogliano raggiungere queste terre. Potrebbe accadere di tutto. Per puro caso, ciò che tanto faticosamente abbiamo sottratto dalla piramide e ben nascosto, per un fato a noi avverso potrebbe essere scoperto. E poi, i vagheggiamenti su di una tribù di Israele scomparsa, che se ne vadano, se vogliono, ma non nelle nostre terre.

Bisogna mettere sull'avviso, e segretamente, i fratelli a Tomar, con molta discrezione, come se una idea di contrastare il progetto di Colombo provenisse da loro, dovranno agire per impedire questo viaggio. È tutto, fratelli, e che ognuno assolva ai suoi compiti».

Fra Portogallo e Spagna

In Portogallo, i Templari sono molto potenti. Stimolati ed attenti a quanto sta avvenendo, intuiscono l'inganno e tentano di rendere vani i tentativi di Colombo, che briga per avere a disposizione delle navi per poter intraprendere il viaggio. Essi ritengono che, se non si trovano appoggi in Portogallo, tutto il progetto sarà destinato a sfumare.

I cavalieri non immaginano di quanto forte sia il potere economico che le comunità ebraiche sono disposte a mettere sul piatto della bilancia affinché questo penda in loro favore.

Per nulla scoraggiato, Colombo, visti gli appoggi sui quali può contare, nel 1485 si sposta in Spagna, dove il cammino gli è stato spianato da Santangel, gran tesoriere del regno, ed anch'egli inserito in questa macchinazione.

Questo oscuro marinaio viene ricevuto alla corte spagnola e, per dargli la possibilità di poter dimostrare le sue tesi, il Re e la Regina convocano un consiglio di saggi che dovranno valutare quanto egli ha da dire.

Il consiglio ha i suoi tempi e Cristoforo, non potendo più partire da Tomar, deve studiare la nuova rotta che dalle coste spagnole lo porti fino alla sua destinazione. Si imbarca, costeggia i litorali africani, le Canarie e le Azzorre, tocca l'Islanda per rendersi conto della corrente del golfo e del suo movimento. Ritorna in Spagna, dove lo attende la notizia che i fondi per la spedizione sono stati raccolti dalla comunità ebraica, e che si attende solo il benestare della regina Isabella per partire.

VI Intermezzo

Abbazia di Chiaravalle vicino Milano, gennaio 1491.

I Oratore: «Nella pace di quest'abbazia, retta da quei monaci tanto cari al nostro Ordine, oggi, ho voluto qui riunirvi perché ho bisogno del vostro consiglio in seguito a quanto è già accaduto e si appresta ad accadere. La comunità ebraica spagnola, avvalendosi dell'opera di un tal Colombo, è quasi riuscita a convincere i reali di Spagna a concedere loro di armare delle navi per seguire una nuova rotta, che possa arrivare alle Indie. Noi sappiamo che questo percorso conduce a quelle terre già visitate dai nostri confratelli tanto tempo fa e, non volendo mettere a repentaglio le nostre conoscenze, abbiamo tentato di fermare questo progetto dando, con la necessaria precauzione, delle informazioni ai nostri fratelli portoghesi, che nulla sanno del ramo segreto dell'Ordine e dei suoi scopi; ma essi, mi pare, hanno fallito; se hanno costretto Colombo a spostarsi in Spagna, non sono riusciti ad impedirne la spedizione e si sono incaponiti nel cercare, loro, una rotta per le terre sconosciute, perdendosi nell'esplorazione dell'Africa. Ora chiedo a voi, cosa è opportuno fare? Dobbiamo lasciare che il destino scorra e poi prendere le opportune decisioni, o è il caso di nuovi tentativi per impedire questo malaugurato viaggio? Di una cosa sono certo, nulla si conosce del nostro segreto e del luogo dove è custodito».

II Oratore: «Se, come voi dite, il nostro segreto è al sicuro, che vadano, ci apriranno la strada per raggiungere quelle terre senza destare sospetti».

III Oratore: «Non mi sento tranquillo a sapere che degli ebrei intraprendano questa avventura, ci sono sempre stati ostili ed è gente che non dimentica».

IV Oratore: «Gli ebrei, che eterna ossessione! Mi preoccuperei di più del Papa e dei suoi amici, i Medici, tanto attaccati al danaro come sono. E se, fra le carte sottratte al nostro Ordine, vi è indicazione di quanto scoperto e del suo nascondiglio, chi, se non il Pontefice, ne può essere venuto a conoscenza, ed ora intende sfruttarle? Io proporrei che se vi è qualcuno da fermare è proprio il Papa con i suoi amici».

I Oratore: «Sì, forse è vero, lasciamo che questo Colombo parta, ci spianerà la strada, ma accogliamo pure ciò che il nostro fratello ha suggerito, fermiamo il Papa ed i signori di Firenze».

II Oratore: «Maestro, a chi affideremo questo compito?».

I Oratore: «I nostri fratelli di Toscana dovranno assolvere a questo compito».

IV Oratore: «Maestro, perdonate il mio ardire, ma dato che i fratelli a Tomar hanno poco compreso, sarebbe il caso di non correre rischi di incomprensioni anche con i fratelli in Toscana; bisogna far uscire allo scoperto un nostro fratello segreto e, con le giuste indicazioni, mandarlo in Spagna e sostenerlo in un viaggio che emuli quello che sta tentando Colombo di modo che si possa unire l'intendimento di fermare il Papa ed i Medici con quello di essere noi a raggiungere le coste delle nuove terre».

I Oratore: «Si può fare, fratello mio, se Firenze deve essere il centro della nostra azione, che sia un fiorentino, daremo incarico al fratello Amerigo Vespucci di tirare le fila a Firenze e, nel contempo, lo invieremo in Spagna, sotto le mentite spoglie di agente commerciale, per tentare l'impresa».

Spagna

Da poco Granada è caduta, ed ora Isabella e Ferdinando possono dire di essere a capo di un grande regno ed aspirare a più alte ambizioni. Con il miraggio di poter accedere a grandi ricchezze e conquiste, l'animo avido di Isabella si è acceso ma, se pur avida, non è una stolta. Ha programmato la riunificazione del suo paese con grande astuzia e capacità, è riuscita a sconfiggere i mori con grandi sacrifici e, ora, non potrà essere un marinaio a prenderla in giro.

Da tempo i suoi agenti si sono infiltrati, hanno raccolto notizie ed ascoltato malignità, spesso hanno sentito parlare della profezia di un saggio ebreo sul popolo di Israele e sono riusciti a sapere più di quanto era opportuno che si sapesse, ora tutto questo carteggio è nelle mani della Regina.

L'idea del viaggio la affascina; in fondo, cosa ci rimette, sono gli stessi ebrei che ne stanno pagando i costi, se benefici ci saranno ella saprà sfruttarli a suo vantaggio, e poi il vagheggiare di una nuova terra per il popolo ebraico, si vedrà ...

Colombo è convocato a corte, sotto gli auspici della corona, il viaggio può avere inizio. Il 17 aprile 1492, sono stati stretti i patti su ciò che ne verrà a Colombo da questa avventura e quale sarà il guadagno per la Spagna, affronteranno l'oceano tre navi, la Santa Maria al cui comando sarà lo stesso Colombo e poi la Pinta e la Nina, rispettivamente, comandate dai fratelli Alonzo e Vincenzo Pinzon, con loro vi sarà il cartografo Giovanni de la Cosa.

È il 3 agosto 1492 quando questa piccola flotta parte da Palos.

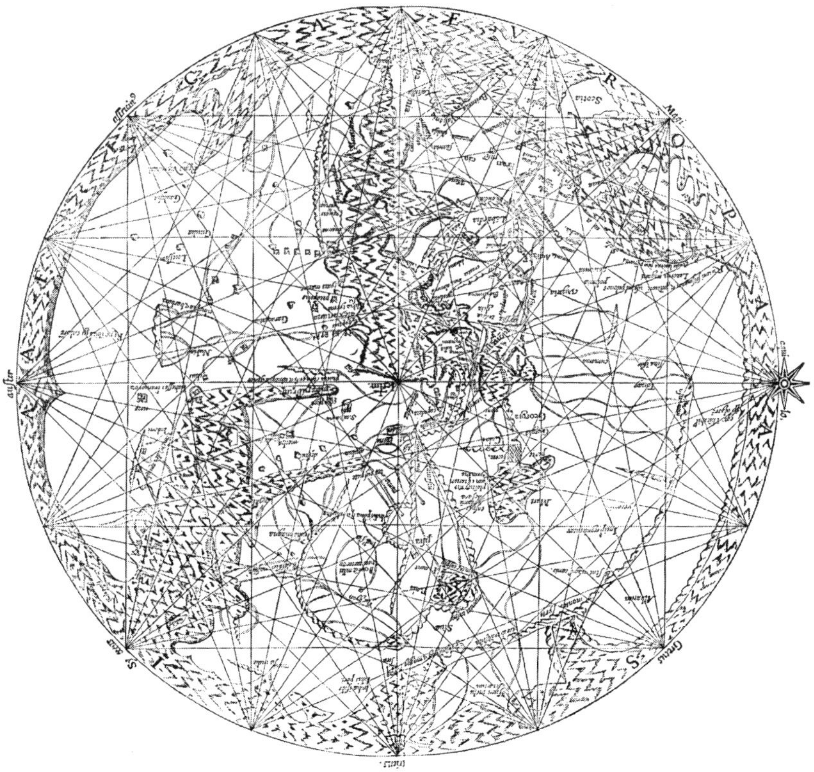

Il progetto, scaturito dalla mente del rabbino di Genova, è in grande ritardo, chi sa se sarà possibile raggiungere questa terra promessa! L'antisemitismo è crescente ed una catastrofe sembra imminente per il popolo di Mosé. La regina Isabella non ha perso tempo, da poco partito Colombo, decreta che, alla fine del 1492, tutti gli ebrei saranno banditi dai territori della Spagna. Addio, terra promessa, una nuova diaspora, "Si vedrà ...", aveva pensato Isabella.

Le navi che fino ad allora erano state abituate a strisciare lungo le coste, si lanciano arditamente verso l'immensità del mare e, il 12 ottobre 1492, Colombo, tocca un'isola che chiamerà San Salvador e, poi, altre ed altre ancora.

La via per il nuovo mondo è aperta.

Intanto in Europa

Ma che cosa sta avvenendo nell'Europa che Colombo ha lasciato?

I Templari non hanno perso tempo, sono state date le dovute informazioni al fratello Vespucci che, uscito allo scoperto, prima di recarsi in Spagna, sotto le false spoglie di agente commerciale, ha già programmato quanto il ramo toscano dell'Ordine dovrà portare a compimento. Raggiunta Cordova nel 1491 e resosi conto della situazione a corte, si è già messo in mostra come valida alternativa al marinaio genovese. A Firenze ha dato ordini perentori, è necessario fermare il Papa ed i Medici.

In Toscana, i Templari si sono mimetizzati, dando vita ad un cenacolo esoterico culturale, di cui hanno fatto parte lo stesso Dante con Guido Cavalcanti, Brunetto Latini, Sordello da Goito ed altri esponenti di quello che è meglio conosciuto come il "Dolce stil novo".

Questi sono i Fedeli d'Amore, diretta emanazione del Tempio ed ora braccio attraverso il quale si compie quanto deve essere fatto.

Prima che giunga notizia delle scoperte di Colombo, muoiono Lorenzo il Magnifico, il papa Innocenzo VIII, lo stesso medico del granduca di Toscana, Pier Leone Leoni da Spoleto e, nel 1494, Pico della Mirandola; sulla loro morte grava il sospetto di veneficio.

Una parte di quello che l'Ordine ha programmato, è stata portata a termine. La morte del Papa ha fatto sì che sieda sul trono di Pietro lo spagnolo Rodrigo Borgia con il nome di Alessandro VI (1492-1503). Eletto il 10 agosto del 1492, mostra subito la sua vera natura di simoniaco, libertino, nepotista, legato alla corona spagnola. Sarà l'ago della bilancia per quanto fra poco dovrà accadere.

La nuova terra

Da oscuro marinaio genovese, Colombo è divenuto lo scopritore del nuovo mondo.

Durante la sua prima traversata non sono mancate avventure, preoccupazioni, spaventi, ma la meta è stata raggiunta. Egli, però, non sa che il vero scopo del suo viaggio è oramai perso.

Non rimane che l'onore e la ricchezza che riceverà in Spagna ma, fatti altri tre viaggi, il sospetto di tradimento lo renderà inviso ai reali e la sua fine sarà ingloriosa. Muore a Valladolid il 20 maggio 1506.

La via, comunque, è stata aperta ed altri affronteranno l'oceano in cerca di gloria.

Ancora non è stata toccata la costa dove erano approdati i Templari, perciò è bene che si programmi una spedizione, con a capo

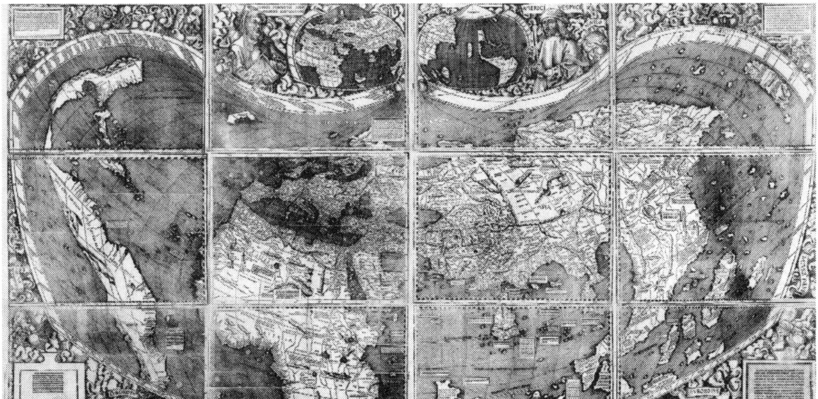

Vespucci. Se si raggiungeranno quelle terre, i cavalieri potranno tentare di rientrare in possesso del loro segreto.

Le nuove scoperte hanno suscitato vari appetiti ed il Papa spagnolo, spinto da un sesto senso, traccia la RAJA, una linea che delimita le zone di influenza fra il cattolicissimo Portogallo e la cattolicissima Spagna.

Il Pontefice vuole, così, evitare degli scontri fra due suoi dilettissimi regni.

Questa linea, che divide l'Atlantico longitudinalmente al centro, per intuizione o per caso, esclude il Portogallo da una qualche influenza sul territorio che è di vitale interesse per i Templari. Amerigo dovrà partire al più presto, ma, nonostante il valore delle sue informazioni, nel 1499 tocca le coste del Sud di questo nuovo continente; sarà lo stesso Colombo che, il 9 maggio 1502, approderà lì dove è l'ombelico del nuovo mondo.

I Templari a Tomar sono sconvolti, non sanno dove sbattere la testa, l'accesso ai luoghi che avrebbero dovuto proteggere è precluso per sempre.

Le spedizioni spagnole si susseguono, grande euforia e grandi ricchezze. I conquistadores partono alla ricerca di oro e di gloria, i grandi Re delle nuove terre sono sconfitti, i popoli resi schiavi. Il bottino si accumula, le grandi piramidi sono violate, ma il segreto dei Templari rimane tale, nessuno chiede e gli indigeni ne hanno perso memoria.

Non vi è necessità di agire, il tesoro è al sicuro.

A Colombo e a chi, con lui, ha programmato l'impresa, non rimane altra soddisfazione se non quella di imporre il nome alla terra scoperta, essa si chiamerà America.

Un antico centro sacro è stata la terra di MO URU, situata ad Ovest nell'Atlantico; MO URU, Amuru, Ameru, sono forme che si incontrano nelle diverse tradizioni; in ebraico, il termine Amorei, significa popolo d'occidente, ed allora perché non chiamare America

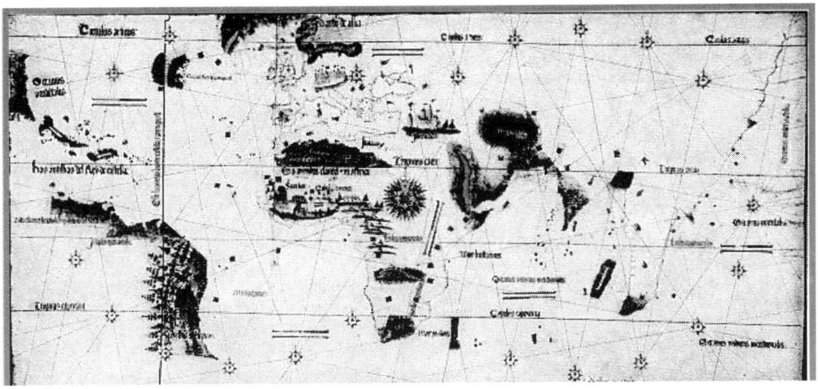

quella terra sulla quale erano state riposte tante speranze, nome testimoniale di quanto era stato fatto?

La nuova terra ora è lì, pronta ad accogliere chiunque vorrà raggiungerla, non sarà la terra promessa per il popolo ebraico, ma sarà la meta alla quale guarderanno i diseredati, per poter rifondare se stessi nelle generazioni a venire.

Nel frattempo il tesoro dei Templari è lì, in silenzio, nascosto in una buia stanza in compagnia di qualche pipistrello, che è riuscito ad insinuarsi nella cavità nascosta, dorme, pronto ad essere risvegliato dalla mano che ne saprà cogliere il segreto.

I nativi del luogo raccontano la leggenda di un Re potentissimo, che trasformava tutto in oro, essa, passando da bocca ad orecchio, si è vieppiù arricchita di mistero e di aggiunte fantastiche. Ai conquistadores è arrivata sotto forma del un Re di un Regno chiamato El Dorado, e tanti vanno alla ricerca di questo fantomatico regno e del suo ricchissimo Re, senza immaginare che regno non è, uomo non è.

Nel segreto e nel silenzio attende, come attende nel segreto e nel silenzio il Maestro dell'Ordine, aspettando che il tempo passi ed il frutto, tanto sospirato, maturi.

Il tempo ha importanza per gli uomini ma non per l'Ordine, esso ha imparato a conteggiare il tempo in secoli e sa che tutto giungerà al momento opportuno.

Il tempio

I tempi mutano, l'avvento della polvere da sparo e delle armi da fuoco hanno cambiato il modo di combattere. Sul campo di battaglia non vi è più bisogno dei vecchi cavalieri armati delle loro spade. Solo l'ideale è rimasto, quello non muore mai.

La fine dell'ultimo Maestro di battaglia, Jacques de Molay, le imprese passate, hanno fatto entrare l'Ordine nel mito. I castelli sono in rovina e i bianchi mantelli non irrompono più seminando terrore sul campo di battaglia, ma lo spirito rimane, rimane in coloro i quali ancora credono, rimane nel segreto dell'Ordine nascosto che, fra le nebbie della storia, continua ad addestrare chi reputa degno di indossare il mantello e la croce.

Diversi cenacoli tentano di appropriarsi del mito, sorgono, un po' ovunque, congregazioni che osano definirsi "Templari", fatui uomini indossano il bianco mantello, facendone sacrilegio. Si vuole gratificare se stessi e liberarsi dal giogo di essere nulla. Pompose sfilate e lauti banchetti, durante i quali viene investito cavaliere, da un sedicente Maestro, chi tiene ad essere considerato qualche cosa e, invece, nulla rimane, mercimonio di titoli e di qualifiche, ipocrisia!

Ma al Tempio questo non importa, tutto serve a tramandarne memoria. L'Ordine segreto non teme questi piccoli uomini, scompariranno nella loro nullità, perché non hanno un ideale, perché non hanno uno spirito.

Il progetto dell'Ordine, che auspicava un'Europa unita, è per il momento tramontato. I grandi stati nazionali hanno preso corpo e

Novice Knights Templar initiate trampling the cross of Christ

ora si combattono fra di loro per una effimera gloria che occupa solo lo spazio di una vita. Re, sì, ma piccoli uomini che, per personale ambizione, non sono riusciti a vedere la grandiosità dell'idea, legata al concetto di "Imperium".

L'Europa non ha pace, guerre e carestie, pestilenze e miseria sono un freno a quella crescita iniziata nelle commende templari e bruscamente interrotta.

Secoli di storia

I decenni scorrono e gli anni diventano secoli, la scienza degli uomini progredisce lentamente, come se il suo passo sia frenato da una zavorra che lo rallenta, la zavorra della mancata libertà, della mancanza di certezze, della confusione generata dalla cupidigia degli uomini e dall'infinito scontro fra il potere spirituale della Chiesa ed il potere temporale dei Re dei nuovi stati nazionali che sorgono.

La miseria degli uomini trova sfogo verso le nuove terre da poco scoperte, ma coloro che le raggiungono non sono sospinti da aneliti di libertà, bensì da quella brama che non hanno potuto appagare in patria.

Lo spirito della cavalleria si è sopito, non più un vessillo al cui garrire gli uomini d'Europa accorrono per cimentarsi in un confronto, ancorché cruento, con una ideologia differente dalla loro.

Ora è la stessa Europa che si confronta contro se stessa. Non vi è più un unico labaro contrassegnato dalla croce, dove tutti sono uguali e fratelli, uniti nello spirito e nell'intento, ma bandiere differenti, il cui contrassegno non è altro che l'altero e cupido stemma di chi è riuscito a bramare di più.

Un fiume, un monte, un'ideale linea di demarcazione, segnata su di una immensa pianura, ecco il confine di un fatuo potere nato dalla prepotenza. Al di là del limite, vi è il nemico, colui che bisogna combattere ed uccidere, quello che prima era il proprio fratello, insieme al quale si intonavano canti di guerra per raggiungere Gerusalemme e liberarla.

Dove è Bernardo? Dove è il concetto di Imperium che, se portato a compimento, avrebbe dato una fantastica spinta al progredire degli uomini? Dove è il Tempio? Ritornerà mai un labaro sotto il quale accorreranno tutti gli uomini per sentirsi di nuovo fratelli?

Tutta l'Europa è scossa dalla brama di potere, che serve ad appagare i pochi; i molti sono lì, inutili pedine di un gioco al quale non vorrebbero partecipare ma che li fagocita nella sua inevitabile crudeltà.

L'Ordine, nel segreto nel quale si è racchiuso, continua ad iniziare gli uomini che ritiene degni di perpetuare un imperituro messaggio. Nell'ombra colloca dove e quando può in posizioni chiave dei cavalieri in maniera tale che si possa agire per mutare il corso di eventi e pilotare la storia verso un momento nel quale gli uomini ed i tempi saranno maturi ed il messaggio si possa risvegliare. Tutto ciò ha bisogno di decenni, e i decenni diventano secoli.

Già la seconda metà del 1300 ha segnato profondamente il costante dissidio fra Francia ed Inghilterra.

Sotto il regno di Giovanni II il Buono (1350-1364), i francesi sono sconfitti a Poitiers e perdono, a favore degli inglesi, buona parte del territorio nazionale. Le dure sconfitte generano rivolte, sia a Parigi, sia nelle campagne sempre più desolate.

Niente di meglio porta il regno di Carlo VI (1380-1422), solo una riscossa capitanata da Giovanna d'Arco, riesce finalmente a dare una vittoria alla Francia che consentirà al re Carlo VII (1422-1461), di porre termine alla così detta Guerra dei Cento Anni.

Dissidi, ribellioni, guerre punteggiano anche il regno di Luigi XI (1461-1483).

L'Inghilterra, anche se vittoriosa in molte occasioni sugli eterni nemici francesi, non è esente da ribellioni e tradimenti: Edoardo III (1327-1377), l'iniziatore della Guerra dei Cento Anni, ed i suoi successori, fino al folle Enrico VI (1422-1461), e poi la guerra delle "Due rose" fra gli York ed i Lancaster, fino ad Enrico VII Tudor (1485-1509), sovrano innovatore che favorisce la nascente industria, il commercio e le attività marinare.

Nella penisola spagnola l'ambizione di Ferdinando d'Aragona e di Isabella di Castiglia,

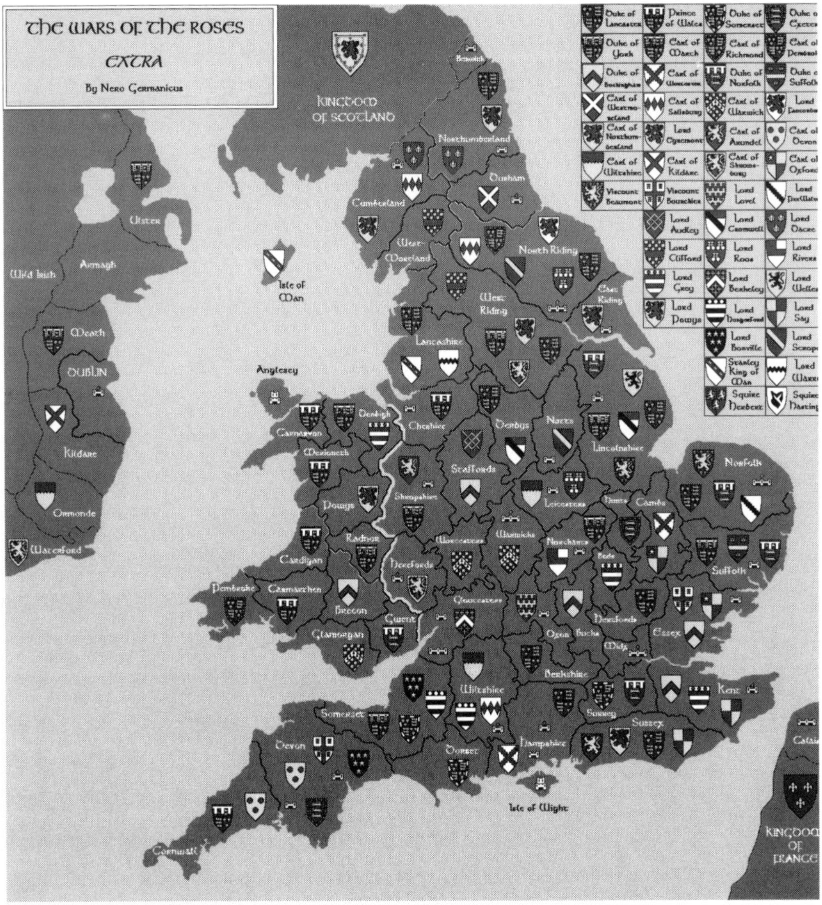

si fondono nel 1469 con il loro matrimonio; la Spagna scaccia totalmente i Mori dalle sue terre e l'Inquisizione, con il suo esecutore, Tommaso Torquemada, ne è il braccio per mantenere un dispotico assolutismo.

Gli stati di lingua tedesca sono nel caos più totale, grandi e piccoli stati, comuni e città libere, tutti sottomessi solo di nome all'autorità imperiale.

Nel 1437, con la morte di Sigismondo, si estingue la casa di Lussemburgo ed il titolo imperiale passa alla casa d'Asburgo.

Alberto II (1437-1439) assume il titolo imperiale ed incomincia l'opera di fondazione dell'impero austriaco.

Ma anche qui le guerre non mancano, fermenti scuotono la Boemia, l'Ungheria ed i domini Sud orientali.

La figura di Mattia Corvino (1458-1490) è l'ideale politico del tempo, arti e lettere ma anche lotte vittoriose contro i turchi. La sua morte decreta la fine di quanto da lui creato.

I territori Nordici con Danimarca, Svezia e Norvegia assumono la dignità di regno, ma anch'essi sono scossi da feroci nazionalismi.

La Polonia, sotto la dinastia degli Jaghelloni (1386-1572), in-

frange, a Tannenberg, nel 1410, il sogno dei cavalieri Teutonici di poter creare un nuovo ordine in Europa. Ma la stabilità polacca è solo effimera. I nobili, schiavi delle loro personali ambizioni, sono i veri arbitri del potere e fonte di destabilizzazione.

Nel quadro della vita europea, la Russia entra solo con Ivan III il Grande (1462-1505), dopo sanguinose lotte contro il potere dei tartari.

L'Italia è divisa fra il dominio delle città marinare, le ambizioni di Ludovico il Moro in Lombardia, i Medici a Firenze ed i Savoia che, non trovando spazio alla loro ambizione in Francia, hanno rivolto lo sguardo alla penisola. Il Sud è in eterna rivolta e, spesso, i Sovrani vengono cacciati o devono abdicare.

Il papato, con Alessandro VI, mantiene con l'arma della scomunica e del ricatto spirituale il potere temporale al centro Italia.

In questo contesto Carlo VIII di Francia, nel 1494, attraversa le Alpi e dà inizio alle lotte per il predominio sulla penisola.

Alleanze, tradimenti, matrimoni, paure reciproche, le eterne ambizioni degli uomini, fanno oscillare l'instabile piatto della bilancia, che determina il predominio ora dell'uno, ora dell'altro.

Non vi è pace per il popolo d'Europa che, ad ogni istante, cambia padrone, costretto a combattere ora con chi gli è stato amico e, poi, con l'antico nemico, contro chi, prima, era stato amico.

Il sorgere del 1500 vede, sul trono di Pietro, Giulio II (Giuliano della Rovere 1503-1513), abile politico e grande mecenate, Papa guerriero, vero Papa Re. Sotto il suo pontificato ecco che viene alla luce e risplende il Rinascimento italiano. Bramante, Raffaello, Michelangelo sono l'avanguardia di quegli uomini che sapranno fare, del loro ingegno, l'arma con la quale riconciliare lo spirito degli uomini.

Ma i funesti cavalieri dell'Apocalisse sono in perenne agguato. La "Lega Santa", e Francesco I scende, con il suo esercito, in Italia nel 1515.

Venti anni di guerre, fra Francesco I e Carlo V, bruciano le pianure d'Europa. Se la pace di Crepy (1544) mette fine a questo oscuro periodo, Enrico II vuole trarre profitto dalle lotte religiose in Germania, ma a lui si oppone Filippo II e, così, guerre continue fino alla momentanea pace di Château Cambresis nel 1559.

Anche dentro la stessa Chiesa vi è del fermento, Papi ed Anti-

papi, vendita di indulgenze, Pontefici nepotisti, sono la rappresentazione di una decadenza morale, che sembra inarrestabile.

Da più parti si invoca per la Chiesa la necessità di una riforma dettata da motivazioni non solo etiche, ma anche dovute al risveglio di un sentimento di nazionalità, come nel caso dei territori tedeschi, per una più equa ripartizione della grande ricchezza, accumulata e mal distribuita, alla lotta della grande feudalità.

Giovanni Huss e Girolamo da Praga, finiscono sul rogo ed appare, prepotentemente, la figura di Martin Lutero (1481-1546) e quella di Giovanni Calvino (1509-1564), che daranno inizio alla "Riforma", segnando pure la nascita della "Contro Riforma", grande moto di reazione della Chiesa di Roma. Periodo, questo, contrassegnato dal Concilio di Trento (1545-1563), nel quale si intravede il momento decisivo di una sistemazione dogmatica e disciplinare, vengono sollevati problemi, quali quello della riconciliazione fra cattolici e protestanti, e definiti i dogmi della dottrina; ma il compendio della "*Professio fidei*

tridentinae" afferma, inequivocabilmente, il principio dell'assolutismo papale. Paolo III (Alessandro Farnese 1534-1549) e Paolo IV (Gian Pietro Carafa 1555-1559) istituiscono, rispettivamente, il tribunale del Santo Uffizio e la Congregazione dell'Indice.

Ignazio di Loyola (1491-1556) fonda la Compagnia di Gesù, braccio del rinnovato integralismo romano, integralismo che, se sul piano religioso dà alla Chiesa una maggiore solidità dogmatica e sacrale, in campo politico, mirando a fare dello Stato il braccio secolare della Chiesa, diviene ancor più motivo di discordie e di lotte.

Gli Asburgo d'Austria e di Spagna, il Re d'Inghilterra, la Francia, continuano a dissanguarsi in aspre contese ed il nuovo secolo (1600) non è migliore del precedente. Re ambiziosi combattono fra di loro e stragi sono compiute in nome della fede (Notte di San Bartolomeo, strage degli Ugonotti 24/25 agosto 1572).

La Francia, con Enrico IV di Borbone (1594-1610), ottiene una posizione di prestigio in Europa; il suo successore, Luigi XIII (1610-43), incontra sulla sua strada il cardinale

Armando du Plessis, duca di Richelieu, uomo ambiziosissimo ma anche di notevoli capacità, che riesce a dare maggiore forza alla monarchia francese. Luigi XIV (1643-1715) può contare an-

che lui su di un astuto cardinale; questi è Giulio Mazzarino che, nonostante l'odio della nobiltà per un ministro non francese, riuscirà a piegare gli Asburgo d'Austria con la pace di Westfalia (1648) e gli Asburgo di Spagna con la pace dei Pirenei (1659).

Ora la Francia è il più potente stato d'Europa.

Solo l'Inghilterra, arroccata nella sua insularità, rimane quasi indenne dai conflitti che bruciano il continente, ma non da quelli che la dilaniano al suo interno.

In Italia, i Savoia, navigando abilmente sulle onde delle vicende della sorte, raf-

forzano le loro posizioni, barcamenandosi in alterne alleanze con Francia, Spagna ed Austria.

Il 1700 vede splendere le fortune di Luigi XIV (1661-1715), il Re Sole. L'aspirazione francese è quella di essere lo Stato egemone su tutto il continente, e così avviene per le fortunate guerre che vedono impegnati gli eserciti del Re su più fronti.

Guerra della lega di Augusta (1686-1697), guerra di successione spagnola (1700-1713), guerra della quadruplice alleanza (1717-1720), guerra di successione polacca (1733-1738), guerra di successione austriaca (1740-1748), guerra dei sette anni (1756-1763).

L'Europa non ha pace e nuovi equilibri, come magicamente si consolidano, in ugual maniera si frantumano nel giro di pochi lustri.

Le campagne sono desolate, la popolazione langue, nuove idee prendono corpo e moti di ribellione incominciano a germinare nell'animo degli uomini.

L'Inghilterra, nel suo isolazionismo, guarda al nuovo mondo e consolida le sue posizioni, facendo veleggiare le sue navi sugli oceani alla ricerca di nuove terre da conquistare. In Russia, Pietro I il Grande (1689-1725) si avvia ad una radicale trasformazione della nazione russa ed al suo ammodernamento.

Ma il Settecento è pure e principalmente il "Secolo dei lumi", in quanto mira ad opporre i lumi della ragione alle tenebre dell'ignoranza e della superstizione; sia nel pensiero sia nella vita, è la continuazione, dell'opera di critica e di liberazione, iniziata nel Rinascimento.

Questa nuova fonte di pensiero riesce ad avere una influenza sempre più preponderante sulle scelte dei grandi e nel quotidiano dei piccoli; esercita la sua influenza sulla cultura, sulla filosofia, sulla religione, sulla politica, sull'economia. John Locke (1632-1704),

David Hume (1711-1766), Dionigi Diderot (1713-1784), Giovanni d'Alambert (1717-1783), Voltaire (Francesco Maria Arouet 1694-1778), Adamo Smith (1723-1790), Gian Giacomo Rousseau (1712-1778), Carlo di Secondat, barone di Montesquieu (1689-1755), Giovan Battista Vico (1668-1744), Pietro Verri (1728-1789), Cesare Beccaria (1738-1794), questi, e molti altri, sono gli uomini del rinnovamento.

Nuovi concetti e nuovi principi smuovono le masse, si parla di politica liberale, si critica la religione, auspicandone una sua interpretazione razionale, si disserta sui principi della sovranità popolare, si incomincia a porre la questione riguardo una monarchia costituzionale, ci si incammina sulla via del concetto di eguaglianza, come libertà dai condizionamenti di un Sovrano o di una classe sociale.

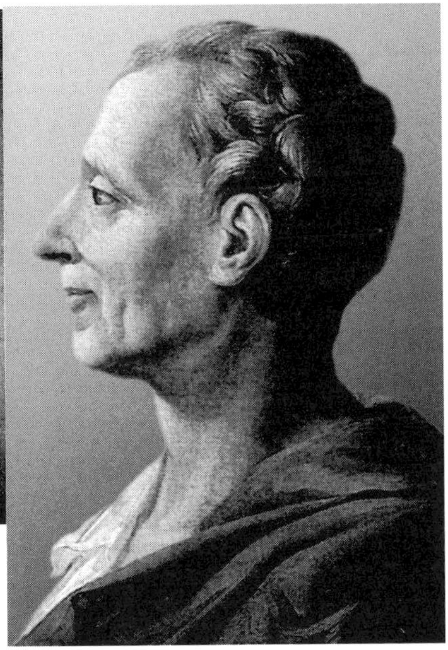

La libertà è indicata quale condizione necessaria per poter produrre ricchezza e benessere e, quindi, gli stati devono concederla per permettere un libero scambio di beni, senza i gravami feudali e gli impacci delle corporazioni.

Si inneggia a riforme giuridiche che devono essere una garanzia per tutti, specialmente dalle vessazioni nelle quali i nobili hanno tenuto, fino ad ora, il popolo sotto un controllo dispotico.

Questo è il nuovo corso, l'anelito che infiamma i cuori e che solo pochi Sovrani hanno la forza ed il coraggio di comprendere, iniziando radicali riforme, in quanto hanno compreso che i tempi sono mutati e nuove istanze premono, prepotentemente, affinché l'Europa intraprenda un nuovo corso.

VII Intermezzo

Ma il settecento ...

Anche gli uomini migliori hanno i loro limiti.

I limiti sono quegli spazi oltre i quali non è consentito passare, perché il sorpassarli rappresenta il voler andare oltre il volere degli Dei.

Lo stesso Remo, nel voler attraversare la linea tracciata da Romolo, viene punito con la morte.

Gli uomini migliori che hanno costellato questi secoli, non hanno osato oltrepassare il limite segnato loro dal destino.

Il Tempio, nonostante abbia infiltrato segretamente i suoi uomini fra le corti d'Europa e nei cenacoli che detengono il potere, affinché potessero, in qualche modo, essere la spinta per un prepotente rinnovamento, non è riuscito a far sì che si trovasse l'uomo giusto, capace di gettare il cuore oltre l'ostacolo.

È venuto il momento di rischiare, dovranno essere loro stessi ad oltrepassare il limite, per essere il motore degli eventi.

Mont Saint-Michel, l'ultimo decennio del 1600, inverno.

Le brume del mare del Nord avvolgono l'abbazia, isolandola, con l'alta marea, dalla terraferma.

Da diversi mesi, il Maestro ha inviato dispacci ai fratelli sparsi in Europa, con l'ingiunzione di raggiungerlo in quel luogo isolato.

Alla spicciolata, il conventum dei cavalieri si è così riunito per una delle tante assemblee, che si sono tenute da sempre in posti differenti e segreti, per decidere sui destini dell'Ordine.

I Oratore: «Benvenuti, fratelli, in questo mistico luogo. Le nebbie che, in questi giorni invernali, avvolgono l'abbazia e il mare divenuto impetuoso, che impedisce il contatto con la terraferma, ci isolano dal

mondo, quasi a volerci proteggere da influenze esterne e permetterci di poter decidere quanto vi è da fare, con la pace che, all'animo degli uomini, è consentito raggiungere solo in luoghi isolati, quasi si fosse in perfetto connubio con il Divino. I nostri predecessori, anche se avvolti dalle nebbie, si sono battuti per cambiare il destino degli uomini, ma troppa ambizione e troppa sete di potere non hanno permesso se non piccoli passi sul cammino di quella evoluzione che ci si è prefissi di raggiungere. L'Europa è stata scossa da troppe guerre fratricide. Troppo sangue si è versato e troppa sofferenza e miseria sono state le fedeli compagne dei popoli. Abbiamo sperato che qualche Re potesse far suo il nostro messaggio e, con il prestigio della sua persona ed il potere delle sue armi, riuscisse ad essere il nostro alfiere. Ma se qualcuno ha intrapreso questa via, la morte ha decretato l'interruzione del suo percorrerla. Ora non possiamo più aspettare. Non vi sarà un uomo nuovo nel quale riporre fiducia, dobbiamo noi stessi scendere in campo, esporci in prima persona e portare avanti il progetto. Dobbiamo dare una spinta che scuota gli uomini ed il modo nel quale, fino ad ora, hanno vissuto; non è più possibile vedere l'Europa dilaniata da guerre e da miserie, l'onore ci impone di fare almeno questo tentativo. Dobbiamo scendere in campo con i nostri uomini migliori. È necessario che essi gridino al mondo che è possibile un'altra esistenza; solo così scuoteremo alla base il vecchio corso del destino, per condurre l'Europa verso mete più ambiziose».

II Oratore: «Maestro, allora l'Ordine dovrà indossare nuovamente il bianco mantello, quale segnale del suo risveglio?».

I Oratore: «No, fratello mio, il bianco mantello dovrà ancora essere celato nei nostri cuori. Gli uomini che dovranno apparire, appariranno per loro stessi, ancora non è il momento di svelarci nella nostra interezza».

III Oratore: «Gli uomini che vorrete scegliere, accetteranno di buon grado, ma vi sarà tutta l'Europa in fermento, è saggio rischiare tanto?».

I Oratore: «Non è saggio, ma necessario. Da come gli uomini recepiranno il massaggio che lanceremo, vedremo se i tempi sono maturi».

II Oratore: «Maestro, se non è saggio, ma necessario, propongo di essere cauti, almeno su di un punto. Suggerirei di procedere, passo dopo passo, prima pochi uomini che siano un'avanguardia e, poi, man mano, fare salire la marea, lanciando nell'agone sempre un maggior numero di fratelli».

I Oratore: «Sì, si può fare così, lento pede e vedere come si evolvono gli eventi».

Così stabilito, inizia l'opera di rinnovamento.

Dapprima sparuti fratelli che, qui e lì, seminano dubbi nella mente degli uomini con i loro scritti e con il divulgare nuove idee; poi, sempre più fratelli agguerriti che, con la forza delle loro argomentazioni, riescano a smuovere le coscienze di intere popolazioni.

Questo è l'Illuminismo, secolo dei lumi, secolo di radicali cambiamenti.

L'Europa freme, le masse si agitano; chi, fino ad ora, ha detenuto un dispotico potere, vede sbriciolare il bastione della sua arroganza. Alcuni, obtorto collo, incominciano a concedere quanto da più voci richiesto, ma il torrente è divenuto fiume ed il fiume è sempre più impetuoso e travolgente.

Quando vi è una piena, nessun ostacolo può rallentarne la sua devastante irruenza.

Le nuove idee hanno iniziato a travolgere quanti si oppongono al loro divenire, non vi è più modo di arrestarle.

Esse scuotono gli animi, le menti, i sentimenti, la loro irruenza è tale da sorprendere gli stessi uomini del Tempio, che hanno fatto sì che esse vedessero la luce.

Ora è il destino che dovrà compiere la sua opera, la ruota della Fortuna, completato il giro, saprà indicare la via da percorrere.

La rivoluzione francese

Mutare è sinonimo di cambiamento, è il sostituire una cosa con un'altra, è rendere diverso, è trasformare.

Il mutamento è momento di tensione, di trauma, ci si incammina verso un qualche cosa di nuovo, che non si conosce e del quale nulla si può prevedere. Il momento traumatico, quasi sempre, non è indenne dal dolore, il trauma è sangue, è lacerazione, pertanto nessun cambiamento avviene se non si attraversa il momento del sangue.

La Francia della seconda metà del Settecento è il più popoloso stato d'Europa, è uscita vittoriosa da innumerevoli conflitti che, se hanno decretato una sua egemonia sul continente, hanno avuto come risvolto un sempre maggiore impoverimento dei suoi abitanti, vessati da una monarchia assoluta e da un clero ed una nobiltà sempre più prepotenti.

È il fertile terreno dove le nuove idee, più che altrove, hanno trovato l'humus adatto per la loro crescita, una crescita che nessuno può più governare e che è destinata ad esplodere in tutta la sua violenza.

Il 14 luglio 1789 è il momento del non ritorno. Il popolo infiammato prende d'assalto la Bastiglia, simbolo del potere assoluto, e la distrugge. Nelle campagne, i contadini, stanchi del potere feudale, saccheggiano ed incendiano castelli e conventi. Ha inizio il mutamento. La rivoluzione è l'atto traumatico che, attraverso il sangue, produrrà un cambiamento che coinvolgerà tutta l'Europa.

Foglianti, Indipendenti, Girondini, Giacobini, infiammano una Assemblea costituente che dovrà fare i conti con Austria e Prussia,

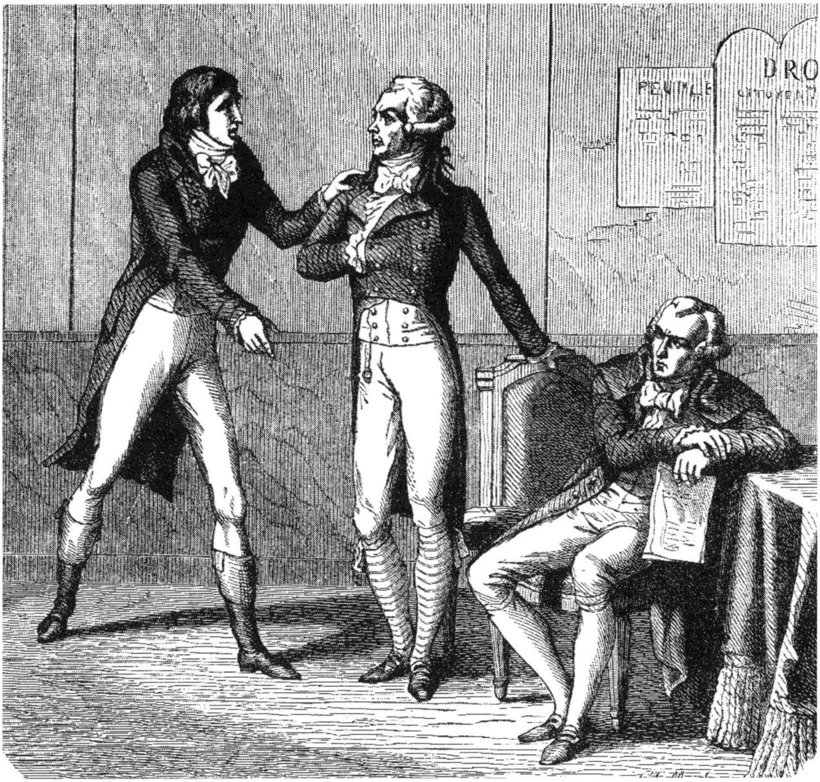

le quali vedono, nella rivoluzione, una minaccia per il loro status quo; ma la Fortuna è dalla parte del mutamento. Il 20 settembre i prussiani sono sconfitti a Valmy ed il 6 novembre gli austriaci a Jemappes. Queste battaglie, se pur vittoriose, decretano però la fine di Luigi XVI, che viene ghigliottinato il 21 gennaio 1793.

I gigli di Francia sono calpestati, il discendente di Filippo è morto, de Molay ed il Tempio sono vendicati. Questo si dice che si mormori quando la lama recide il collo del Re, ma non è questa la vendetta che il Tempio vuole. Ancora una volta i tempi e gli uomini non sono maturi e questo nuovo corso della storia non favorisce l'attuarsi del progetto.

Il Maestro segreto ed i suoi uomini hanno affrettato i tempi, ed ora occorrerà trovare altre vie.

VIII Intermezzo

Il luogo: un'anonima casa poco fuori Parigi, il tempo: la festa delle candelore. Da poco Luigi XVI è stato ghigliottinato.

I Oratore: «Cari fratelli, siamo stati travolti. Era pericoloso e lo sapevamo, ma mai avremmo voluto che si giungesse a tanto. Nuovo sangue e nuovo dolore. Potremo mai ridare pace all'Europa?».

II Oratore: «Maestro, non è il freddo di questo Febbraio che ci raggela, è l'errore commesso. La nostra ansia di portare avanti il progetto è prevalsa su quelli che dovevano essere saggi consigli. Dobbiamo porre rimedio, ma come non lo so. È certo che non vi sarà

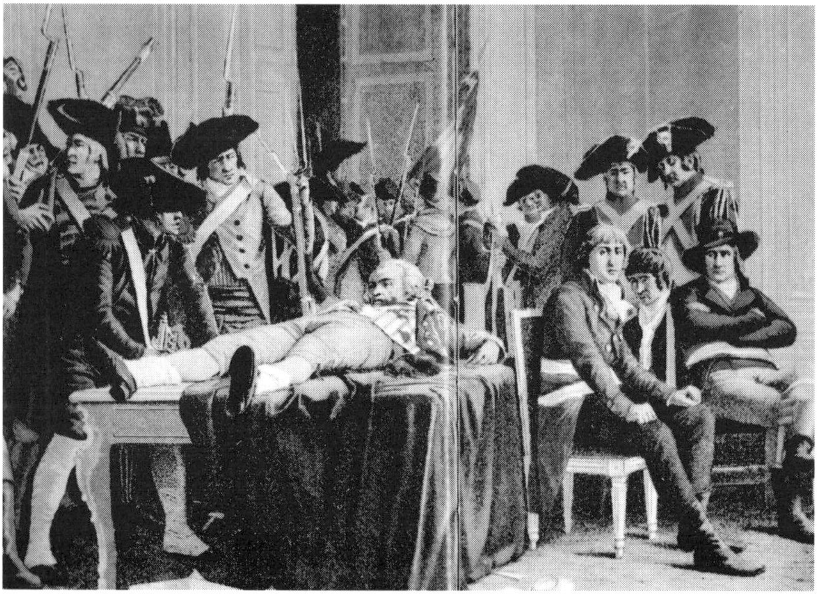

un periodo di pace, ma dobbiamo cercare delle soluzioni, degli uomini che possano essere adatti alle necessità del momento».

I Oratore: «Che ciascuno di voi parli, se vi sono delle soluzioni accettabili».

III Oratore: «Silenzio, è possibile che non vi siano suggerimenti?».

I Oratore: «Il momento è difficile, non ci dobbiamo rabbuiare se nessuno ha da dire, non facciamoci trasportare dall'ansia, ma lasciamo che i nostri cuori si tranquillizzino prima di cercare».

Napoleone Bonaparte

Ogni tempo ha il suo uomo ed ogni uomo ha il suo tempo.

Così, alla ribalta della storia balza, con un guizzo felino, uno sconosciuto Corso, ricco della sua ambizione e della sua sete di potere. Le idee della rivoluzione lo hanno attraversato ma non ne hanno scavato l'animo con le loro problematiche. La sua è una lotta con il mondo intero, dal quale vuole essere riconosciuto. L'eterna lotta per raggiungere il dominio. La sua patria, la Corsica, dove la sua famiglia ambisce alla supremazia scontrandosi, nelle lotte che vogliono il popolo corso indipendente dalla Francia, con la famiglia Paoli. Fuori dalla sua terra, la scuola militare è il campo di battaglia dove egli deve imporsi per sfuggire al provincialismo, addebitatogli dai suoi compagni di corso, e dalla mancanza di una nobiltà che non ha e che

gli pesa non avere. Anni tremendi, durante i quali solo la ferrea volontà e l'ambizione sono le colonne portanti della sua tenacia. Vive di complessi verso la società, verso le donne, verso i francesi che lo considerano un Estraneo, verso la sua stessa terra, dove le ambizioni della sua famiglia, sono compresse dal carisma di Pasquale Paoli, che continua ad essere l'arringatore delle folle. Il fatto stesso di non

essere primo del suo corso, alla scuola militare, è momento di disagio, ma riesce ad avere quella nomina che lo farà signore dei campi di battaglia per i prossimi venti anni.

Trovandosi, per mera sorte, a dover abbracciare la causa della rivoluzione, farà valere la sua abilità nell'assedio di Tolone, poi Parigi,

dove un incontro ed un matrimonio, fortunoso o fortunato, con Giuseppina Tascher de la Pagerie, vedova del generale Beauharnais ed amica del potente Barras, sarà la porta che si spalancherà verso il suo destino.

La campagna d'Italia, nel 1796, segna l'inizio della sua ascesa, la costituzione della Repubblica cisalpina, della Repubblica ligure, della Repubblica partenopea, della Repubblica romana, lo pongono in evidenza ad un Direttorio sempre più sospettoso nei suoi confronti.

La sicumera di una sua invincibilità gli fa tentare la campagna d'Egitto, ma l'Africa non gli è benigna e le alterne vicende militari, nonché la situazione in Francia, che si è fatta molto pesante, lo inducono a forzare il blocco navale inglese e a ritornare a Parigi.

Il 18 di Brumaio compie un ulteriore passo lungo la strada della sua ambizione, appoggiato dalle truppe proclama la soppressione del Direttorio e la creazione di un governo provvisorio. Il 1799 segna la negazione di ogni principio rivoluzionario.

Tutta l'Europa è coalizzata per rintuzzare le mire del generale Corso, ma gli eserciti francesi sembrano imbattibili. Marengo ed

Hohenlinden costringono l'Austria a firmare la pace di Luneville (1801) e l'Inghilterra la pace di Amiens (1802). Ora è il momento di pensare ai problemi interni, con un ennesimo colpo di stato si fa proclamare nel 1802 Console a vita.

IX Intermezzo

Primavera del 1802, Chiesa del Tempio a Londra. La primavera appena arrivata ha risvegliato la dormiente natura ma anche le speranze dei Templari, che vedono in quell'uomo, che si è affacciato all'alba della storia del nuovo secolo, una possibilità per imprimere una spinta al loro progetto. Ma dei dubbi permangono sulla vera natura di quell'oscuro generale che, in così poco tempo, è balzato agli onori.

I Oratore: «Come le rondini che aspettano la primavera per il loro ritorno, ritorneremo pure noi ad indossare il bianco mantello grazie alle capacità di questo Bonaparte?».

II Oratore: «Maestro, alcune volte abbiamo agito d'impulso e la conclusione non è stata certo a noi favorevole. Questo Napoleone, la cui carriera è stata così folgorante, può essere affidabile? Non ci dobbiamo fare trascinare dall'ansia del progetto. Di individui che come meteore hanno attraversato la storia ce ne sono stati tanti, ma tutti tendevano alla loro personale gloria e nulla importava loro di dare principio ad un nuovo corso della vita degli uomini».

III Oratore: «Quest'uomo di origini non certo elevate ha dato, però, dimostrazione di essere il migliore, e noi non andiamo forse alla ricerca del Migliore?».

II Oratore: «Sì, fratello, il Migliore a cui affidare il compito è lo scopo della nostra ricerca, ma il concetto di *Imperium* che noi propugniamo non esige che egli sia solo il migliore in battaglia, come Bonaparte ha dimostrato, Migliore vuol significare ben altre cose e questi ci può assicurare di possedere le qualificazioni necessarie?».

IV Oratore: «Da generale si è fatto eleggere Console a vita e questo non ha altro significato che egli ambisce solo al potere».

III Oratore: «Sì, è vero, ma non può essere questa la strada che è necessario intraprendere per raggiungere una posizione tale, da permettergli di operare come noi ci auspichiamo?».

V Oratore: «Come voi tutti sapete, vengo dalla Francia, molte cose nuove sono accadute e continuano ad accadere. Il generale è ben voluto dal popolo ed i suoi soldati gli sono fedeli, potrebbe essere lui l'uomo, ed in lui vedo delle capacità carismatiche, che sono necessarie per manovrare le masse e spingerle verso un nuovo destino».

III Oratore: «E la sua ambizione? Siamo certi che egli, una volta conquistato il potere, sia così saggio da impostare l'ordine delle cose in maniera tale che l'Imperium prenda corpo e forma?».

I Oratore: «Aspettare, aspettare che un uomo nuovo sia libero da ambizioni, ma quanto dovrà durare la nostra attesa? Sentito quello che avevate da dire, non voglio imporre il mio pensiero su una decisione così importante. Lasceremo che alcuni fratelli vivano questa esperienza a stretto contatto con questo nuovo potere e staremo a vedere se egli è solamente ambizioso o se altre qualità albergano nel suo animo».

Le rondini ritornano a primavera, ma per il Tempio la primavera non è ancora giunta.

L'Imperatore

Gli eventi e la Fortuna favoriscono l'ansia di quest'uomo. Il pretesto di una congiura realista fomentata dal giovane duca d'Enghien, della famiglia borbonica dei Condé, dà il destro a Napoleone Bonaparte di indire un plebiscito popolare, che gli consente di farsi conferire il titolo di Imperatore dei francesi. È il 2 dicembre 1804 quando, fatto venire lo stesso papa Pio VII (Barnaba Chiaramonti 1800-1823) da Roma, nella chiesa di Notre Dame egli, presa la corona imperiale dalle mani del Sommo Pontefice, la pone sul proprio capo e, poi, su quello della moglie Giuseppina.

La cerimonia è sfarzosa e nessuno manca alla maestosità dell'evento. I gruppi neo templari, che hanno raccolto fra le loro fila una eterogenea massa di uomini, alcuni che rispecchiano il loro sentire nella tradizione dell'Ordine, i più che ne hanno una scusa per apparire in una verginità nuova, che hanno sempre ricercato ma che non appartiene loro, sono presenti con labari e mantelli a significare la speranza di un nuovo ordine.

E l'ordine nuovo è stabilito. Napoleone, divenuto Imperatore, rinnova il concordato con la Santa Sede, già sottoscritto nel 1802, promulga un nuovo codice civile, dà vita alla riforma amministrativa, finanziaria, economica, culturale, promuove l'agricoltura, l'industria, il commercio e riorganizza l'istruzione pubblica.

È l'uomo nuovo che il destino ha riservato al Tempio?

La branca segreta dell'Ordine è in fermento, l'uomo da tanto tempo cercato finalmente è giunto, un nuovo e più felice periodo sta per iniziare, periodo nel quale si realizzeranno i progetti tanto agognati ma mai potuti portare a termine. I sogni diventeranno presto realtà, ma la realtà è un'altra.

L'Imperatore vuole il mondo, ma il mondo non vuole questo Imperatore.

Inghilterra, Russia, Austria, Regno di Napoli, Svezia, Turchia, si coalizzano. Una bruciante sconfitta viene loro inflitta ad Austerlitz, il 2 dicembre del 1805, e l'Austria è costretta alla pace di Presburgo.

Ora è il momento di mostrare l'uomo quale realmente è, accaparratore, megalomane, nepotista. Attribuisce titoli e regni ai suoi parenti. Il regno di Napoli a suo fratello Giuseppe, l'Olanda al fratello Luigi, il Granducato di Toscana alla sorella Elisa, il principato di Guastalla alla sorella Paolina.

Addio sogni di uomo nuovo che possa detenere in sé il concetto di Imperium, solo l'arroganza di una forza di volontà incrollabile lo ha condotto a detenere un effimero potere che occupa lo spazio di una sola vita, nulla per l'Eternità.

Un'altra coalizione contro di lui, Inghilterra, Russia e Prussia e nuove vittorie per l'Imperatore, Jena ed Auerstadt (ottobre 1806), Eylau e Friedland (febbraio e giugno 1807). Alessandro I, Zar di Russia, firma la pace di Tilsit ed il regno di Westfalia è affidato a Gerolamo, altro fratello di Napoleone.

L'Inghilterra, rimasta sola, decreta un blocco navale, e Portogallo e Spagna subiscono l'occupazione delle truppe francesi. Il trono di Spagna viene affidato a Giuseppe, già Re di Napoli, sul trono di Napoli siederà Gioacchino Murat, marito della sorella Carolina.

Lo stato pontificio non è indenne da questa ambizione dilagante, nel 1809 Napoleone ne decreta l'annessione alla Francia. Papa Pio VII lancia la scomunica, ma viene condotto prigioniero a Fontainebleau.

L'Europa ha voglia di riscossa, ma la sconfitta di Wagram (luglio 1809) costringe l'Austria all'umiliante pace di Vienna.

Napoleone vuole ora un successore, Giuseppina non può darglielo e lui non lo vuole se non da una consorte che, con il suo sangue reale, possa essere il sigillo della sua smania di potere. Nel 1810, divorzia da Giuseppina e sposa la figlia dell'Imperatore d'Austria, Maria Luisa, dalla quale ha il sospirato erede, che investe del titolo di Re di Roma.

Le sue mire si rivolgono alla Russia, nel 1812 inizia la campagna militare che segna il suo declino.

Pur avendo sconfitto l'esercito russo a Borodino, è il terribile inverno ad essere il flagello delle sue truppe. La ritirata, il passaggio della Beresina e del temibile esercito, non rimane più nulla.

Gli stati europei non si lasciano sfuggire l'occasione e, nonostante le sconfitte subite a Lutzen e a Dresda (1813), a Lipsia riscattano il loro onore, sconfiggendo pesantemente l'esercito francese (ottobre 1813).

La Francia è invasa, l'arroganza ed il desiderio di potere dell'Imperatore sono infranti, la gloria è durata meno dello spazio di una vita. Sul trono di Francia, siede ora Luigi XVIII, fratello del Re decapitato; Napoleone è relegato all'isola d'Elba.

Un ultimo guizzo gli è concesso dalla storia. Fugge dall'isola d'Elba e l' 1 marzo 1815, marcia da Cannes su Parigi, riunisce un esercito, tenta l'ultima carta, ma il suo astro si è oscurato, la ruota della Fortuna ha continuato il suo giro, il 18 giugno 1815 è sconfitto a Waterloo. Il vascello inglese Bellerofonte, lo condurrà prigioniero sull'isola di Sant'Elena, dove morirà, dopo sei anni, il 5 maggio 1821.

Ironia del destino, Bellerofonte che aveva compiuto mirabili imprese, era schiavo del suo orgoglio e, volendo con il suo cavallo alato raggiungere la dimora degli Dei, viene da questi precipitato sulla terra ed ucciso.

Nello stesso modo, schiavo del suo orgoglio, Napoleone ha voluto osare, osare solo per la sua gloria e non per costruire del nuovo, così gli Dei hanno punito questa sua arroganza e, fattolo precipitare, gli hanno riservato l'esilio, come oscura condanna per il suo peccato.

X Intermezzo

Desiderio del Maestro è quello che i Templari non siano più peregrini per l'Europa. Il mutare dei tempi, l'oramai sbiadito ricordo che vi possa essere ancora in vita una branca segreta del Tempio che complotti per chi sa quali oscuri scopi, lo stabilizzarsi di regni nazionali, lo hanno portato a decidere di ricostruire una sede proprio lì, a Parigi, dove l'ultimo Maestro ha subito il supplizio del fuoco.

Avere una sede stabile ha il vantaggio di poter adunare i fratelli più in fretta e senza tanti disagi, quando si riterrà necessario; inoltre, è divenuto impellente riunire tutti i carteggi che si sono accumulati nei secoli. Una corretta catalogazione del materiale ed una messa in sicurezza dello stesso che, visto l'altalenarsi di sedi provvisorie, ha corso il rischio di essere disperso.

La ricerca di un luogo adatto è caduta sul quartiere di St. Germain des Pres, proprio in un terreno vicino alla più antica chiesa di Parigi, lontano dai grandi viali, in una posizione un po' defilata, che consente un accesso discreto e nel contempo mimetizzato dal continuo afflusso verso la chiesa e verso il grande mercato coperto, Marché St. Germain, da poco completato.

La costruzione è ampia ma non vistosa, un piccolo giardino la circonda e, con le sue siepi e gli alberi frondosi fa da schermo a possibili sguardi indiscreti che volessero violarne la riservatezza. L'accesso è possibile, oltre che dall'ingresso principale, da una porticina laterale, quasi una fessura, che interrompe il muro di cinta dalla parte posteriore del giardino e che si apre su di una di quelle viuzze che servono a delimitare proprietà diverse ma, anche, ad accorciare il percorso fra una via principale ed un'altra. Si eleva su tre piani, il primo si distacca dal terreno e per arrivare alla porta di ingresso è necessario salire sette gradini. La costruzione è abbellita da balconi, circondati da ricche ringhiere e da fregi raffiguranti scene mitologiche. Questa è la visione che ne ha il passante, il quale non si soffermerà più di tanto ad ammirarne la struttura perché essa ben si uniforma ad altre costruzioni che le sono vicine e che attirano maggiormente lo sguardo.

La casa di un ricco borghese che vive da solo, scapolo ed impegnato in continui viaggi all'estero, per curare i suoi innumerevoli affari. Anche la curiosità che suscita una abitazione poco vissuta è stata eliminata; i visitatori, per lo più stranieri, non sono altro che i vari soci in affari che, ogni tanto, vengono a Parigi, ospiti del ricco proprietario del palazzo.

Se l'esterno della casa non desta più di tanto l'attenzione, il suo interno è stato realizzato secondo ben precise necessità. Il primo piano, che potrebbe avere l'esigenza di accogliere estranei, è stato arredato come impone lo stile del tempo. Nella parte retrostante, però, una falsa parete è il divisorio mobile che permette l'accesso ad un profondo ed ampio sotterraneo, suddiviso in due livelli. I piani superiori sono occupati da una grande biblioteca e varie stanze, ad uso di chi debba soggiornarvi. L'ammezzato, l'accesso al quale è interdetto da una robusta porta, è il luogo nel quale sono custoditi i documenti più importanti e riservati.

Così Parigi è ritornata ad essere la sede principale dell'Ordine. Il Tempio aveva già scelto quella città, non solo per la sua rilevante importanza politica, ma anche perché essa si situava in una posizione centrale per raggiungere varie destinazioni in Europa.

I cavalieri, ora, l'hanno confermata come sede centrale per il loro operato, affinché possano, dal cuore del continente, operare per la realizzazione del progetto.

L'Ottocento, iniziato da pochi lustri, ha visto il declino dell'astro dell'Imperatore ed il ritorno, sul trono di Francia, del Re.

È un secolo che si preannuncia foriero di grandi novità per l'uomo; invenzioni, viaggi alla scoperta di terre ancora inesplorate, nuove conoscenze scientifiche, una nuova visione della politica, una nuova chiave di lettura della storia.

La restaurazione che, dopo la caduta dell'Imperatore, ha subito ripreso il sopravvento, non si è potuta liberare totalmente dell'onda rivoluzionaria e liberista, che non si è sopita. Il sommovimento che si è scatenato in Europa, complici i concetti illuministici e l'avvento di Napoleone, ha generato idee che vivono e che, prepotentemente, cercano di imporsi.

Parigi, nuova sede dell'Ordine.

I Oratore: «Benvenuti fratelli nella nostra nuova Casa. Finalmente siamo ritornati a Parigi, città che ci ha riservato grandi dolori, per la morte sul rogo del Maestro Jacques de Molay, ma anche città dove il nostro amato Ordine ha prosperato e da dove si sono compiuti i primi passi per la realizzazione del progetto.

Che tempi abbiamo attraversato! Sangue, dolore, morte, distruzione, guerre, uomini ambiziosi, ma il nostro amore per l'Ordine ha fatto sì che questi sia sopravvissuto grazie a tutti noi, che, per secoli, ne abbiamo tramandato il candore del mantello.

I fratelli che ci hanno preceduto hanno commesso degli errori, come è naturale che avvenga, ma sono riusciti sempre con molto senso dell'equilibrio a porre rimedio a quanto da loro fatto o a correggere le disarmonie create dagli uomini, in silenzio, nell'ombra, senza chiedere nulla per la propria gloria, ma con il pensiero rivolto alla gloria del Signore.

Le decisioni dei nostri più vicini predecessori sono state quelle di far entrare nell'agone direttamente molti nostri fratelli che, distinguendosi per l'acume del loro pensiero, potessero dare una energica spinta per un mutamento.

Quali sono stati i risultati? Un periodo che la storia ha voluto chiamare "Illuminismo".

Ma la spinta è stata dirompente, una tale accelerazione non era nei loro progetti, il cambiamento sarebbe dovuto avvenire gradatamente e produrre benefici, non tante lotte, che hanno per l'ennesima volta insanguinato l'Europa.

Bene hanno visto coloro che, fra di noi, si sono opposti affinché l'Ordine appoggiasse Napoleone, quello che, a prima vista, sembrava essere l'uomo da sempre aspettato, si è rivelato nella sua vera natura di arrogante, in tal modo ci è stato risparmiato il dover rimediare ad un grave errore.

Però, ora, la situazione è di nuovo mutata. Come in ogni cosa, bisogna saperne vedere sia il lato positivo sia quello negativo. Se riusciamo a spogliarci delle negatività che, fino ad ora, ci sono sembrate la parte preponderante degli ultimi decenni di storia, ci accorgeremo che sono stati fatti enormi progressi su quella che noi definiamo la crescita necessaria che l'uomo deve fare per comprendere la grandiosità del nostro progetto.

Dobbiamo dare il merito a Napoleone di aver creato un'armata che non è stata solo francese, ma che ha accolto, sotto uno stesso vessillo e sotto uno stesso comandante, soldati di differenti nazionalità.

Questo ha fatto sì che prendesse corpo l'idea che possa esistere qualche cosa di sovranazionale ed i moti, che qua e là, ancora infiammano alcune parti d'Europa, ne sono i più evidenti segnali.

Anche se varie identità nazionali si sono rafforzate ed altre, ancora, tentano faticosamente di affermarsi, dal contesto ne esce fuori una nuova concezione di Stato, non più accentratore ma liberista e liberale, dove irrinunciabile è il desiderio di autodeterminazione. I contatti, sempre più frequenti, fra le varie popolazioni europee, hanno fatto sì che vi sia uno scambio sempre più vivace di idee.

La voglia di scoprire cose nuove e di vivere esperienze diverse, un forte ritorno culturale, ricerche archeologiche e viaggi in terra d'Asia e d'Africa, sono una inestinguibile fucina per poter forgiare l'uomo nuovo.

In questo contesto, anche la nostra opera si deve evolvere. Se, la nostra ansia di ricerca interiore non ci ha mai abbandonato, il periodo eroico delle Crociate è finito.

Abbiamo lasciato che prendessero corpo tesi romantiche, in tal modo si è sempre mantenuto vivo negli uomini il ricordo del Tempio.

Abbiamo lasciato che si formassero vari gruppi che vantano discendenze, bolle, legittimità inventate, e se questo ha ridotto l'idea dell'Ordine solo al cingersi del mantello con la croce, quale orpello per nobili e borghesi desiderosi di riconoscimenti per una posizione economica raggiunta, è, però, servito al ché una insospettabile moltitudine subisca ancora il fascino della nostra storia.

Ora è venuto il momento di sfruttare tutto ciò.

È giunto il tempo di un ritorno ad una epoca eroica.

Per fare ciò è necessario, senza uscire dal segreto e dalla clandestinità nei quali fino ad ora ci siamo rifugiati, ricostruire il braccio armato dell'Ordine, affinché i vecchi progetti ritornino a prendere corpo.

E, una volta realizzati, continuare in quella ricerca, forzatamente interrotta, delle meraviglie dell'Arca, ritornare in possesso di quella nascosta in Marocco e cercare di raggiungere quella appena vista, ma mai posseduta, che i nostri confratelli nascosero in Messico, affinché, ricongiunte le due parti, si abbiano le risposte tanto cercate e tanto attese.

A tale scopo è necessario infiltrarsi fra le associazioni templari esistenti.

Nel loro seno sono accolti personaggi di spicco, che possono determinare scelte politiche ed economiche; tramite loro possiamo influire sulle decisioni che si possono rivelare utili al progetto».

Il tempo volge

La restaurazione ha posto sul trono di Francia Luigi XVIII (1814-1824) che non ha voluto disconoscere, con avveduto senso politico, i frutti del periodo rivoluzionario e napoleonico. Alla sua morte sale al trono Carlo X (1824-1830), che, con la sua volontà reazionaria, suscita notevoli contrasti nel paese e con il suo tentativo, fatto in accordo con il ministro Polignac, di violare la Carta (concessa da Luigi XVIII) provoca una rivoluzione a Parigi (24/28 luglio 1830) e l'avvento di una nuova monarchia, quella di Luigi Filippo d'Orleans (1830-1848). La monarchia orleanista sta a significare il trionfo della borghesia finanziaria e commerciale.

Le mire di questa nuova classe dirigente sono quelle di proiettare la Francia al di fuori dell'Europa, verso l'Africa, verso l'Asia. L'industria ed il commercio hanno bisogno di nuovi e continui mercati verso i quali espandersi e già la politica di Carlo X, che aveva iniziato la conquista dell'Algeria, ne era un preciso segnale.

Espandersi significa inviare legazioni commerciali, ma anche soldati, che possano difendere gli avamposti economici. Questo, pertanto, viene considerato come il periodo migliore affinché, per il Tempio, tornino i tempi eroici e la necessità di ricostruire il braccio armato dell'Ordine. I fratelli infiltratisi nelle varie associazioni, che si definiscono Templari, ora devono svolgere il loro compito.

Se si è lasciata libertà che il candido mantello sia usato come orpello, per fare acquisire dignità e qualificazione a chi se ne vuol coprire le spalle e non nel suo giusto e primitivo valore; se questo è il segno della decadenza dei tempi, che danno rilevanza a tutto ciò che vi è di materiale; ora per la borghesia, che tanto ha fatto per potersi arrogare il titolo di cavaliere, dato il notevole peso che ha acquisito nella vita pubblica, è giunto il momento che, anche inconsciamente, paghi il prezzo della candida veste, permettendo con il potere raggiunto che i progetti del Maestro segreto prendano corpo.

Filippo, duca d'Orleans (1705-1723), reggente di Luigi XV, era stato a capo di una delle più importanti organizzazioni che si riconducevano al pensiero templare e ne aveva rivestito il mantello. Ora, il presente successore nel casato è Re di Francia e, stimolato da quanti gli ricordano il mantello indossato dal suo avo, accorda favori a tutti i gruppi che si rifanno agli stessi concetti. Ritiene così di poter meglio stringere attorno a sé tutta quella ricca borghesia che, desiderosa di costruirsi una verginità di nascita, detiene una larghissima fetta del potere economico, potere sul quale si basa la solidità del suo trono.

I favori accordati e le prospettive di vantaggi economici che ne possono derivare, spingono tali gruppi ad appoggiare il consolidarsi di una presenza francese in Algeria, la cui conquista era già iniziata.

Per il Maestro segreto, l'Algeria ha il significato di un passaporto per raggiungere il Marocco. Ma una buona parte del Marocco è sotto l'influenza spagnola. Visti i buoni rapporti fra Francia e Spagna, per adesso non è ipotizzabile andare fin là. L'Algeria sarà una buona base per prendere lo slancio, quando sarà il momento.

Intanto, c'è da pensare al braccio armato. Ritornare all'apostolato di Ugo de Payn e di Bernardo non è proprio il caso; il modo di arruolare, se deve in qualche modo ricordare il passato, non può certo essere uguale. Dovendo arruolare una forza militare, della quale solo alcuni e fidati capi sono a conoscenza del reale valore e significato che se ne vuole dare, non ci sarà bisogno di troppe spiegazioni e di andare tanto per il sottile. Agli uomini arruolati bisognerà dare un'identità di corpo, far nascere la voglia di farne parte, l'orgoglio di partecipare.

Nel mondo vi è sempre ricchezza di esaltati, di irrequieti, di teste calde dal coltello facile, bevitori e bestemmiatori, amanti di belle donne e spacconerie, occorre sempre saper controllare una tale massa di uomini per poi saper volgere le loro qualità al raggiungimento di un ideale più alto, pronti a rientrare nei ranghi del vero comando.

Questi uomini ammirano il coraggio, la forza, ma anche chi sa dare loro una ferrea disciplina, perché questo li appaga. Sentirsi uno insieme agli altri, accomunati dal rischio, dalla trasgressione, dal riso beffardo, quando si è colti sul fatto, certi della punizione che dovranno scontare, ma al contempo soddisfatti di scontarla, perché tutto ciò aumenterà il loro personale prestigio. La punizione dovrà essere sempre comminata e severa insieme, perché il superamento di essa sarà, per l'individuo, la certezza e la dimostrazione, che darà agli altri, di essere un vero uomo degno di rispetto.

Bisognerà stimolare la fantasia, la superstizione, l'idea di avventura e di eroismo; sarà necessario che gli uomini si confrontino e siano sempre fra di loro spinti all'antagonismo ed all'emulazione, ed allora che si riprenda il principio napoleonico di un'armata composta da soldati di differenti nazioni, che combattono sotto una stessa bandiera e sotto uno stesso comandante, lo stesso principio degli antichi cavalieri Templari che, sotto il loro vessillo, accoglievano cavalieri provenienti dalle diverse province d'Europa.

Il bianco mantello sarà riconsegnato affinché rivesta, come armatura protettiva e scaramantica, la nuova milizia. Come il Tempio garantirà protezione incondizionata a chi accorrerà nei suoi ranghi, a quanti vorranno arruolarsi sarà concesso un nuovo nome come se, entrando a far parte di questo corpo, si torni a rinascere; non sarà più l'ordinaria giustizia a punirli, ma la ferrea disciplina impartita.

Un motto: "Onore e fedeltà", che è motto da cavaliere, ed uno scopo: "Legio patria nostra". Sarà come fra i Templari, legati per la vita e nella morte perché, come il Tempio recitava: "Tempio patria nostra", a significare che non vi è patria al di fuori del Tempio, in quanto il cavaliere, con il suo ingresso, rinunciava al nome, ai titoli, a se stesso, così chi sarà entrato in questa milizia dovrà rinunciare similmente. Un'indicazione che rappresenta il nuovo modo di vivere, il nuovo modo che questi uomini dovranno usare per accostarsi al mondo con una visione diversa, il nuovo modo con il quale dovranno accettare di sentirsi cittadini di un mondo che per ora non c'è; combatteranno, sì, sotto la bandiera di Francia, ma nella loro multinazionalità rappresenteranno il mondo a venire.

Ancora altro sarà dato a questi nuovi *milites* che, per un volere più o meno stimolato in re Filippo d'Orleans, avranno la loro data di fondazione il 9 marzo 1831 e si chiameranno "Legione straniera".

Il braccio militare è stato creato, gli uomini sono stati arruolati, bisogna dare loro, ora, un motivo per combattere.

Se non è più Gerusalemme, ora è l'Africa, ma i colori e gli odori sono gli stessi, le stesse donne velate, dai profondi occhi neri e dagli sguardi enigmatici, le stesse lente carovane, le stesse dune di sabbia, lo stesso nemico: l'Islam. La legione incomincia la sua avventura prendendo la via di Algeri a protezione degli ancora non numerosi coloni e dei cospicui interessi economici.

La situazione appare subito difficilissima, Adb el Kader, forte dei suoi cinquantamila uomini, è pronto a dare battaglia, fomentando ribellioni, imboscate, massacrando i coloni. Interminabile è la strada della rivolta araba e tutta costellata da sangue a da dolore.

A 90 chilometri a Sud di Orano, un vecchio avamposto viene ripristinato, servirà da punto di partenza per la costruzione di un forte, Sidi bel Abbès, 1845, ecco il nuovo castello dei nuovi Templari.

Posizionarsi, controllare il territorio, rintuzzare gli attacchi, solo nel 1847 la Legione l'avrà vinta su el Kader che si arrenderà.

Il primo passo è stato fatto, ora l'Ordine segreto del Tempio può contare sulla nuova milizia che si sta plasmando in terra d'Africa, uomini pronti a lanciarsi nella mischia senza chiedere nulla, paghi della lotta che viene loro offerta e pronti a quel sacrificio, il cui perché si ritrova, solo ed esclusivamente, nel cuore di ciascuno.

Parigi è di nuovo in rivolta

Il ricordo dei tempi napoleonici, miscelato al risveglio di quelle idee liberali che avevano infiammato gli animi ai tempi della prima Repubblica, durante i quali il popolo francese aveva vissuto l'illusione di essersi scrollato di dosso il giogo della monarchia, per poi cadere sotto il tallone di un altro Re, proclamatosi anche Imperatore, sono i forti sentimenti che alimentano lo spirito di rivolta.

Napoleone, anche se aveva rappresentato un ritorno a quella monarchia che si era voluta abbattere, era visto, in ogni caso, come un innovatore, che aveva saputo dare una svolta ad un odiato periodo di servitù, dal quale il popolo, con la sua ascesa, si sentiva affrancato; ed anche il ceto medio, che era stato il volano della crescita economica della nazione, finalmente aveva visto venire riconosciuti i propri meriti.

Un nuovo Re, una nuova dinastia, anche se aveva raggiunto il potere promettendo riforme e maggiore libertà, non era riuscita a sedare i ricordi di un periodo repubblicano. Se a questo si aggiungono motivi di politica estera, la condivisione con l'Austria del Metternich della preoccupazione per un mutamento dello status quo, l'assoluto censitarismo del potere politico, unito allo sviluppo industriale, che aveva favorito il sorgere di un forte proletariato ed il diffondersi di dottrine democratiche e socialiste, la tensione per una riforma elettorale negata, ecco la miscela esplosiva che non ha bisogno neanche di innesco per esplodere.

Il 24 febbraio 1848, il popolo è in piazza e viene proclamata la seconda repubblica.

Accompagnato dalla fama di fervente rivoluzionario, per aver partecipato a moti in Romagna e negli stati pontifici, capo del partito bonapartista, implicato in tentativi di sommovimenti in Francia, che gli hanno procurato una condanna e la reclusione nel castello di Ham in Piccardia, dal quale roccambolescamente è evaso, riparando in Inghilterra, Carlo Luigi Napoleone (Parigi 1808 - Chislehurst, Kent 1873), figlio di Luigi Bonaparte (fatto Re di Olanda dal fratello Napoleone) e di Ortensia Beauharnais, è il nuovo astro nascente della Francia repubblicana.

Eletto alla costituente nel settembre del 1848, ne diviene il presidente il 10 dello stesso mese, ma i panni di presidente non fanno per lui e il 2 dicembre 1852 attua un colpo di stato, che lo porterà nel dicembre dell'anno successivo alla proclamazione del secondo impero.

Luigi Bonaparte ha nel sangue il sogno di impero e lo realizza, un Bonaparte che cinge di nuovo la corona.

L'idea della grandezza per la Francia sarà, pure per lui, un passaporto per l'esilio.

XI Intermezzo

Parigi, casa del Tempio, anno 1848.

I Oratore: «Carissimi fratelli, Parigi è di nuovo in rivolta, ma non vi è stato alcun intervento sotterraneo da parte nostra.

La decisione di appoggiare una borghesia emergente, che ci permettesse, attraverso i vari gruppi che si definiscono Templari, di andare avanti con la ricostituzione di un nostro braccio armato, ha fatto sì che ora la Legione straniera è una realtà che difficilmente potrà essere fatta scomparire.

Chiunque detenga il potere, dovrà cercare l'appoggio di quella borghesia commerciale ed industriale che può essere da noi ben controllata ed indirizzata, grazie alla massiccia appartenenza di molti di questi nelle fila dei tanti sedicenti ordini che amano mantelli ed onorificenze cavalleresche.

Noi possiamo dar loro gli orpelli che ricercano con tanta bramosia, ma loro, inconsapevolmente, si muoveranno secondo l'indirizzo che giudicheremo più opportuno che seguano.

Al lavoro, fratelli, se per il momento le montagne dell'Atlante ci appaiono lontane, dobbiamo escogitare un modo per ritornare in Messico ed impossessarci di quanto ci appartiene».

Il secondo Impero

Di nuovo un Bonaparte sul trono di Francia, ma, se le aspirazioni di grandezza sono le stesse, non lo sono di certo il carisma personale e le capacità militari e politiche. L'ambizione vuole che la Francia ritorni ad essere l'ago della bilancia europea, e per far ciò Napoleone III si lancia in diverse avventure di politica europea e coloniale.

Da un lato appoggia il papato contro quei moti rivoluzionari che sognano una Italia unita, dall'altro le mire espansionistiche dei Savoia verso la penisola italiana a danno dell'Austria. In politica

coloniale, lo slancio verso la totale conquista dell'Algeria e di una parte del Marocco è rallentato dalla presenza spagnola in quelle zone, dove vi sono insediamenti, a Ceuta e Melilla, fin dal sedicesimo secolo.

I buoni rapporti creatisi con la corte spagnola, per un felice intervento in una questione dinastica gli aprono le porte verso i monti dell'Atlante e Tetuan è conquistata nel 1860.

Nel nuovo mondo, ed in specie nel Messico, gli interessi francesi erano notevoli fin dal 1838 e avevano portato a scontri di natura politica con l'allora dittatore, il generale Santa Anna, scontri che non si erano conclusi neanche con la morte del dittatore, avvenuta nel 1855.

Dopo diversi anni di lotte interne e di continui rovesciamenti sul fronte del potere, nel 1861 Benito Juarez entra a Città del Messico come nuovo presidente. Ma ciò non basta agli scontenti e a chi detiene forti interessi in campo economico, in specie il clero e i latifondisti. Tutto ciò facilita lo spalancarsi di una porta all'intervento straniero nel paese.

XII Intermezzo

Casa del Tempio, Parigi 1862.

I Oratore: «Fratelli, le nostre previsioni su Napoleone III si sono rivelate giuste.

Il potere economico che siamo riusciti ad affiancargli e che, ora, è in nostra mano, per il buon lavoro fatto dai fratelli che si sono infiltrati nei vari gruppi che si amano definire Templari, lo spinge sempre più verso la sua ambizione ma anche verso la nostra e, cioè, trovare la strada che ci possa condurre in Messico.

I forti interessi ai quali si sono esposti molti autorevoli personaggi dell'economia francese, non possono far altro che dare un'ulteriore spinta a che Napoleone compia il passo per il quale abbiamo lavorato.

I troppi interessi economici che la Francia e molti suoi autorevoli cittadini hanno in quel paese, devono essere salvaguardati e ciò esige l'intervento di truppe.

Anche noi ci saremo, il nostro braccio armato è pronto per affrontare il compito per il quale abbiamo voluto che fosse creato. Il Messico ci attende e, con l'aiuto del Signore, potremo avere quello che, oramai da troppo tempo, ci è sfuggito dalle mani.

Che i fratelli della Legione sappiano dei nostri intendimenti e ricevano gli ordini e copia delle antiche mappe in nostro possesso, butteranno il cuore oltre l'ostacolo, ma sono sicuro che riusciranno nell'impresa».

Messico

Nel 1863 l'Imperatore dei francesi Napoleone III decide di avallare le mire della casa Asburgica, che vuole, sul trono del Messico, Massimiliano. Massimiliano (Schönbrunn 1832 - Queretaro 1867, figlio dell'arciduca Francesco Carlo e dell'arciduchessa Sofia), è il fratello minore dell'Imperatore d'Austria, Francesco Giuseppe.

Personaggio di aspetto e di animo nobile, ha sempre avuto vita difficile, nonostante la sua posizione, in quanto ha dovuto subire il paragone con il più importante fratello.

Idealista e sognatore, viene convinto da fuoriusciti messicani ad accettare la corona del Messico. L'offerta gli è sollecitata da più parti.

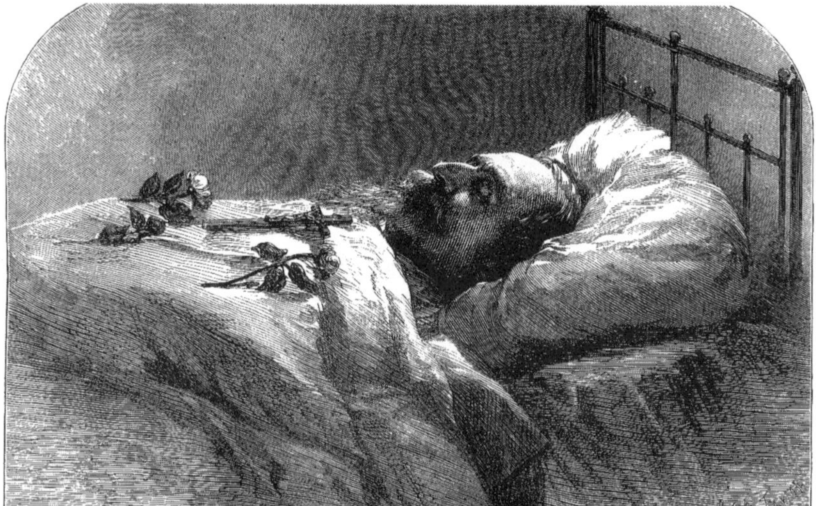

In primo luogo, egli vede la possibilità di mostrare quanto valga anche lontano dall'ala protettrice del fratello, poi la spinta datagli dalla moglie, Carlotta del Belgio (Laeken 1840 - castello di Bouchoute 1927, figlia di Leopoldo I del Belgio), da lui sposata nel 1857, donna ambiziosa e che vuole rivaleggiare con l'Imperatrice d'Austria Ungheria, della quale ha sempre subito il fascino, ma ne ha anche invidiato la posizione; non ultimo, Napoleone che gli assicura un appoggio incondizionato.

Visto come gli eventi si muovono intorno a lui, sognatore come è, idealizza di fondare una nuova dinastia, in quel paese da troppo tempo sconvolto da guerre intestine e che, ora, lo vuole come Imperatore per essere guidato, con onestà e con il prestigio del suo nome, verso una pacificazione attesa da troppo tempo.

In questo susseguirsi di emozioni, non rileva la sollecitudine e l'adulazione di Napoleone, che vuole fare apparire la Francia al centro della politica internazionale e la volontà dello stesso a voler trovare chi gli possa risolvere il problema dei forti interessi, economici e creditizi, vantati dalla Francia nei confronti di quel paese, interessi che ora sarà lo stesso Massimiliano a dovergli garantire. Le flotte inglesi e spagnole, che presto si ritireranno, aprono il varco alle truppe francesi le quali, il 7 giugno 1863, occupano Città del Messico.

Nel giugno del 1864 Massimiliano viene incoronato Imperatore di questo stato del centro America. La situazione che trova è tesa, malcontento e rivolta, grandi miserie fra le masse, ricchezze accumulate da pochi, privilegi del clero e dell'alta borghesia.

Il Messico, che da sempre ha avuto trascorsi rivoluzionari, anche adesso non ne è esente. Massimiliano si trova quindi a dover dipanare una matassa ingarbugliatissima, dove le pressioni provengono da più parti e lui, in fin dei conti, non è che uno straniero in quel paese.

Napoleone ha promesso, in supporto all'impresa di Massimiliano, l'invio di un consistente contingente francese, ma i lancieri non sono le uniche truppe che raggiungeranno il Messico; alla Legione straniera sarà affidata una parte di storia in questa impresa.

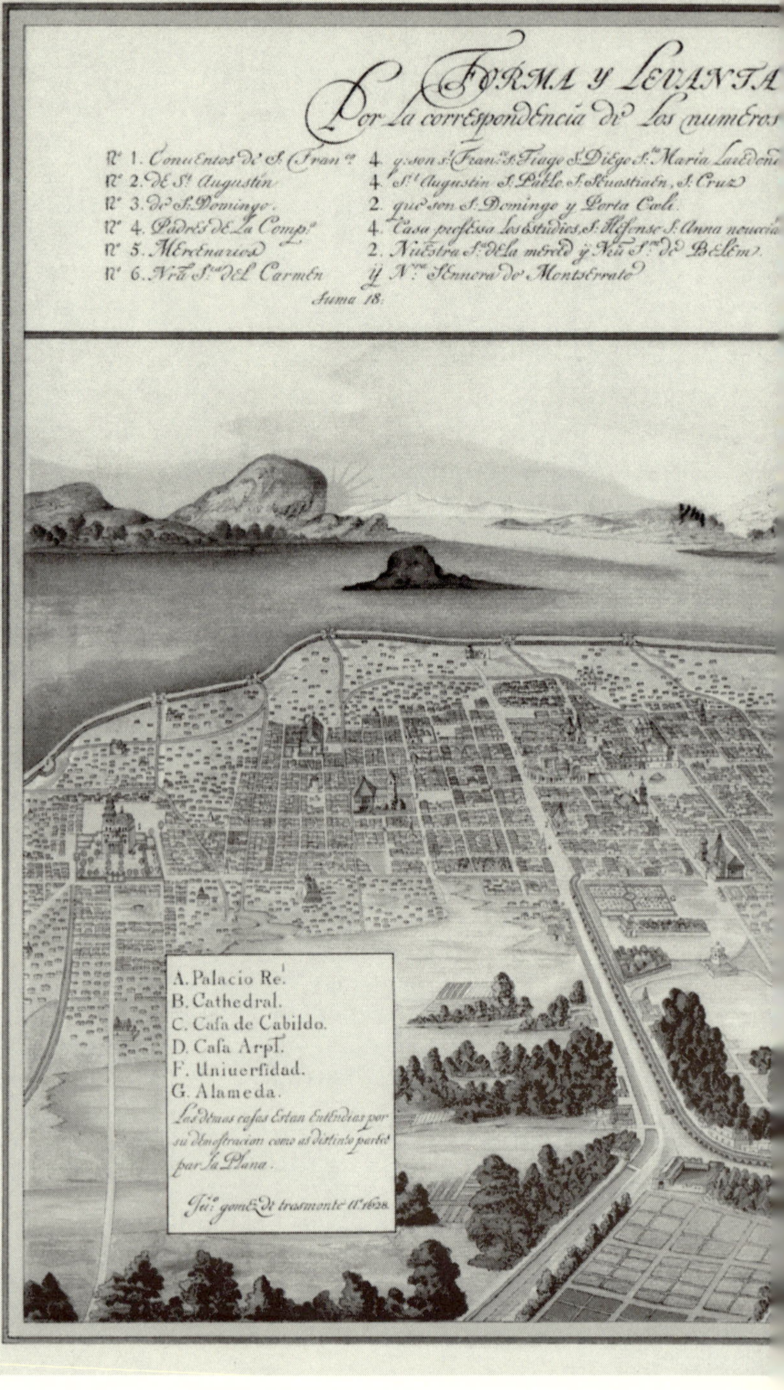

Forma y Levanta
Por la correspondencia de los numeros
Nº 1. Conuentos de S. Fran.co
Nº 2. de S.t Augustin
Nº 3. de S. Domingo.
Nº 4. Padres de la Comp.a
Nº 5. Mercenarios
Nº 6. Nra S.ra del Carmen
Suma 18.
4. q. son S. Fran.co S. Tiago S. Diego S.ta Maria
4. S.t Augustin S. Pablo S. Sebastian, S. Cruz
2. que son S. Domingo y Porta Celi.
2. Nuestra S.ra de la merced y Nra S.ra de Belem.
y N.ra Sennora de Montserrate
A. Palacio Re.l
B. Cathedral.
C. Casa de Cabildo.
D. Casa Arpl.
F. Uniuersidad.
G. Alameda.
Ju.o gomez di trasmonte A.o 1628.

Firenze Lit. A Ruffoni, Piazza S. Croce 30.

XIII Intermezzo

Parigi, casa del Tempio, primi di gennaio 1863.

I Oratore: «Ci siamo, finalmente potremo ritornare in Messico. Una scelta formazione di legionari si dovrà imbarcare ed eseguire gli ordini ricevuti. Al lavoro, fratelli».

La Legione

Il compito è di estrema delicatezza e di sicuro impegno. Non si potrà mandare chiunque oltre oceano, sarà necessario valutare i singoli individui e stabilire chi avrà il comando della missione. Solo una ristretta cerchia dei componenti questa milizia sa; altri, pur addestrati e soggiogati dal fascino di questo strano corpo militare, se da una parte ne hanno subito l'alone creato attorno ad esso, la dura vita ed il duro comando, dall'altra non conoscono i veri scopi per i quali è stato fondato e per i quali è stato inviato, prima in Algeria ed ora in Messico.

Viene fatta una cernita fra coloro che sanno e quelli che nulla devono sapere. Un drappello di pochi uomini del Tempio, al comando di un ufficiale che appartiene alla gerarchia segreta dell'Ordine, ha ricevuto precisi ordini; altri ufficiali, più in alto in grado e che hanno la responsabilità della campagna militare che si è iniziata, hanno ricevuto strani ordini con i quali vengono informati che quel piccolo drappello farà vita autonoma e che bisognerà assicurare ad esso tutto il supporto che verrà richiesto. La valutazione del suo operato e delle sue necessità sarà affidata ad un capitano, il quale ha ampia discrezionalità di movimento.

Saranno solo essi a dover cercare e dovranno farlo con assoluta circospezione, perché solo essi sanno cosa cercare e dove cercare quello che vale la pena ritrovare; sarà il premio delle fatiche e dei pericoli che è necessario correre.

Napoleone III è stato convinto ad inviare in quei luoghi la Legione, un drappello in più non desterà sospetti. Al canto della "Bella Eugenia" si imbarcano ad Orano, il 9 febbraio 1863, alla volta dell'America e dell'avventura che li attende.

Eugenie les larmes aux yeux
Nous venons te dire adieu
Nous partons de bon matin
Par un ciel des plus sereins
Nous partons pour le Mexique
Nous partons la voile au vent
Adieu donc belle Eugenie
Nous reviendrons dans un an ...

I calzari del Tempio lasciano di nuovo le loro orme su quella terra inseguita da sempre e ne percorrono le strade ed i sentieri. La bandiera sotto la quale si battono non è più il vessillo bianco e nero, che li ha visti primi esploratori di quei fantastici luoghi, non più cotte di maglia, spade affilate e bianchi mantelli, ma lo spirito no, quello rimane sempre lo stesso.

Non più selvaggi e foreste impenetrabili, oscuri indigeni e sacerdoti sanguinari. Il Re Dio non esiste più, gli spagnoli, i conquistadores ne hanno annullato per sempre il potere, la ricchezza, lo splendore. Non più guerrieri ornati di piume variopinte; non più grandi sacerdoti che squarciano il petto delle loro vittime sacrificali con pugnali d'ossidiana per estrarne dal petto il cuore ancora palpitante; non più i grandi Re ricoperti da fastosi mantelli intrecciati con le piume degli uccelli del paradiso che, ricoperti d'oro, hanno accolto i primi cavalieri assisi in inimmaginabili troni incastonati con gemme preziose; non più città vive e pulsanti di gente laboriosa e felice, che gremiva le vie e le piazze della città del Sole, dove ancora si erge la grande piramide.

Appare ora un popolo misero e affranto, soggiogato e dimentico dell'antica fierezza; peones e nugoli di bambini sporchi affollano

strade altrettanto maleodoranti, soldati stranieri hanno calpestato la loro dignità fino a farla sparire.

Ma un barlume dell'antico orgoglio risiede ancora nell'animo di alcuni di essi che, se pur pochi, riescono ad infiammare le folle.

La rivoluzione è negli animi e presto raggiungerà i cuori di coloro i quali mal sopportano lo stato delle cose; i piccoli villaggi si ribellano, i notabili vengono massacrati, su per i monti vi sono rifugi sicuri e gli uomini, con le loro famiglie ed i pochi viveri rimasti, si nascondono nelle forre ed in recessi inaccessibili.

Pochi contadini, armati solo della loro rabbia, ma a questi, altri, sempre più numerosi, se ne aggiungono; le armi sottratte ai soldati uccisi ben presto sostituiscono forconi e machete, si tendono imboscate, le strade non sono più sicure per i drappelli di soldati che le pattugliano, si assaltano convogli e ricche fattorie e con il ricavato si acquistano armi oltre confine.

La reazione dei soldati è selvaggia, si saccheggia, si uccide, si violentano le donne, si impicca solo per il sospetto di aver dato manforte ai ribelli. I lancieri francesi fanno bene il loro lavoro, doppiamente odiati perché spietati e perché stranieri.

Gli sforzi degli uomini della Legione sono protesi alla ricerca, anche a chi non sa sono stati dati ordini di setacciare vecchi monumenti, antichi templi abbandonati, sentieri nascosti e sotterranei inviolati. Anziani indios di sperduti villaggi sono interrogati per conoscere storie ed antiche leggende, tradizioni a stento ricordate e racconti che sanno di fantastico, ma nei quali si ricerca un fondo di verità.

Raggiungono i legionari la città sacra del Dio Sole e salgono, come già gli antichi cavalieri, i gradini della piramide ed entrano nelle sale oramai disadorne ed abbandonate. La grande strada è in rovina così come gli antichi palazzi, la foresta si sta rimpossessando dello spazio del quale era stata privata. Solo la grande piramide tronca è lì, circondata dall'enorme spianata che la fa apparire ancora più maestosa. Le grandi pietre con le quali è stata costruita, sono del grigio dell'acciaio e sui suoi gradoni, riscaldati dal Sole impietoso, si crogiolano enormi lucertole, ultimi ed immoti guardiani alla sua inviolabilità, mostri che ostacolano il passo a coloro i quali si vogliono arrischiare per la via del non conosciuto; essi guardano con i loro occhi vitrei ed immoti il passaggio di quegli uomini dal bianco copricapo che sono giunti fin lì per ridestare dal sonno più profondo ciò che, forse, non desidera essere ridestato.

Gli uomini si attendano sulla spianata del tempio ed accendono i fuochi per il bivacco. La notte trascorre sotto un tetto di stelle che configurano costellazioni diverse e viste da differente angolazione. I rumori della foresta si mischiano ai richiami delle sentinelle ed ai canti dei legionari.

Eho! Voici passer la legion etrangere
Au drapeau couvert de la gloire de son passé
Eho! Voici passer la legion centenaire
Fiere de sa devise Honneur et Fidelité ...

Poi, tutto tace. Dorme la foresta e dormono gli uomini, ognuno con i suoi pensieri. Posti lontani e sentimenti mai sopiti, donne una volta amate ed un passato che non deve più ritornare.

Il passato è un ricordo che questi uomini non si possono permettere, per essi esiste solo il futuro, un futuro al quale devono dare un senso, ed il senso è la Legione.

L'umida alba, intrisa da fredda nebbia, sveglia i legionari. Ci si attarda attorno ai fuochi da poco ravvivati, si stropicciano gli occhi e le mani per ridestarli dal freddo torpore della notte; i piedi, rivestiti da rudi scarponi, battono ritmicamente il terreno per aiutare il sangue a riprendere il suo giusto circolo e così, caldo e pulsante, ritornare a riscaldare le membra intirizzite. Una tazza di caffè, una galletta sgranocchiata fra qualche tiepida battuta che, a stento, fa sorridere, ed il lento risveglio si è compiuto. L'appello e l'alza bandiera, ed ora sono pronti e ben desti per incominciare quanto è necessario fare.

La ricerca viene condotta con ordine e con metodo, gli uomini vengono suddivisi in squadre, alle quali è assegnato il compito di perlustrare il territorio, estendendo a raggiera l'esplorazione.

Dopo diversi giorni di duro lavoro, una squadra che più di tutte si è allontanata percorrendo un sentiero appena visibile, ritorna indietro portando la notizia che, nel folto della boscaglia, vi è una costruzione in completo abbandono e della quale pare vi sia traccia nelle carte in loro possesso. Ad una nutrita squadra viene dato l'ordine di raggiungere questa costruzione e, se possibile, di esplorarla.

I Legionari lì giunti trovano le rovine ed enormi massi crollati, che impediscono qualsiasi accesso ed esplorazione. Dopo aver tentato inutilmente di aprirsi un varco o di rimuovere gli enormi blocchi, con molta precauzione preparano dell'esplosivo e lo fanno brillare. I massi, resi così più manovrabili, permettono loro di poterli spostare con più facilità e cercare una qualche via che li possa condurre all'interno della costruzione.

Dopo alcuni giorni di estenuante lavoro, reso ancora più faticoso dalla calura e dalla miriade di insetti che infestano la zona, finalmente creato un passaggio, possono entrare in quella costruzione ed esplorarne l'interno. Altre pietre da rimuovere, altra fatica ed altro sudore, ma alla fine lo scopo del viaggio è lì, davanti ai loro occhi. La fatica dei giorni precedenti, prima, l'esultanza del ritrovamento poi, non li fanno accorgere che sono stati spiati.

I rivoluzionari messicani hanno, fin dall'inizio, seguito le manovre di quel gruppo di uomini, nella convinzione che essi fossero alla ricerca di un antico tesoro sepolto. Ora l'esultanza mostrata è la conferma dei sospetti.

Ai legionari non rimane altro che disfare il campo, caricare i bagagli sui muli e ritornare alla base con il loro prezioso carico, ben avvolto con delle coperte, al riparo da sguardi e curiosità.

Si rifà il cammino verso l'accampamento principale per riferire al loro comandante e consegnare la preziosa cassa.

Fatta una relazione sugli avvenimenti ed i modi che hanno permesso il rinvenimento di quanto ordinato loro di ricercare, il carico viene portato nella tenda del comandante al quale sono stati impartiti ordini severissimi. Per nessun motivo e ad alcuno dovrà essere consentito avvicinarsi od aprire la cassa, questa dovrà essere avvolta in uno spesso telo impermeabile, assicurata con una stretta legatura ed il nodo che la serra dovrà portare il sigillo del comandante, a garanzia che nessuno l'abbia aperta fino al suo arrivo in Francia, destinazione verso la quale dovrà essere inviata al più presto possibile.

Il comandante di questo particolare gruppo di legionari è uomo del Tempio, e ben sa dell'importanza di quanto rinvenuto e della necessità di far giungere il carico in Francia ed al più presto. Pertanto, messosi a rapporto dal comandante la spedizione, consegna delle buste sigillate che, una volta aperte e lettone il contenuto, fanno sì che anche il più alto in grado dovrà dargli l'assistenza da lui richiesta senza porre domande. Il comandante del corpo di spedizione non può non ubbidire e si mette a disposizione per quanto necessario fare.

Il capitano Danjou, anche se gli è inferiore in grado, ha l'autorità derivante da quelle lettere siglate in maniera convenzionale.

Si decide che il viaggio verso il porto di imbarco inizi il 29 aprile; a Vera Cruz, alla fonda, vi è una nave che li ricondurrà in Francia.

Per rendere più sicura la marcia di un carro isolato, si ritiene sia opportuno allestire un grosso convoglio per trasportare così anche i feriti, prede di guerra, messaggi e rifornimenti diretti a Puebla, città dove l'esercito francese è bloccato da una forte resistenza e che si trova proprio sulla via che conduce al mare. Questo apparato dovrebbe far desistere una piccola banda di ribelli dal tentare un attacco ed in ogni caso nessuno potrebbe sospettare che un così prezioso carico possa essere mimetizzato in quel trasporto.

La mattina del 29 aprile 1863, i legionari con il tipico lento passo di marcia (88 passi al minuto), cadenzato dal rullo dei tamburi e dalle note delle canzoni, iniziano il loro cammino.

Alla retroguardia, il capitano Danjou, con i suoi 62 uomini, copre le spalle al grosso della truppa, a protezione del prezioso carico. Non si vogliono correre rischi inutili.

La marcia è sfibrante, per far presto si è camminato pure di notte ma la velocità del percorso e l'estrema prudenza usata per garantire sicurezza al convoglio, non sono bastate ad ingannare i messicani e già alle sette del mattino del 30 aprile, nelle vicinanze di Paloverde, è avvistata una prima avanguardia dei rivoluzionari.

I messicani, convinti che la colonna stia trasportando un grande tesoro in oro e pietre preziose, ritrovato all'interno della grande piramide, hanno raccolto duemila uomini e, ventre a terra, hanno raggiunto il convoglio, sperando che il loro numero sia un sicuro deterrente per costringere i soldati alla resa e, quindi, farsi consegnare il tesoro.

Alla retroguardia, il capitano Danjou schiera i suoi uomini pronti a subire il primo attacco che, subito, appare violento come violenta è la reazione, che non si fa attendere.

Il capitano ed i suoi uomini sanno dell'importanza di quanto la colonna sta trasportando, il frutto delle loro ricerche, delle fatiche, di secoli di fratelli che hanno perpetuato una tradizione, che li ha condotti fin lì, di quella tradizione per la quale, ora, sono disposti a spendere la loro vita.

Sanno che i messicani non dovranno passare e che il loro compito è quello di fermarli, per dare tempo alla colonna di allontanarsi e raggiungere il porto di Vera Cruz, dove li attende l'imbarco per la Francia e da dove la loro preziosa cassa dovrà intraprendere il viaggio per la casa del Tempio di Parigi, sua ultima e sognata destinazione.

Assalti su assalti, tutti respinti, ed un lento ed inesorabile ripiegamento verso posizioni più difendibili. Il convoglio si è staccato dalla battaglia, più velocemente possibile si allontana.

A loro il compito di morire.

Ripiegando, giungono a Camarone, un massiccio albergo di campagna, unico baluardo in quell'arida spianata. La corte esterna della costruzione è riparata da un solido ed alto muro, che darà la possibilità di attestarsi, per essere ultimo ostacolo alla corsa dei cavalieri messicani ed estrema difesa per impedire a questi di poter raggiungere i loro compagni diretti al mare.

Un ulteriore attacco, per saggiare le difese apprestate dai legionari, ma ai cavalleggeri non resta che desistere. Un messicano, portando una bandiera bianca, si avvicina cautamente al muro di confine e, in un maldestro francese, invita quei pochi soldati ad arrendersi.

«Siete pochi e noi siamo duemila, noi abbiamo acqua e voi morirete di sete, perché sprecare le vostre vite per difendere l'indifendibile, vi soverchieremo ben presto e lasceremo che gli avvoltoi si cibino dei vostri cadaveri. Arrendetevi ora, così potrete rivedere la belle France».

Arrendersi! Questa è una parola che il Tempio non comprende, non la conosce perché non l'ha mai usata; cosa mai pensano questi messicani, forse che i legionari hanno perso la tempra degli antichi cavalieri e che ora siano disposti ad impararne il significato?

L'offerta è respinta e la battaglia infuria.

Cadono uno ad uno i legionari, ma mantengono la posizione, nonostante i furibondi attacchi dei messicani.

Cadono i nemici, ma il loro numero pare non finisca mai.

Si guardano negli occhi i legionari, ma sono occhi che non esprimono nulla, perché nulla vi è da esprimere se non la determinazione. Non è il momento né dei sentimenti, né dei sentimentalismi.

Cadono uno ad uno i legionari, colpito mortalmente cade a mezzodì il capitano Danjou, che più di tutti si è esposto al fuoco del nemico ma quanti messicani non si solleveranno più dal terreno!

«"Onore e fedeltà", ricordate legionari, combatterò sempre al vostro fianco», e spira.

L'attacco rallenta, un piccolo respiro tanto per asciugarsi il Sudore e bere un sorso d'acqua, una nuova richiesta di resa, anch'essa respinta. L'attacco ricomincia, non meno furioso di prima.

Cadono uno ad uno i legionari, alle due, il sottotenente Vilain, colpito in fronte. Il calore delle armi brucia le mani ai legionari, la gola è secca, ma non tanto da non poter intonare una canzone di sfida, spaccona ed irriverente, ma che serve a caricare gli uomini e ad irritare il nemico.

Au revoir, petite Monica,
nous partons au combat,
au revoir, petite Monica,
que tes yeux ne pleurent pas,
fallerì, fallara, fallerì, fallara,
je ne suis toujours qu'à toi,
au revoir, petite Monica,
en tous lieux, je pense a toi ...

Cadono uno ad uno i legionari, sono le cinque e l'inferno è lì, polvere e sangue tingono il volto dei superstiti, non più canzoni, ma neanche rassegnazione, le mosche ronzano sul sangue dei cadaveri, gli occhi vitrei dei morti guardano al cielo, come per invocare un aiuto divino. I vivi non guardano più, se non per vedere dentro se stessi.

Dodici legionari ed un sottotenente e l'inferno si scatena.

Cadono uno ad uno i legionari, alle sei i cinque legionari superstiti si guardano, il loro è un saluto. «Arrivederci, ci rivedremo all'inferno», grida ai suoi uomini il sottotenente Maudet.

Poche cartucce e poi mano ai coltelli, non vi è pietà per i temerari. Una scarica di fucileria e due dei cinque legionari cadono uccisi insieme a Maudet; i coltellacci bagnati di sangue fino all'impugnatura, le spalle contro il muro, il caporale Manjou e i due legionari superstiti, chiudono gli occhi ed attendono l'ultima scarica, ma un improvviso silenzio avvolge tutto, irreale e fantastico. Che il tempo si sia fermato?

G. Rava '08

Il tempo ha aperto le sue porte, le colline attorno a Camarone sono avvolte da una nebbia irreale, trasportati dal vento e dal desiderio, ecco che appaiono i bastioni di San Giovanni d'Acri, ultimo baluardo dei Templari in Terra Santa; lì i cavalieri si sono sacrificati ed hanno combattuto fino all'ultimo respiro, per far sì che si potessero mettere in salvo gli ultimi cristiani superstiti dell'avventura delle Crociate. Lì, sugli spalti dell'antico maniero, le ombre dei vecchi cavalieri si sono raccolte, le loro guance sono solcate da lacrime di gioia, i loro cuori palpitano e le loro spade sono rivolte in alto ad inneggiare un segno di gloria e di saluto.

Gli antichi Templari sono fieri di questi loro più giovani fratelli, che hanno saputo tenere alto il vessillo dell'onore.

Sono ora sicuri che il loro sacrificio non è stato vano, il valore e l'attaccamento all'Ordine è sempre vivo e ne sono testimoni quanti

in questa giornata si sono immolati. La nebbia avvolge i torrioni, la nebbia avvolge Camarone, il sogno non è svanito ma è riservato solo a chi è capace di sognare.

Non vi è più silenzio, i gemiti dei feriti, le urla, gli ordini, i tre superstiti aprono gli occhi e, disarmati, con le mani legate dietro la schiena, vengono portati via.

È il 30 aprile 1863, e nei giorni fra il 27 ed il 30 aprile 1291 cade San Giovanni d'Acri, in riduzione aritmosofica 1863 da come somma nove, e, nove furono i cavalieri fondatori del Tempio.

Il grosso della truppa ha avuto il tempo di staccarsi dalla battaglia e di intraprendere la via del mare, raggiungere Vera Cruz ed imbarcare la preziosa cassa, che ha richiesto questo grande contributo di sangue e di valore. Da lì, veleggerà verso la sua nuova casa che, si spera, ultima e definitiva.

XIV Intermezzo

Casa del Tempio, Parigi, siamo alla fine dell'anno 1863.

I Oratore: «Fratelli, la missione che ci ha condotto in Messico se si è conclusa felicemente, con il recupero della cassa nascosta secoli fa, ma ha avuto un notevole costo in vite umane. I nostri cavalieri si sono immolati in una battaglia che ha visto il nemico rendere omaggio al grande valore dimostrato. Siamo fieri dello spirito del Tempio che, mai sopito, arde nei cuori di chi, come noi, ha portato avanti silenziosamente il messaggio per così lungo tempo. Onore per i morti, onore per i vivi; il Tempio, nostra patria, è e sarà sempre il coagulo di tutte quelle forze che, come hanno dimostrato i nostri fratelli in Messico, sono pronte all'estremo sacrificio senza chiedere nulla per sé, ma pronte a battersi per la gloria di nostro Signore. La cassa trasportata in Marocco, dopo la fuga da Parigi, dovrà essere il nostro ulteriore sacrificio, già da tempo la Legione è presente su quel territorio, ma condizioni politiche l'hanno tenuta lontana dalle montagne nelle quali i nostri vecchi fratelli nascosero la cassa, con l'aiuto dei cavalieri Drusi, nostri nemici, ma anche nostri alleati in quel percorso interiore che distingue dagli altri uomini chi crede nei dettami della vera cavalleria. Fin dal 1830 la Legione si è installata a Sidi Bel Abbès, abbiamo ricostruito il vecchio fortilizio preesistente e ne abbiamo fatto la nostra base principale, dalla quale poter spiccare il volo verso la meta per noi agognata. Abbiamo fatto sorgere dalle sabbie del deserto avamposti, dove i nostri uomini si sono temprati nei duri scontri con i beduini e dove dune e deserti pietrosi sono stati

la scuola nella quale hanno compreso il significato di spirito di corpo, cameratismo, fratellanza, scuola di Onore e Fedeltà, motto che ora è un tutt'uno indissolubile con il loro cuore. Ora, prepariamoci a compiere questo ultimo balzo, i monti dell'Atlante ci attendono da troppo tempo, andiamo a riprenderci l'Arca».

Napoleone III: la fine

Il fallimento della missione Messicana, conclusasi con la fucilazione a Queretaro, il 19 giugno 1867, dell'imperatore Massimiliano, conducono la Francia ad un isolamento politico e militare.

Gli insuccessi in politica estera negli anni successivi rafforzano l'opposizione interna all'autoritarismo imperiale che, troppo tardi, ha preso una svolta liberale. Il 1870 ha inizio con gravi disordini, scoppiati a Parigi e repressi con il pugno di ferro.

Ma questo è l'anno che segna pure il definitivo crollo di Napoleone III e del bonapartismo, che era stata la linea di condotta, sulla quale si era basata la popolarità di quest'ultimo discendente del fondatore del primo Impero.

La guerra con la Prussia sfocia nella bruciante sconfitta di Sedan del 2 settembre 1870.

L'Imperatore è fatto prigioniero e Parigi cade. È finito il sogno imperiale e con lui Napoleone che, liberato nel 1871 dalla prigionia dorata del castello di Wilhelmshohe, si ritira in Inghilterra dove morirà nel 1873 a Chislehurst.

L'idea di un autoritarismo tutore dell'ordine sociale e politico, il ripristino di un sogno di grandezza, i risentimenti di una Francia orfana, dopo la sconfitta di Napoleone Bonaparte, sono falliti per la contraddizione politica che vuole essere ad un tempo egoisticamente francese ed altruisticamente europea.

La situazione politica internazionale è favorevole a ché si realizzi il sogno del cancelliere Bismarck, cioè indurre i principi tedeschi alla

costituzione di un impero germanico. A Versailles, il 18 giugno 1871, Guglielmo di Hohenzollern è proclamato Imperatore.

La Francia occupata, nel frattempo, l'8 febbraio 1871, ha eletto un capo provvisorio, Thiers, ma i moti proletari ed operai di Parigi non permettono l'insediamento nella capitale del nuovo governo. Viene creata "La Comune" che, impadronitasi della città, la terrà fino al 28 maggio 1871. Questa è la data che segna la nascita della terza Repubblica che, fra mille difficoltà, avrà una svolta conservatrice ma, nel contempo, rinunciando al miraggio di una rivincita immediata, saprà consolidare la Francia in una equa posizione internazionale.

Il protettorato sulla Tunisia del 1881, l'avventura in Indocina, il Madagascar e Gibuti in Africa, la duplice alleanza con la Russia nel 1893, sono un preciso sistema diplomatico che permette alla Francia di sentirsi difesa e protetta.

Scampato il pericolo di una involuzione reazionario-clericale e dittatoriale, che ha fatto sorgere un anticlericalismo sfociato in una rottura con il Vaticano, nascono comunque i germi per un ordinato sviluppo democratico.

Questo è l'antefatto che condurrà alla conquista del Marocco.

Marocco

Dopo la fuga da Parigi, il prezioso cofano che ora bisogna andare a riprendere, ha trovato rifugio fra i monti dell'Atlante.

La complice amicizia nata fra i Templari ed i cavalieri Drusi fin dai primi momenti dell'avventura in Terra Santa, si è rivelata di estrema utilità. I cavalieri musulmani hanno condiviso con i Templari speculazioni filosofiche e ricerche alchemiche, ciò li ha uniti in una fratellanza che oltrepassa i confini di nazione, di religione, di colore della pelle, rendendoli fratelli in una nuova visione del mondo ed in una intensa ricerca interiore. Queste le basi sulle quali si è poggiata la fiducia, che ha portato a una collaborazione che ad alcuni potrebbe sembrare inverosimile.

Ma anche l'Islam non è immune dai capricci della sorte e gli eventi hanno travolto anche gli spiriti più elevati. I cavalieri Drusi si sono dovuti mimetizzare fra la moltitudine musulmana perché anche loro, come i Templari, hanno dovuto subire la cecità degli uomini; le loro Ribat sono state abbandonate ed ora, deserte, sono abitate solo dal vento impetuoso e dalla sabbia del deserto; l'Arca è stata nascosta e, silente, attende ... attende. Gli spagnoli fin dal XVI secolo hanno occupato Ceuta e Melilla, una larga striscia di terra fra il Mediterraneo ed i monti dell'Atlante; nel 1860, con la conquista di Teutan, hanno consolidato la loro posizione.

La Legione, anche se braccio armato dell'Ordine, combatte sotto la bandiera francese, ed è impensabile creare un incidente diplomatico;

per poter penetrare in territorio marocchino è necessario che la storia trovi delle opportunità.

Venti indipendentisti di popolazioni berbere e di sceriffi del Rif si abbattono sul territorio algerino, sotto controllo francese; è necessario proteggere gli interessi in Africa del Nord e la Legione, di stanza a Sidi Bel Abbès, marcia nel deserto e forgia i suoi uomini; i confini con il Marocco sono lì, davanti ai loro occhi.

Il vento soffia ed acceca gli uomini i quali, faticosamente, arrancano su per quelle dune di sabbia, colline del demonio che sfiancano il corpo e lo spirito dei legionari da diversi giorni in marcia in cerca dei ribelli che, con le loro bande attestate in Marocco, hanno compiuto diverse scorrerie in territorio algerino. È il 2 settembre 1903, per i legionari un giorno come tutti gli altri; ancora non sanno che è il momento di scrivere un'altra pagina di sangue e di valore nel libro della loro storia.

Sono giunti da poco ad El Moungar, ma la marcia non è finita; una piccola oasi, incuneata fra alte dune, è l'occasione per una breve pausa, si svita il tappo di una borraccia per bere un sorso della poca acqua rimasta, si arrotola una sigaretta e giunge l'ordine di proseguire. Un colpo di fucile ed un legionario stramazza a terra, si appiattisce sulla sabbia, per trovare un improbabile riparo agli altri colpi che seguiranno. Tutto tace. Si guarda il tenente negli occhi, per cogliere dal suo sguardo un comando, un'indicazione, lo scatto di un otturatore ed il colpo è in canna pronto a far fuoco. Tutto tace. Un sergente si alza in piedi, per cercare di vedere meglio all'orizzonte, uno sparo, ed anche il sergente giace morto fra la sabbia che gli è scivolata addosso. I 113 legionari sono bloccati lì, aspettando un ordine che tarda ad arrivare. Delle grida di guerra si odono da dietro le dune ed ecco apparire il nemico. Le sagome dei cammelli si stagliano alla sommità di quelle colline di sabbia e cinquecento beduini circondano i legionari che, ora, attendono l'ordine di sparare. «Ancora è troppo presto, fateli avvicinare», grida il tenente. Gli arabi si precipitano giù, per il pendio delle dune, urlando e sparando; è il momento di rispondere al fuoco, un cammello colpito ruzzola dal pendio insieme al suo cavaliere, che viene finito con un colpo di baionetta, altri beduini cadono, ma cadono altri legionari.

Otto ore di fuoco e di morte e, poi, così come all'improvviso erano apparsi, i ribelli si dileguano, la Legione non ha indietreggiato.

Seppelliti i morti e raccolti i feriti, la marcia continua.

Giorno dopo giorno, questa è la vita in terra d'Africa. I legionari muoiono, ma altri ne arrivano, arriva il 2° reggimento nel 1907 e poi il 3° nel 1911. Se Sidi Bel Abbès è la casa madre della Legione, altri fortilizi costellano tutta la regione, avamposti a guardia dei coloni francesi, delle zone minerarie, dei principali snodi viari.

La vita in questi forti si svolge fra interminabili addestramenti ed interminabili notti passate a girovagare fra le strette vie dei quartieri arabi, che inebriano con il confuso vociare dei loro abitanti, con l'odore dei cibi piccanti, cucinati all'aperto, con l'acre fumo del forte tabacco, che avvolge chi entra in quei rari bistrot per bere un Pernod e dimenticare, guardando distrattamente la ballerina che si esibisce in una invitante e suadente danza del ventre; un esplicito invito. Ma i sentimenti, con i loro problemi, i legionari li hanno buttati dietro le spalle e non ne vogliono più.

La storia, inevitabilmente, fa il suo corso; l'incidente di Agadir nel 1911 costituisce il momento opportuno per agire. Le complicazioni internazionali venutesi a creare fra il sultano del Marocco, la Spagna, gli Stati Uniti e l'Impero tedesco, danno l'opportunità alla Francia di intervenire a favore di Mulay Hafid che, cacciato il fratello Abd al Aziz, si proclama sultano del Marocco e mette lo stesso sotto il protettorato francese. È il 30 marzo 1912.

La via per i monti dell'Atlante è aperta.

XV Intermezzo

Casa del Tempio di Parigi, anno 1912.

I Oratore: «Le porte dell'Atlante si sono aperte, amatissimi fratelli, accingiamoci a ripercorrere il deserto, così come fecero i nostri predecessori, dopo la fortunosa fuga da Parigi.

Con l'aiuto dei cavalieri Drusi, che li ospitarono nelle loro Ribat, essi riuscirono a tenere nascosta e lontana da adunche mani la nostra preziosa Arca. Ora che gli eventi si sono volti a nostro favore, risvegliamo dalla polvere quanto, con tanta fatica, ottenemmo, e ricongiungiamo questa con la sua parte gemella, già in nostro possesso.

Usando la discrezione che ci ha sempre contraddistinto, agiamo con prudenza, evitando le curiosità degli uomini.

Per raggiungere il nostro obiettivo, è necessario velare lo scopo della spedizione che ci accingiamo ad organizzare; una ricerca archeologica sarà il paravento dietro il quale si celeranno le vere motivazioni del viaggio. Saranno tre nostri fratelli, noti archeologi, che avranno questo compito. I fratelli prescelti, anche se giovani, godono già di buona fama nel loro lavoro e la loro non tarda età li aiuterà a superare le difficoltà del viaggio.

I fratelli prescelti sono: fra André Rostand, fra Alvise Predolin e fra Karl Munch. Al più presto essi si imbarcheranno per raggiungere Sidi Bel Abbès, dove già i nostri ordini sono giunti e da lì, scortati dai nostri uomini della Legione, porteranno a compimento l'incarico loro affidato.

Non nobis, Domine, non nobis, sed Nomine Tuo da gloriam».

QUADRILLAGE KILOMÉTRIQUE LAMBERT (NORD ALGÉRIE)
SIDI
OULAD RIAB
Oued
Ouakaloul
Akahal
Bled Sanh el Kedar
Hammar el Bedd
Hammam Merziche
El Ferrane
Bled el Hamri
Djenbar
Dj. Tinegant
Arkoub el Mekalel
Arkoub el Kerrareb
Djebel el Hassane
Detrie
Sidi Lhassen
Nº 7
Palissy
Sidi Kraled
El Hama
El Asif
Bled
Kradra
Zoubia
Chabriere
Maison Blanche
Route Nationale
Tiffilat
Dressé, gravé et publié par le Service géographique de l'Armée (Révision de 1937)
Route nationale
Chemins de fer
Passages de rivière

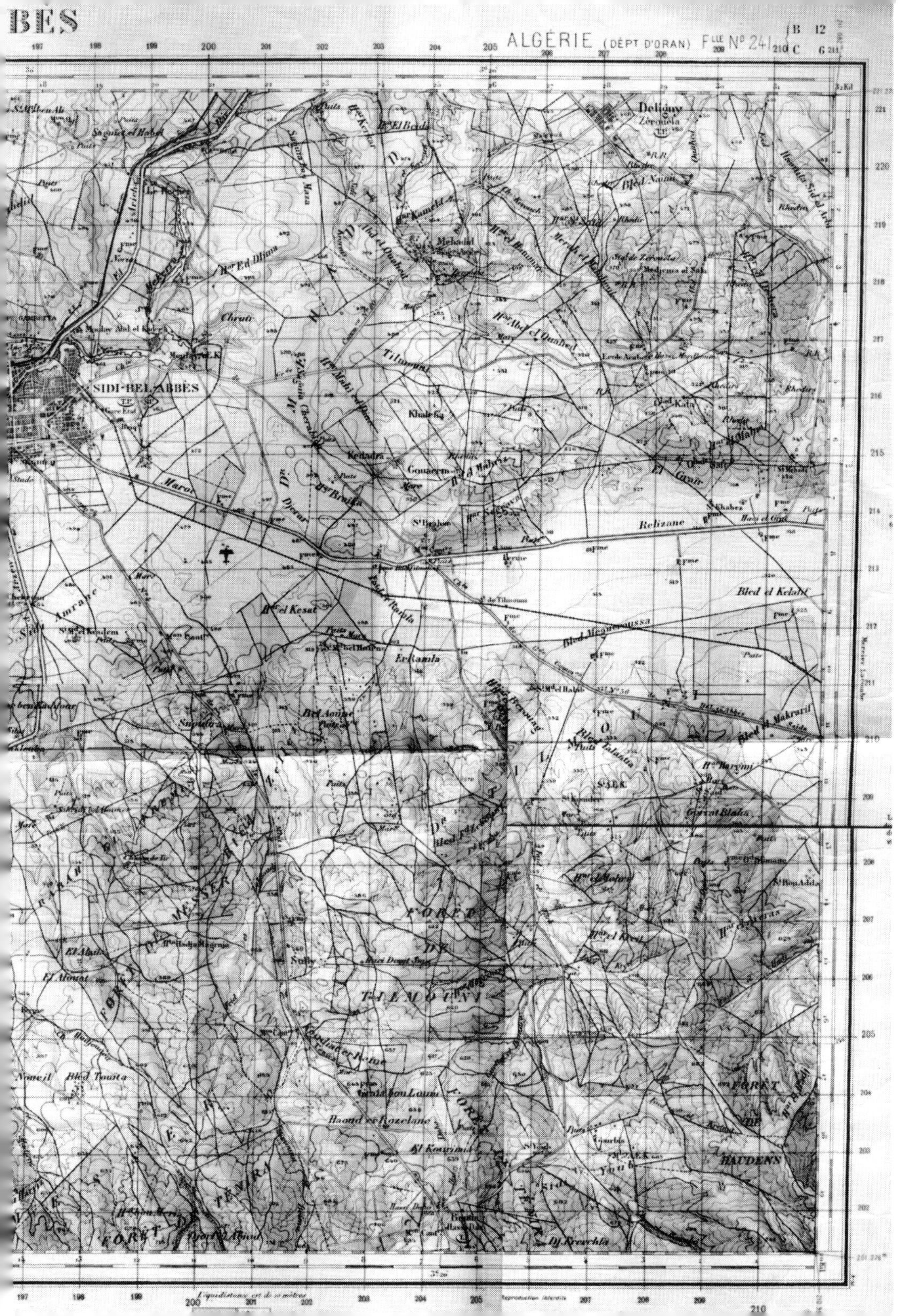
BES
ALGÉRIE (DÉPT D'ORAN) Flle No 241
Deligny
Zéroula
SIDI-BEL-ABBÈS
Tilmouni
Khalefa
Kehadra
Relizane
Bled el Kelakh
Er Ramla
Amrane
Sufly
FORÊT
HAUDENS
El Alouat
Bled Tauita
Dj Krerchla
Haoud er Rozelane

A Sidi Bel Abbès, verso l'Atlante

I tre uomini del Tempio sono sbarcati ad Algeri.

Avvezzi, per mestiere, alle stranezze di popoli e di terre differenti dalle loro, non sono stati colpiti più di tanto dal fascino dell'Africa.

I fellah, da loro assoldati per portare i bagagli, li hanno condotti fino alla legazione francese, non senza doversi districare fra un dedalo di viuzze, un vociare di venditori ambulanti ed un nugolo di bambini, sempre curiosi e pronti a chiedere qualche cosa in regalo.

Lì giunti, consegnate le credenziali e stabilito quando una colonna militare avrebbe potuto condurli a Sidi Bel Abbès, hanno preso alloggio in un bell'albergo, forse l'unico decente della città, che offre quelle comodità occidentali alle quali, da lì a poco, avrebbero dovuto rinunciare per compiere il loro viaggio.

Attendere non è sempre facile, ma in certe situazioni la pazienza è una corazza che bisogna indossare.

Il trasporto militare ha i suoi tempi, e aspettare è inevitabile.

Le sere trascorrono mollemente, mollemente come la terra d'Africa, con i suoi profumi ed i sensi che riesce ad esaltare. Un giro per la casbah ed i suoi locali, il ritmo della musica orientale e le sue danzatrici, un bicchiere di Pernod e l'aspro sapore del tabacco turco, aspirato da un narghileh, mentre si è adagiati su dei grandi cuscini ad osservare distrattamente l'ennesima ballerina. Ora una cantante francese, che in patria non ha più fortuna e che rincorre un improbabile successo in terra d'Africa. Vecchie canzoni malinconiche, che vogliono suscitare ricordi, cantate da donne stanche per la vita passata, vita non sempre facile; giunte lì, con troppo rossetto sulle labbra e troppo nero sugli occhi; donne senza futuro che si illudono di poter suscitare ancora emozioni su quell'eterogeneo crogiolo di uomini, giunto lì chi sa da dove e chi sa perché.

Il est un moulin au fond de la vallée
qui tourne et qui craque sans cesser
partout ou je m'en vais,
ou je m'en vais,
par montagnes et forêts, et forêts.
Le moulin enchantè, je le vois toujours
qui tourne et qui craque sans cesser ...

Il trasporto militare è finalmente pronto per la partenza e, di lì a qualche giorno, Sidi Bel Abbès sarà raggiunta.

«Capitano Renard ai vostri ordini, signori», così esordisce l'ufficiale che ha l'incarico di comandare la spedizione.

«Sono io che guiderò la compagnia incaricata di scortarvi. Questi è il tenente Marini, mio secondo, e questi il sergente maggiore Hoffman, che sarà a vostra disposizione per quanto vi necessiti. A lui vi potrete rivolgere in ogni momento, ed egli cercherà di soddisfare le vostre esigenze. Vi avverto, non sarà una passeggiata per i boulevard, ci potrebbero essere attacchi dei ribelli e, in ogni caso, il deserto sarà duro da attraversare. Vi dovrete adattare a quello che è il normale svolgimento della vita della compagnia, e non crediate che sarò tenero con gli uomini e, quindi, con nessuno».

«Non scordatevi, Capitano, che noi, come voi, siamo uomini del Tempio e sapremo rispondere prontamente e senza tema a tutti gli accadimenti che si potrebbero verificare».

Con questa replica di fra André Rostand il colloquio ha fine e i tre archeologi si ritirano negli alloggiamenti loro assegnati per potersi preparare alla partenza stabilita di lì a due giorni.

Una tersa alba africana e lo squillo di una tromba che chiama all'adunata per l'alza bandiera, poi di corsa a mensa per la colazione. La compagnia che dovrà partire questa mattina è in piazza d'armi, pronta per l'ispezione. Sfilano i legionari, il picchetto presenta le armi, le porte del forte si aprono, la colonna lentamente si allontana e scompare nel deserto.

I legionari, ora, sono soli, una nuova avventura li attende.

Tiens, voilà du boudin, voilà du boudin, voilà du boudin,
pour les Alsaciens, les Siusses et les Lorrains,
pour les Belges, y en a plus, pour les Belges, y en a plus,
ce sont des tireurs au cul ...

Lenta è la marcia. Poco dopo aver lasciato il forte i legionari hanno smesso di cantare, non è il caso di sprecare del fiato con quel caldo e la lunga passeggiata che li attende. Solo i soffi di vento, che sollevano a tratti mulinelli di sabbia, ed il bramire di qualche cammello innervosito, non si sa perché, sono i rumori che interrompono lo spettrale silenzio del deserto. Silenzio! Ma perché silenzio, in quella immensità di cui Dio ha bisogno per manifestarsi totalmente, non siamo forse noi incapaci di sentire quanto la vita e la natura, che ci circonda, mormora alle nostre disattente orecchie? E poi, il vento, quel vento che raccoglie nel suo girovagare le voci, i sospiri, le speranze di chi con esso si confida e le trasporta per l'aere, pronto a sussurrarle a chi presta orecchio alle parole che esso trasporta, non sono forse preziosi compagni al nostro girovagare?

La marcia è monotona, come monotone sono le fredde sere trascorse in bivacchi improvvisati, illuminati da radi fuochi, accesi con quelle poche sterpaglie che il deserto offre. Domani è un altro giorno, un altro giorno di sete, caldo, fatica.

Ma questa mattina una novità attende la compagnia. I soliti uomini di pattuglia, che il capitano Renard prudentemente manda sempre avanti per esplorare il cammino, sono tornati indietro piuttosto frettolosamente.

Il capitano, chiamati il tenente Marini ed il sergente Hoffman, racconta quanto riferito dagli esploratori. Fatti chiamare i tre archeologi, anche ad essi illustra quanto sta avvenendo. L'oasi che dovevano raggiungere, è occupata da una tribù di beduini che hanno innalzato le loro tende. Deviare dal percorso, significa fare un lungo giro che porterebbe via del tempo prezioso e delle risorse in acqua, cibo e fatica. Andare avanti non significa la certezza di una calorosa accoglienza, anzi potrebbe accadere il peggio. Cosa fare? La delicata missione per la quale sono in viaggio, consiglierebbe un atteggiamento più prudente, ma il Tempio e quindi la Legione hanno mai deviato dal loro percorso? Anche i tre archeologi, fratelli Templari, non hanno esitazione, la meta è l'oasi che è lì davanti: le loro intenzioni sono pacifiche e, pacificamente, sono disposti a dividere la frescura dell'oasi con gli arabi che hanno lì il loro attendamento. Se questi non si mostreranno altrettanto amichevoli, ebbene, ci si batterà per l'onore della bandiera.

Ciò deciso, una più consistente pattuglia d'avanguardia riceve l'ordine di procedere in avanti per farsi vedere dai beduini che, se colti di sorpresa, potrebbero valutare come non amichevoli le intenzioni dei legionari. Quindi, rassicurati questi, dare il via al resto della compagnia per un tranquillo avvicinamento.

La sorpresa di vedere un gruppo di legionari ben lontano dalle abituali zone di pattugliamento, ha reso i primi arabi che si sono accorti di essi parecchio nervosi. Alcuni, balzati in sella ai loro cavalli, stanno attraversando al galoppo l'accampamento per dirigersi verso quella che ritengono una fonte di pericolo, ma la prudenza alberga anche nell'animo del loro Sceicco. Quest'uomo è avvezzo alla battaglia ed ha già sperimentato i fucili dei legionari, e poi è parecchio tempo che la sua gente non ha scontri con i francesi e l'ultima carovana che i suoi uomini hanno depredato proveniva da Sud ed era principalmente composta da schiavi negri che portavano merci del Ras di un territorio del centro Africa, destinate alla costa. Perché questi soldati dovrebbero avercela con lui? Meglio accoglierli bene, insieme al dovuto sospetto e, se ci sarà da battersi, pazienza, se Allah lo vuole.

Fermati i suoi uomini e fatti segni di benvenuto, si pone sul percorso che i legionari hanno scelto per avvicinarsi, pronto ad accoglierli pacificamente. Le donne, tiratosi il velo sul viso, si sono ritirate e curiose guardano dagli spazi appena aperti delle tende. Gli uomini, ridiscesi da cavallo, hanno riposto i fucili ma tengono le mani sull'elsa delle loro spade.

Il primo gruppo di legionari spiega allo Sceicco le intenzioni pacifiche, nel mentre che il grosso della compagnia è in arrivo.

Il capitano Renard ha già avuto a che fare con diversi di questi piccoli capi arabi, che conducono la loro gente per il deserto alla ricerca del poco pascolo per le loro capre e sempre pronti ad assalire, quando si presenta un minimo rischio delle carovane. Sa bene come comportarsi e, quindi, si avvicina con fare sicuro pronto ad offrire pace, ma non ad indietreggiare.

Lo Sceicco ha compreso che non riceverà fastidio da questi uomini, i quali si fermeranno solo una notte presso l'oasi e ritiene quindi conveniente dimostrare tutta la sua ospitalità per non incorrere in inutili fastidi. È sempre meglio tenersi lontano dalle attenzioni della Legione.

La sfarzosità dell'ospitalità araba, l'esibizione delle ricchezze dello Sceicco per dimostrare agli stranieri il suo potere e la dovizia della sua tenda, cibo in abbondanza servito su piatti comuni, dai quali ognuno attinge servendosi delle mani, musica e danzatrici. Grassocce danzatrici che piacciono così al loro padrone, poi il commiato per la notte e, domani, si riparte.

Le sabbie del Sahara hanno lasciato il posto a desolate lande pietrose, ombreggiate, qua e là, da radi arbusti di acacia spinosa; piccoli villaggi di capanne di fango e campi coltivati di quel poco che può produrre quella arida terra; contadini miserabili che guardano con sospetto il passare di quegli uomini. Un caravanserraglio interrompe il cammino della strada maestra, per ergersi incuneato fra due spuntoni di roccia a difendere un passo che le lente carovane percorrono per arrivare alle coste del Mediterraneo; carovane che portano avorio e legni pregiati, pelli di animali e gemme strappate alla terra in lontane contrade di quell'Africa, ancora poco conosciuta, ma che stimola il desiderio e la fantasia, la mitica Tombouctou, la lontana Goure, la sconosciuta Kaduna. Gli uomini sono stanchi, la fine del viaggio sembra non arrivare mai.

Ecco che, finalmente, nebbie o forse basse nuvole oscurano un orizzonte che sembra non avere fine, le montagne dell'Atlante sono lì, ancora invisibili ma vicine. Il viaggio che sembrava non dovesse finire mai sta per concludersi.

Gli uomini, stimolati dalla prospettiva del raggiungimento della meta, arrancano con rinnovata lena; se i piedi soffrono nell'affrontare i sentieri appena tracciati, costellati da pietre taglienti e sassi scivolosi, lo spirito ha ripreso forza e vigore.

Da un po' di tempo il paesaggio è cambiato, rocce del colore dei mattoni bruciati, scavate da millenni di raffiche di vento e di piogge, che oramai raramente bagnano i loro picchi. Letti di fiumi hanno tracciato tortuosi sentieri, erodendo la pietra, ma i fiumi non ci sono più, solo i massi, trasportati dal loro impetuoso fluire, ostacolano il cammino nell'addentrarsi fra le gole, che sono unica strada per raggiungere i contrafforti di quei monti dove il segreto è stato celato.

Questa sera, la tenda del capitano Renard è luogo di riunione per il tenente Marini ed i fratelli Rostand, Predolin e Munch.

«Signori», esordisce il capitano Renard, «il compito affidatoci non si è ancora concluso, ma siamo vicini alla meta. La Legione vi ha condotto fra le montagne tanto sospirate, siete ora voi a doverci indicare la strada che è stata tracciata sulle carte in vostro possesso».

Il prezioso plico viene poggiato su di un tavolo ed aperto, non sono più le carte originali conservate nell'archivio dell'Ordine a Parigi, ma delle copie che gli uomini attentamente esaminano per studiare la direzione da dover seguire, per poter rintracciare la Ribat e quindi individuare il nascondiglio di quanto sono venuti a cercare.

«Viste le indicazioni dateci da queste mappe, ritengo che domani stesso possiamo accingerci a scalare il monte, che non è poi così lontano dal nostro attuale accampamento, e rintracciare i resti del fortilizio indicato. Da lì, poi, dovremo addentrarci per cunicoli e grotte, che sono state indicate nella seconda e terza pagina dei vostri documenti, e, se la copia è stata ben fatta, il nascondiglio dovrebbe essere cosa facile a rintracciare». Con queste parole, il capitano mette termine alla riunione e, mentre gli uomini si allontanano, egli si sofferma all'ingresso della sua tenda. Alzato il viso a vedere il cielo, con il cuore che ha accelerato i suoi battiti, si ritrova a pensare al suo passato, a quello a cui ha rinunciato, a quel sorriso non più ritrovato, ad un domani che non sarà mai futuro.

Le carte sono state ben tracciate, ben presto viene individuata la stretta scalinata, semi nascosta da massi dirupi, che conduce alla parte alta di quella Ribat che non c'è più e della quale i ruderi in basso, che ne segnavano la delimitazione, ne sono il misero ricordo.

Il salire dei gradini è spezzato da piccole piazzole di sosta che, mano a mano che si sale, permettono di riprendere fiato e di osservare d'intorno il paesaggio che si presenta agli occhi di chi, faticosamente, si inerpica su per quelle scale.

Contrafforti montuosi e strette gole, in lontananza l'ombra di un gruppo di palme concentrate lì, dove sicuramente vi è dell'acqua. Lenti dromedari che percorrono, guidati dai loro cammellieri avvolti nei loro barracani, i pietrosi sentieri qui e là rinverditi da macchie di acacia spinosa, che ogni tanto gli animali si fermano a ruminare; un deserto rosso, delle montagne rosse, che ti fanno credere di essere giunti all'anticamera dell'inferno.

La salita è finita, un arco di pietra che una volta segnava la porta di accesso alla rocca è lì, ad indicare che la meta è raggiunta. Ora

sarà necessario districare il rebus per individuare il percorso verso il nascondiglio della tanto agognata cassa. Le mura franate vengono rimosse per cercare un indizio, un graffito che possa essere un segnale.

Uno stretto cunicolo che conduce giù, verso il cuore della montagna scavata, ha in una parete inciso un quadrato con dei numeri tracciati in ognuna delle caselle nelle quali è suddiviso:

1	*14*	*14*	*4*
11	*7*	*6*	*9*
8	*10*	*10*	*5*
13	*2*	*3*	*15*

Cosa vorranno dire questi numeri? Ma certo! Leggendo i numeri in orizzontale, in verticale, in diagonale, la loro somma dà sempre 33, e 33 non sono, forse, le porte della conoscenza che bisogna superare, per ritrovare la perduta beatitudine, il giardino segreto del nostro cuore, la sede della conoscenza assoluta? Su questo cammino bisogna continuare per trovare gli altri indizi che porteranno alla meta.

Croci Templari, tracciate ora a destra, ora a sinistra del percorso, indicano una via, un piccolo slargo circolare ed il percorso si interrompe; tutto intorno, simboli zodiacali ed alchemici costellano le pareti, non c'è altro. Sarà questo il percorso sbagliato?

Ci si guarda intorno nella speranza di trovare dell'altro, quando su di una pietra si vede appena tracciata una scritta: «*Hinc est Sophia*».

Si saggia la parete e ci si accorge che questa è stata ricostruita, per essere ostruzione nella continuazione del percorso da seguire.

Mano ai picconi e, dopo una certa fatica, il varco è aperto.

Nel piccolo anfratto, che si mostra all'avvenuto abbattimento della parete che ne proteggeva l'accesso, il cuore di pietra della montagna svela il suo segreto.

Questa sera sarà festa al campo, la meta raggiunta riserva a ciascuno le emozioni che il proprio cuore riesce a risvegliare, gli uomini sanno che presto ritorneranno a Sidi Bel Abbès, il capitano Renard ha onorato il suo impegno nei confronti del Tempio; gli archeologi potranno riportare il prezioso carico a Parigi, dove tutti i fratelli attendono.

Il giorno seguente, levato il campo, una scorta con i tre fratelli archeologi farà tappa verso Agadir, più a Sud, da dove si imbarcherà per la Francia, gli altri legionari invertiranno la marcia e ritorneranno nei loro avamposti nel deserto. I due gruppi si devono separare; il bivio, delimitante il percorso che ciascuno dovrà seguire, è giunto, dietro front ed in marcia. Gli archeologi si fermano e vedono allontanarsi quegli uomini, sconosciuta milizia del Tempio, fino a quando non scompaiono alla loro vista.

Si ode ora solo il loro canto:

Tiens voilà du boudin, voilà du boudin, voilà du boudin,
pour les Alsaciens, les Siusses et les Lorrains,
pour les Belges, y en a plus, pour les Belges, y en a plus,
ce sont des tireurs au cul ...

Poi, nulla più.

LEGION ETRANGERE

HONNEUR
FIDÉLITÉ

XVI Intermezzo

Nella sicurezza e nella tranquillità della risorta casa del Tempio di Parigi, le due parti dell'arca finalmente sono state congiunte. Due ordini di sotterranei, voluti quando la casa fu edificata, sono, il primo, un ampio tempio rettangolare dove campeggia una statua del Baphomet, il secondo, ancora più giù, in un luogo il cui accesso è consentito solo ai pochi che conoscono il segreto dei nodi del cordone, che cinge la tunica dei cavalieri. Proprio in questa sala, sono collocate le due parti dell'arca, pronte per essere studiate da chi ne ha le capacità.

Il primo sotterraneo, rettangolare, simboleggiante nella sua forma la perfezione delle relazioni stabilite fra la terra ed il cielo, ha come delimitazione dodici colonne, sormontate dalle raffigurazioni dei segni zodiacali; la sua copertura una volta stellata ad indicare l'immensità dell'universo ed un pavimento nero, raffigurazione dell'immensità dell'abisso.

La sala sottostante è circolare.

Il cerchio è un Punto che partecipa della sua perfezione ma, nel contempo, permette di rappresentare gli effetti creati, non più nascosti dal Punto primordiale; il mondo che si distingue dal suo principio.

Esso è movimento perfetto ed immutabile, senza inizio né fine.

Simbolo del mondo spirituale, invisibile e trascendente, è il cielo cosmico, dove la divinità creatrice produce, regola e ordina la vita.

Se la forma primordiale è la sfera, a rappresentazione dell'uovo del mondo, il cerchio è la sua proiezione, cioè la coppa, momento di passaggio dalla cristallizzazione alla indeterminazione del Principio.

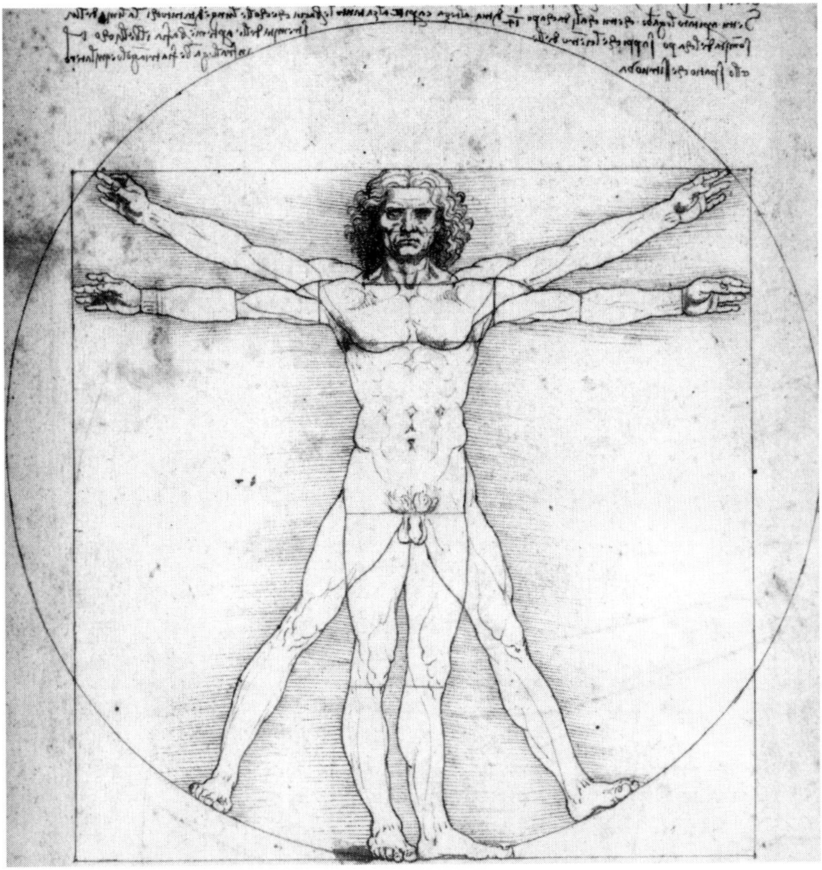

È limite magico ed invalicabile, eterno soffio della divinità, elemento stabilizzatore e di coesione fra l'anima ed il corpo.

L'accesso avviene da una porta situata a Sud, pertanto esso ha un orientamento polare. L'asse Nord-Sud rappresenta i luoghi trascendentali da cui tutto procede e tutto ritorna, è l'asse delle potenzialità, luogo dell'eterno ritorno.

La sala è disadorna, solo dodici cubi di pietra, tutto intorno, segnano il numero dei posti che si possono coprire, il pavimento, le pareti, il tetto, di grigia pietra, sono l'incolore colore che, nella sua indeterminatezza, la colloca fuori dal tempo e dallo spazio.

Il Nord è dove sono collocate le due parti dell'arca, mentre al centro della sala una pietra, rotonda anch'essa è stata scavata in maniera tale da poter contenere un uomo nella posizione voluta da Vitruvio, luogo questo dove avviene il passaggio attraverso i ritmi di una iniziazione che dannerà l'anima o porterà a rivedere il cielo.

I Oratore: «Le buone intenzioni dei Maestri e dei fratelli che ci hanno preceduto hanno fatto sì che, finalmente, dopo diversi secoli, le due parti dell'Arca si siano ricongiunte. La strada non è stata agevole, ed errori di valutazione, che ci hanno rallentato nel percorso, si sono frammischiati con felici intuizioni. Lo spirito, però, è rimasto lo stesso, indomito e battagliero. Anche se è stato un periodo nel quale la fase guerriera è stata sostituita dalla fase speculativa, molti uomini che nel segreto hanno rivestito il bianco mantello, si sono valorosamente immolati combattendo per le idee nelle quali credevano fermamente. Atti di eroismo, anche se molti passati sotto silenzio, hanno tenuto alto il Beauceant che ha garrito, se non al vento, nel cuore di chi in esso ha avuto fede. In tutto ciò non vi è stato desiderio di prevaricazione, non desiderio di potere, ma solo la testimonianza di un libero pensiero e la coscienza della giustizia.

Queste sono le basi sulle quali si deve costruire per elevarsi, al di sopra di quelle che sono le miserie umane; in esse vi è comprensione e tolleranza, insofferenza contro l'abuso e l'arbitrio, un giusto humus sul quale può attecchire la pianta della fratellanza, senza che ciò sia un'utopia.

La Legione, che è il nostro ricostruito braccio armato e che tanto sangue ha versato per la grandezza dell'Ordine, sarà nel tempo organizzata così come lo erano i nostri antichi fratelli; nove erano un tempo le provincie templari, tre semplici e sei doppie, Portogallo, Aragona, Maiorca, Castiglia e Leon, Francia ed Alvernia, Inghilterra ed Irlanda, Germania ed Ungheria, Italia settentrionale e meridionale, Puglia e Sicilia, e nove dovranno diventare le unità nelle quali sarà suddivisa.

Un giglio a sette infiorescenze sarà il fregio con il quale orneranno il loro copricapo, a simboleggiare come dal biancospino, legno con il quale è stata costruita l'Arca e con i rami del quale è stata intrecciata la corona di spine di Nostro Signore, bisogna saper cogliere il fiore che si è rifugiato nel suo mezzo e che sta a significare l'abbandono mistico alla grazia di Dio, alla Provvidenza che sopperisce ai bisogni dei suoi eletti e che è promessa di immortalità e salvezza. Nel suo aspetto alchemico, nella sublimazione, è il fiore della gloria.

Il mantello bianco con il quale si cingeranno le spalle sarà ora, come allora, l'indicazione della rinnovata purezza dei loro animi e una promessa per le loro future azioni.

Abbiamo già dato loro una nuova identità, dei nuovi ideali, un nuovo modo di vivere la loro esistenza; essi, come gli antichi cavalieri, non hanno più patria se non la Legione ed un motto che, se pur in parte modificato, richiama al nostro vecchio modo di vita; ieri era Tempio patria nostra, oggi è Legio patria nostra; se, alcuni termini sono stati modificati, la sostanza è rimasta la stessa.

Non ci rimane altro da fare che trovare un giusto percorso per il nostro progetto e, nel contempo, applicarci allo studio di quanto ora le due parti dell'Arca riunite ci potranno svelare; ciò che ci sarà dato comprendere, sia lo spunto necessario per darci la forza di andare avanti».

Belle Époque

I desideri degli uomini hanno spostato la loro attenzione sulle contrade d'Africa e d'Asia. All'Europa è stato concesso un periodo di pace come mai prima d'ora vissuto.

Le ricchezze dei due continenti affluiscono copiose e contribuiscono a rendere doviziosa e migliore la via sia dei singoli sia delle masse, l'afflusso di tanti benefici consente la realizzazione di edifici più moderni, grandi opere pubbliche, mecenatismo e grande voglia di apparire e meravigliare da parte di chi, in maggior misura, gode di questa nuova ricchezza.

Le grandi parate militari vedono marciare esotici e variopinti squadroni, provenienti dalle lontane terre conquistate, che sfilano nei grandi viali a dimostrazione della potenza raggiunta dalle singole nazioni; soldati che sfoggiano uniformi luccicanti, attraggono ed affascinano le masse che assistono al loro passaggio; ufficiali che, con le loro divise, esercitano un fascino intrigante nei grandi balli, in feste che si svolgono nelle lussuose abitazioni dei nuovi ricchi e che forniscono argomento di discussione e di duelli.

Locali alla moda, nuove forme di divertimento e di intrattenimento, che assecondano i capricci ed i gusti dell'epoca.

Belle Époque, sì, ma anche proletariato urbano, avventurieri che raggiungono le colonie d'oltre oceano, emigrazione verso nuove speranze ed un irraggiungibile benessere.

Questo è il continente negli anni a cavallo fra la fine dell'Ottocento ed i primi del Novecento.

Nessuno dubita che il passo in avanti, fatto sulla via della modernizzazione, possa trovare ostacoli al suo cammino per condurre l'Europa, finalmente, ad un assetto definitivo e stabile, che possa rappresentare il momento realizzativo di quell'epoca d'oro, sempre vagheggiata.

Se gli equilibri sono stabili, si può pensare ad un futuro, a quel futuro che, con costanti piccoli passi, può produrre eventi positivi.

Ma il relativo lungo tempo di pace non basta a rendere solidamente tangibili i benefici che ci si aspetta possano derivarne; ancora

gli uomini, con le loro pulsioni, sono l'ostacolo su cui inciampa il processo che si è innescato.

Basta un colpo di pistola a Sarajevo e, di nuovo, è guerra.

XVII Intermezzo

Le grandi nazioni europee hanno schierato i loro eserciti. Nuove e più potenti armi seminano morte sui campi di battaglia, si scavano trincee e ci si assesta su posizioni che bisogna difendere ad ogni costo. Assalti e contro assalti, pianure e montagne piangono, con rosse lacrime di sangue, i profondi solchi dolorosi che questa nuova follia sta scavando tanto profondamente nell'animo degli uomini.

Casa del Tempio di Parigi, 1915.

I Oratore: «Troppo, e troppo presto ci siamo chiusi in noi stessi, distratti come siamo dalle ricerche che finalmente siamo riusciti ad intraprendere. Gli uomini che avevamo posizionato in posti chiave, tali da poter indirizzare gli eventi, sono stati ritirati ed allora, senza il nostro controllo, la stupidità e l'ambizione hanno preso in mano le redini della storia.

Avevamo ritenuto che i nuovi assetti europei potessero appagare i desideri e le istanze dell'universo Europa e, da lì, ricevere quella linfa che avrebbe alimentato il desiderio di sovranazionalità, di unione, di libero scambio, dove le sbarre che delimitano le frontiere si potessero alzare per non riabbassarsi mai più.

A quale follia ci sta conducendo tutto ciò possiamo solo prevederlo, ma non fermarlo, oramai è troppo tardi. Gli angeli della morte si librano sui campi di battaglia e raccolgono le loro messi, e questa volta assisteremo alla più grande carneficina che la mente dell'uomo ha potuto ideare.

Se non possiamo impedire tutto ciò, adoperiamoci affinché la triste durata di questo evento sia la più breve possibile ed attiviamoci a ché al più presto torni la pace.

Se nulla possiamo fare per fermare questa follia, almeno riappropriamoci di quello che fu uno dei compiti affidatoci, quando i nostri confratelli cavalcavano per le vie della Terra Santa; curiamo dunque i feriti, leniamo i dolori, confortiamo nelle disgrazie, teniamo in vita la speranza.

Con il nostro operato, quando la tempesta sarà passata ed il cielo sarà di nuovo azzurro, forse riusciremo a far riprendere il cammino al nostro progetto».

La follia è finita

La follia è finita, cinque anni di morte e di distruzione, milioni di uomini hanno attraversato le porte della dimora del Signore ed ora si torna a casa.

Quanta amarezza e quanto rancore negli occhi di chi ritorna, vinti e vincitori. Piaghe che difficilmente si potranno sanare ed odio, odio nei confronti di tutti e di tutto, verso chi ha evitato il fetore delle trincee e che ha ben curato i propri interessi, verso chi governa e che ha mandato a morire tanti compagni con i quali una risata nel freddo ridotto è stata interrotta dal colpo di un cecchino, verso una Patria irriconoscente, che accoglie coloro che hanno combattuto per lei, con la miseria delle campagne, delle città distrutte, delle fabbriche che non ci sono più, con la mancanza di quel lavoro che è necessario per risollevare le sorti delle famiglie abbandonate e che hanno patito, come i combattenti, gli stenti della miseria.

La rivoluzione, in Russia, ha abbattuto il dispotico regime degli Zar, ma il popolo in rivolta, che si illudeva di mutare la propria sorte prendendo d'assalto il palazzo d'Inverno, è caduto sotto la sferza di un altro potere ben più assolutista e sanguinario.

Illusi e sognatori, che forse ignorano una ben diversa realtà da quella che a loro viene propinata da una propaganda ad arte fatta circolare, pensano di poter importare questo nuovo falso credo nei loro paesi, ritenendo che esso sia quella panacea capace di guarire tutti i mali che affliggono un'Europa devastata dalla guerra appena conclusasi.

Rivoluzione e contro rivoluzione si intrecciano in un susseguirsi di eventi e di uomini che tentano di dare un nuovo assetto politico e sociale al continente.

Ma nessuno è contento, i risentimenti per una pace raggiunta con il trattato di Versailles non possono lasciare indifferenti quanti, dall'una e dall'altra parte, hanno creduto di combattere una guerra giusta; tutti ritengono che un'ingiustizia sia stata fatta loro e, conseguentemente, non è una vera pace che è stata siglata, ma una tregua, che sicuramente sarà foriera di più tristi eventi.

XVIII Intermezzo

Casa del Tempio di Parigi, 1920.

I Oratore: «La guerra appena conclusasi ha lasciato vuoti spaventosi fra le nostre fila; se l'assistenza nei confronti dei sofferenti è stato il compito che ci eravamo assunti, lo spirito guerriero, che sempre è il principale impulso dei nostri cuori, ha portato molti nostri fratelli, chiamati alle armi dai loro rispettivi paesi, a brandire la spada ed a concludere la loro esistenza terrena con l'onore che tale deve essere in ogni cavaliere. Essi non hanno tradito l'ideale di sovranazionalità; ma, non essendo possibile almeno per il momento metterlo in essere, non restava loro altro se non l'immolarsi, con il coraggio e l'abnegazione che il nostro Ordine ha sempre preteso da coloro i quali di esso fanno parte.

Ora, è bene che si aprano le porte a nuovi postulanti. Nuovo sangue, nuova linfa vitale deve scorrere nelle inaridite vene del nostro Ordine.

Se Tradizione ed ideali rimangono immutati ed immutabili, il fluire di nuovi concetti, che lo scorrere del tempo ha determinato, è bene che venga ascoltato.

Uomini nuovi, ma anche nuove idee su come realizzare il nostro progetto.

Istruire chi chiede di entrare, avvalersi delle capacità di ciascuno, delle esperienze maturate, degli studi fino ad ora intrapresi, sono gli stimoli che ci devono indurre ad agire sempre meglio per trasmettere, noi vecchi ai nuovi, gli ideali che ci hanno fatto attraversare i

secoli, senza che nessun dubbio aleggiasse sul compito che ci siamo assunti.

In special modo, i nostri fratelli di lingua tedesca si sono mossi in tal senso. Hanno contattato uomini che, a loro dire, sono di valore, uomini che si sono battuti con onore ed altri che, con il pensiero espresso nei loro scritti, portano avanti concetti tradizionali legati anche alla comprensione degli antichi culti. In altre parti d'Europa, poi, sparuti gruppi, anche se scollegati fra di loro, vivono le stesse pulsioni.

I nostri fratelli colà presenti stanno agendo in maniera tale che il collegamento si crei, di modo che si possa contare su di un numero di uomini sui quali esercitare una cernita.

Non tutti sono giovani, anzi molti sono uomini fatti, ma il carisma che esercitano può essere il fulcro attorno al quale si possono aggregare le nuove leve, giovani totalmente da plasmare».

II Oratore: «Saggissimo Maestro e cari fratelli, un altro argomento ritengo si debba attenzionare in questa sede. Se è vero che la scienza degli uomini ha fatto, specialmente negli ultimi tempi, progressi incredibili e che, sorprendentemente, sono equivalenti a tante nuove cognizioni, che abbiamo scoperto analizzando gli scritti e le capacità delle due parti dell'Arca ricongiunte, non sarebbe il caso di fornire, se pur centellinandole, a ricercatori a noi vicini, alcune piccole informazioni delle quali abbiamo avuto cognizione mano a mano che siamo riusciti ad incunearci nei misteri racchiusi nelle casse in nostro possesso?».

I Oratore: «Se il volere di questa nostra assemblea è quello di dare un'accelerazione a quanto ci sta a cuore portare a compimento, un aiuto dato con discrezione potrebbe ritornare utile, ma per il momento il nostro pensiero deve essere rivolto verso coloro che stabiliremo dovranno entrare a far parte del nostro Ordine, alla loro istruzione, alla prova della loro affidabilità, alle capacità di ciascuno che dovremo riuscire a trarre fuori».

III Oratore: «Istruire nuovi fratelli e portare, contemporaneamente, avanti il progetto.

Le due cose possono senz'altro essere complementari, senza che sorga nessun contrasto. E poi un senso lo dobbiamo pur dare alle ricerche portate avanti con tanta fatica, se no perché abbiamo patito così tanto e così a lungo?».

I Oratore: «Ebbene, fratelli, se questa è l'indicazione che da tutti voi ricevo, che così sia. Istruiamo nuovi fratelli, schiudiamo le porte delle conoscenze da noi raggiunte, diamo le spinte necessarie, e che il Signore ci guidi».

Contro tutte le bandiere

Gli Zar non ci sono più, l'aquila imperiale non sventola a San Pietroburgo ed un nuovo vessillo ne ha preso il posto.

I nuovi signori del Cremlino vogliono esportare, al di fuori dai confini della Russia, l'ideologia che ha fatto conquistare loro il potere.

Gli imperi centrali sono stati smembrati dalle nazioni vincitrici, il Kaiser ha lasciato il posto ad una improbabile democrazia, che si dibatte fra un crescente socialismo ed un conservatorismo autoritario.

In Austria gli Asburgo hanno visto scivolare via il loro impero, ed ora la nazione austriaca è poco più che un piccolo territorio, che deve riuscire a trovare una nuova identità.

I Balcani hanno acquisito un'indipendenza alla quale non erano abituati, e ora si dibattono nelle difficoltà che, inevitabilmente, derivano da uno status quo mai prima d'ora vissuto.

Non stanno meglio le nazioni vincitrici.

Tronfie, si sono volute sedere ad un tavolo della pace che non ha risolto né controversie territoriali, né aspettative di mutamenti sociali.

Gli Stati Uniti si sono rinchiusi in se stessi, lasciando l'Europa ai suoi problemi. La penisola Iberica, che materialmente non ha partecipato al conflitto, è scossa dai fermenti scaturenti dalle ideologie che la rivoluzione russa ha così ben propagandato.

Alla rivoluzione bolscevica, quindi, una contro rivoluzione si oppone. Se i governi non hanno più la capacità di gestire le masse, altri uomini, con il loro indubbio carisma, si accingono a dare una nuova visione, che attrae ed affascina, e nella quale si vede la possibilità di ritrovare un ordine costituito oramai perduto e ritornare indietro non è possibile. I movimenti nazionalisti si impongono, esaltando quei valori dei quali i popoli hanno bisogno per ritrovare una loro identità.

Questo fermento contro rivoluzionario vede la penisola Italiana protagonista, *ante litteram*, di questo rinnovamento. A questa esperienza seguono movimenti che hanno tratto la loro identità proprio dal nuovo modo di propugnare queste idee.

La Spagna con i crudi risvolti di una guerra civile, la Germania e un po' tutti gli stati balcanici. Il potere viene assunto da una nuova classe politica, nel resto d'Europa i simpatizzanti non mancano. Simpatizzanti che, se non riescono ad ottenere il pieno controllo della nazione in cui operano, ne detengono posti chiave che possono determinare le scelte dei vari governi.

Siamo lontani dai concetti che la Società delle Nazioni appena costituita vorrebbe fossero i motori di una nuova crescita.

Riassetto

Casa del Tempio di Parigi.

I Oratore: «Fratelli, uomini audaci, capaci e di fervida intelligenza, hanno bussato alla nostra porta e, noi, dopo aver bene valutato il loro valore, li abbiamo accolti fra noi.

Grande è stata la loro emozione, così come la nostra. Le schiere del Tempio annoverano ora nuovi cavalieri, che non hanno frapposto indugi nel dimostrare la loro abnegazione al nostro compito. Hanno divorato i nostri scritti, li hanno studiati, hanno posto domande. I nostri fratelli più anziani, ai quali era demandato il compito di istruirli, sono soddisfatti.

La voglia che essi hanno manifestato di voler apprendere, è tale e tanta che frequenti sono stati i viaggi da loro intrapresi dai luoghi dove vivono fino a qui, Parigi, dove hanno trovato risposte alle loro domande, appagamento per il loro spirito, stimoli di ricerca, per quanto loro mostrato di quello che è il nostro grande tesoro.

Sparpagliati per l'Europa, hanno continuato negli studi intrapresi, senza dimenticare il compito di saggio proselitismo che, portato a compimento, completerà i ranghi della nostra Legione a gloria di Dio».

Ma ... la Storia

Se la storia è fatta dagli uomini, un solo uomo può riuscire a fare "Storia" di se stesso.

La Germania, mortificata dalla sconfitta, si ritrova a lenire le sue ferite interiori, rifugiandosi in movimenti nazionalistici, nei quali convergono ex ufficiali e soldati, di quella che era stata la potente macchina bellica messa in moto dai generali prussiani.

Soldati che vedono essere stati vani i loro sacrifici e che sentono una patria mortificata, non solo territorialmente, ma anche nell'onore.

A questi movimenti altri se ne aggiungono, più discreti, più silenziosi, ma che nel loro misterioso linguaggio sanno far tuonare messaggi di un ritorno alla grandezza degli antenati, ad una eredità ancestrale, ad un popolo predestinato, ad una ricerca dell'interiore che deve riuscire a far brillare nel cuore la scintilla divina, che darà spiegazione a ciò che l'uomo cerca: «Chi sono».

Nei raffinati cenacoli di pensatori si mescolano, a gruppi di fanatici, uomini i quali vivono la certezza che il ciclo del mondo dovrà riportare l'umanità all'età dell'Oro. Quindi, è necessario battersi sul duro campo di battaglia di una ricerca interiore. Uomini siedono a fianco di altri uomini che cercano sfogo alle loro passioni.

Uomini, tutti, che si sono prefissi uno scopo: diventare quei messaggeri capaci di colloquiare con gli Dei, e trattare con essi la fine di un ciclo, affinché uno nuovo ne subentri e, quindi, poter rivivere in quella Thule oramai persa e della quale non si ha più memoria.

Un piccolo ed oscuro burocrate vive dei suoi sogni, i cavalieri Teutonici, Marienburg la città fortezza, Città Santa, capitale dell' Ordine nei territori del Baltico, punto di partenza per la conquista dell'Europa, sotto l'egida di quest'Ordine sopravvissuto ai Templari finiti sul rogo, e che a questi vuole sostituirsi nel portare a termine l'idea di Europa unita nel concetto di Imperium.

Gli antichi Dei e le Rune sono i simboli da comprendere per la realizzazione del suo sogno, ed allora quale migliore condizione se non quella delle associazioni occultistiche e spirituali?

XIX Intermezzo

Parigi, casa del Tempio, 1923.

I Oratore: «I cavalieri Teutonici, nostri fratelli in Terra Santa, pur sospettando dei nostri segreti, ma non avendone mai avuto certezza, tentarono, dopo la crudele morte del nostro Maestro De Molay, di creare loro il sogno che fu di Bernardo. Gli avvenimenti che seguirono e che sono a voi tutti noti, li piegarono sui campi di battaglia ed essi, come noi, si ritirarono nell'oblio.

Questa è la premessa per ciò che sto per dirvi.

La grande guerra da pochi lustri finita creò enormi vuoti fra le nostre fila; fu necessario, allora, ricercare uomini che potessero sostituire i caduti, rinnovare le nostre schiere con linfa vitale, dare impulso al nostro progetto.

Sparpagliammo i nostri fratelli in una Europa ancora piangente le ferite subite, per ricercare coloro i quali potessero essere annoverati fra di noi. Molti risposero all'appello, desiderosi tutti di servire, con umiltà, il nostro Ordine, ma umiltà e pazienza che sono da sempre state le nostre arti non sono state recepite da coloro i quali avevamo chiamato fra noi, il peccato è nostro.

Abbiamo trovato uomini audaci, capaci e di fervida intelligenza e, per impazienza, abbiamo accelerato i tempi, li abbiamo fatti partecipi delle nostre scoperte ed introdotti nei nostri segreti. Essi, oggi, non umili né pazienti hanno deciso di agire.

Il territorio tedesco è il perno attorno al quale stanno raccogliendo quel materiale umano che ritengono possa portarli alla rea-

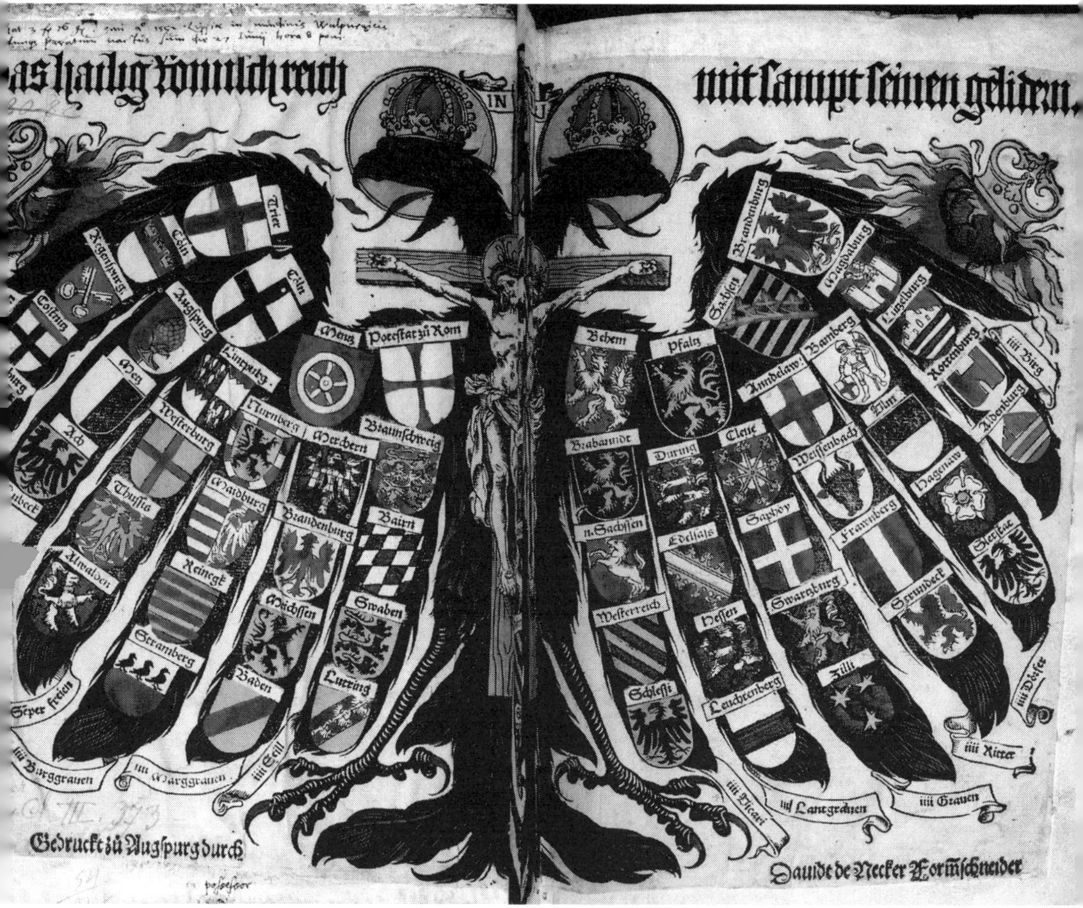

lizzazione del progetto, stanno creando una miscela esplosiva, mescolando insieme politica e ricerca spirituale. Abili, anzi abilissimi, stanno sfruttando le loro grandi capacità per sottrarci quanto faticosamente e pazientemente abbiamo ricongiunto, per entrare in possesso di quei segreti di cui ora hanno la certezza e che possono consentire loro di agire con successo.

Certo, veder realizzato quello che tanto abbiamo agognato poter essere creato, stimola la fantasia e fa dimenticare l'umiltà, la mente vivace e pronta si esalta davanti a tutto ciò. I sogni sembrano concretizzarsi ed allora il cuore corre. Dovremmo cedere ad essi la maestranza e lasciare che, seguendo la loro linea, si faccia il tentativo per realizzare il sogno?

L'affascinamento è una subdola trappola nella quale è facile cadere. Sono attirato, lo riconosco, il mio cuore batte più veloce ed i sogni sono più vividi, una selva di sentimenti affolla il mio cuore e non riesco a vedere più nitida luce, ma solo ombre, ombre che inquietano la mia mente perché non so cosa fare.

Se da un lato il fascino dell'impresa mi esalta, dall'altro non mancano i dubbi. Ma sarà il consiglio a decidere, non voglio e non posso dare spazio alle mie sensazioni perché temo di sbagliare.

Sono il Gran Maestro, lo so bene, e pur bene comprendo le mie responsabilità, ma devo avere l'umiltà di riconoscere che sono anche un semplice uomo, con i suoi dubbi ed i suoi timori, perciò, cari fratelli, chiedo il vostro aiuto». Le parole del Gran Maestro non hanno aperto un dibattito, ma una frattura che vede contrapposti i fratelli che adornano il Capitolo dell'Ordine.

Interminabili discussioni hanno azzerato il concetto dello scorrere del tempo, per dare spazio alle più segrete emozioni e speranze, che vivono nel più riposto angolo del cuore dei cavalieri presenti. Essi non si rendono conto di come le loro emozioni hanno fatto dimenticare loro quanti sono i giorni che, riuniti nel Tempio, sono trascorsi senza aver rivisto il Sole.

Ognuno ha espresso il proprio pensiero, ed ora due gruppi si fronteggiano. Al Gran Maestro, che aspetta per poter decidere il da farsi la visione che del problema ha il Capitolo, si prospetta lo spettro di una scissione. Ai cavalieri che vogliono ritornare nell'oblio e che non sentono ancora guarite le ferite di una sanguinosa guerra precedente, per poterne eventualmente affrontare un'altra, si contrappongono altri che, eccitati dall'idea del compimento del progetto, vorrebbero accelerare i tempi e fidarsi delle intuizioni di quegli uomini dei quali il Gran Maestro ha loro parlato.

Non trovandosi un filo conduttore che possa far convergere le emozioni ed i sentimenti dei due contrapposti gruppi, il Gran Maestro riprende la parola.

I Oratore: «Fratelli, mai prima d'ora, il nostro Venerabile Ordine si è trovato in tale difficoltà. Un così aperto dissidio fra i fratelli sul da farsi ha incrinato la nostra compattezza. Mi vedo costretto a prendere una decisione che mai alcun mio predecessore ha dovuto prendere. Visto che è divenuto impossibile trovare una comune linea di azione, come sempre prima di ora è avvenuto, voglio ridare la libertà a chi la anela, chi vorrà non sarà più servo dell'Ordine ma, mantenendo il segreto su quanto appreso, sarà libero di seguire gli impulsi che il cuore gli detta. Rinunceranno costoro all'appellativo di cavaliere e lasceranno il bianco mantello, non verranno considerati traditori, ma non potranno vantare mai più una discendenza.

Liberi, siete ora, uomini il cui cuore ha palpitato con differente intensità, i nostri cuori non batteranno più all'unisono, ma una cosa io so, la vostra decisione è stata «Amore», ma l'amore è anche morte per altri sentimenti. Amate, se questo è il vostro desiderio e destino, ma siate sempre degni di morire».

Il Capitolo si è sciolto, ognuno è andato per la sua strada. Non lacrime né abbracci. Niente arrivederci. In silenzio, i cavalieri, uno ad uno, hanno lasciato la Casa.

Heinrich Himmler

«Ogni volta che lo Spirito decade e l'empietà trionfa, io mi manifesto: per la difesa del diritto, per la distruzione del male, per il ripristino della legge, io di era in era, io assumo un corpo».

Questa frase, letta chi sa dove e chi sa quando, risuonava negli incubi notturni di quest'uomo da tutta una vita. Era forse il segnale che a lui era stato affidato dal destino, un compito del quale non aveva una reale coscienza?

Alla fine del grande conflitto, che lo aveva visto solo adolescente, la sua appartenenza ad una classe sociale, quella della borghesia, colta e ricca di importanti conoscenze, aveva fatto sì che potesse, insieme all'istruzione ricevuta, prendere contatti con circoli culturali che ne segneranno il destino.

Conosciuto Ernst Rohm, e da questi presentato a Gregor Strasser che, in quegli anni, aveva fondato in Germania un partito politico ultra nazionalista, egli inizia una sua personale ascesa verso il mondo di quella conoscenza magica ed esoterica che sarà il suo ineluttabile destino.

Innamorato del mito di Atlantide e convinto dell'esistenza di una energia universale primordiale ed onnipresente, legato ai miti Nordici ed allo studio delle Rune, attraverso la forza politica di questo nascente partito egli ritiene di poter scalare la vetta di quella montagna, che lo porterà a poter realizzare l'idea di uno Stato superiore, retto da un Ordine, incarnato da una élite aristocratica severamente selezionata.

Vi è la necessità, per gli europei, di porre le basi per la rifondazione di un sacro romano impero germanico.

Sacro, ma nel superamento della chiesa cattolica, per instaurare una nuova chiesa del Graal, guidata da una razza di monaci guerrieri.

Gruppi esoterici e partito politico si mischiano in una mistura che produrrà effetti esplosivi.

Membri della società di Thule e politica hanno individuato un uomo, che ha il carisma necessario per infiammare le masse, Adolf Hitler. Se a lui è riservato l'aspetto esteriore, cioè visibile, delle trasformazioni che stanno avvenendo, ad altri, meno visibili, un altro compito è stato affidato, gettare le basi di quell'ideologia che racconta

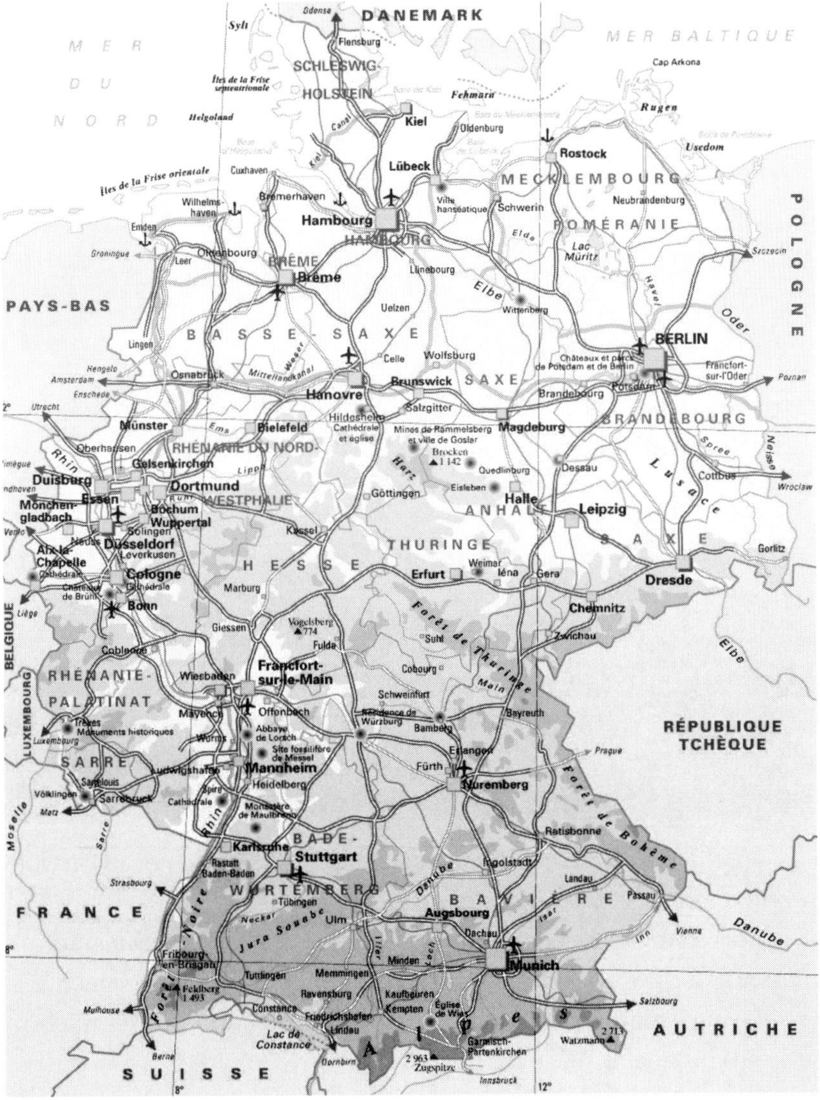

di uomini invisibili, divenuti guardiani dell'umanità, dei quali si aspetta il ritorno perché un ciclo si è concluso ed è ora necessario che un altro prenda il sopravvento; di quegli uomini che parlano il linguaggio delle Rune, veicolo di connessione fra microcosmo e macro-

cosmo, di quegli uomini che sognano Atlantide ed una unica origine iperborea per il genere umano.

Paziente, ostinato, pervicace nel raggiungimento degli obiettivi prefissi, nel giro di pochi anni riesce ad assurgere ad una posizione che gli permetterà di essere capo indiscusso di questo progetto.

Filosofi, scienziati, archeologi, pensatori saranno la sua corte, che dovrà lasciare un segno indelebile nella storia. Corte che non sarà ristretta ad una delimitazione nazionale, ma che coinvolgerà tutta l'Europa.

Lo studioso olandese Herman Wirth ed il suo conterraneo, il teorico Wolfram Sievers, l'occultista Hans Horbiger, il filosofo austriaco Karl Maria Willigut, il naturalista Ernst Shafer, Alfred Rosenberg e Karl Hausofer, Marc Augier, francese, detto Saint Loup, che comanderà la legione SS Charlemagne, Leon Degrelle capo delle SS valloni, l'archeologo svedese Sven Hedin ed un infinito elenco di altri che avranno fede nel suo ideale.

Le squadre di protezione, cioè le SS, sono le schiere di quei monaci guerrieri che saranno necessarie per la realizzazione del suo progetto. Al loro interno, un altro gruppo, più ristretto, ha la sua vita

indipendente, l'Ahnenerbe, l'eredità degli antenati. Ad esso sarà affidato il compito di preservare e sviluppare le conoscenze esoteriche, che sono il fulcro del nuovo mondo in gestazione.

«Creare un'aristocrazia attraverso la presa di coscienza della Tradizione, elevando tutti ad un livello superiore, così è l'eguaglianza in cui crediamo».

Questo è il messaggio che, dal castello del Wewelsburg, ricevono i suoi seguaci.

Questo castello è il Tempio del nuovo Ordine, che cambierà i destini del mondo.

All'interno delle sue mura, nel segreto della cripta, pochi iniziati

svolgono riti magici e propiziatori, affinché si avverino le antiche profezie, la leggenda di Shenrah e del regno di Olmolungrin, affinché

si schiudano le porte di Agharti, Shamballa e Shangri la, affinché la Sacra Lancia riprenda vigore, affinché torni a risplendere il Sole Nero.

Il Sole Nero è la teoria basilare dell'insegnamento impartito nel magico castello.

Secondo una leggenda, il Sole, alla fine del suo ciclo diurno, si getta nelle profonde voragini del mondo sotterraneo, rimanendo attivo in quell'altro mondo ed escludendo il nostro mondo visibile dalla sua vivifica influenza, per poi riprendere il suo percorso di vita.

In questa dimensione il Sole rimane inattivo, dovrà cogliere l'occasione propizia per ritornare in «Vita», così è pure per i popoli che, una volta predominanti, caduti nell'abisso dell'oblio, devono saper cogliere il momento per un loro ritorno. La perdita dell'origine polare, dovuta alla forzata migrazione delle popolazioni ariane, sono oggi la causa della mancanza di potere, acuita dall'impossibilità di suggere nutrimento dai raggi vivificatori del Sole primordiale.

Il Sole originale si è offuscato e, così adombrato, ha perso potere come il suo popolo. Ma in un giorno non lontano ritornerà a risplendere.

Un altro Sole brilla, non è quello polare degli indoeuropei e da esso non possono trarre forza.

Il Sole Nero è la stella Santur, una stella inerte e non visibile. Essa brillò fino ad apparire per un'ultima volta durante la guerra di Troia, quando si contesero il dominio i popoli medio orientali e gli achei, i guerrieri scesi dal Nord, in una battaglia alla quale anche gli Dei furono partecipi. Il conflitto fra due visioni di quello che doveva essere il mondo, incrociava le spade per stabilire se il culto della Dea lunare o quello dell'iperboreo Apollo dovessero avere il predominio sui destini degli uomini.

Ora Santur ha esaurito la sua primigenia energia; il Sole Adonai, risucchiando tutta l'energia del vecchio Sole, lo oscura e spande i suoi raggi che non sono favorevoli al mondo polare, ma verrà il giorno in cui Santur, così come il suo popolo, torneranno a risplendere.

Il ciclo cosmico deve compiere il suo giro ed allora, a compimento di questo, il Sole Nero dovrà trovare pronti i suoi seguaci alla lotta contro l'illusione e la falsità.

Per questo è necessario il ritorno alla religione degli antenati.

Ma il Sole Nero, continua il mito, non è solamente questo. Attraverso la riscoperta del suo potere, ci si incammina nel percorso che porta ad attingere ad una energia primaria implosiva. Inoltrandosi negli oscuri recessi che sono il nascondiglio delle sue qualità, vi è la certezza che si è sulla strada giusta per la ricerca di una forma di "Forza" primordiale, immanente tutto l'universo, con una significazione magico-sacrale, energia per la quale tutto ciò che si crea deriva

da un'aggregazione costruttiva di forze e non da una traumatica separazione, conseguente ad una esplosione distruttiva.

Tutto quello che è distruttivo, è di origine satanica, tutto ciò che è creativo, invece, è sacro.

Ogni tecnologia basata sull'esplosione e sulla combustione deve considerarsi di natura infera. Quando la nuova tecnologia sarà alla portata degli uomini, sorgerà una nuova era.

Nella ricerca e comprensione dei misteri racchiusi in questo Sole dimenticato, si intrecceranno in un allineamento concettuale i desideri dell'animo degli uomini e la necessità di un processo tecnologico.

XX Intermezzo

I Oratore: «Dopo le penose ultime vicende che ci hanno visto prendere una decisione che, come mai prima d'ora, era stata necessaria, abbiamo ritenuto prudenziale allontanare dalla Casa Madre di Parigi le nostre carte ed i sacri oggetti perché molti di coloro che hanno scelto di seguire un'altra via, essendo a conoscenza della loro collocazione, potrebbero rompere il giuramento di segretezza e tentare di impossessarsene.

Il Sud della Francia ci è sembrato il luogo ideale, in perfetto connubio con quei luoghi che rappresentano parte della nostra storia e di quel filo conduttore di pensiero che ci ha sempre ispirato. Montsegur, Rennes le Château, Castelnaudary, un triangolo che racchiude tante conoscenze e tanti segreti.

Ma, ora è giunto il momento di pensare ad altre soluzioni.

Brillanti, acuti, l'ho sempre sostenuto, hanno inviato un uomo a girovagare per quei luoghi. Otto Rahn si è dimostrato sempre molto attivo e pronto e, la sua presenza proprio lì, mi preoccupa.

Ma altre cose ho oggi da dirvi. Sono stato al Wewelsburg.

Era necessario che corressi il rischio di andarvi, dovevo vedere e capire, dovevo sapere.

I lavori di restauro sono stati affidati all'architetto Hermann Bartels, mio buon amico. Egli ha corso rischi non minori dei miei e, con il suo aiuto, ho visto ciò che si sta approntando.

L'alba di una calda giornata estiva mi ha accompagnato in questa mia avventura. Allontanatomi pochi chilometri fuori dalla città

di Paderdorn, i fitti boschi del Nord Westfalia hanno rinfrescato il mio percorso. I mie passi erano bagnati dalla leggera brina della notte, che si era depositata sull'erba del sottobosco, ed erano resi più frettolosi dall'ansia di vedere quel posto. Una strada sterrata, leggermente in salita; alla mia sinistra, una chiesetta, sulla cui soglia il parroco si apprestava a ricevere i pochi fedeli per il mattutino; sul lato destro, una robusta costruzione faceva da caserma per i soldati comandati lì di guardia e un tramestio di voci e di stoviglie riportava al pensiero l'odore di una colazione appena consumata. Lo scorrere di un ruscello in lontananza, lo stormire delle foglie di un albero secolare che, con il suo immenso tronco, si contrappone quale naturale garitta ad un'altra, costruita in mattoni, della stessa epoca del castello, a guardia della quale un giovane soldato mostrava orgoglioso le mostrine della sua divisa. Poi, la stretta e breve strada che conduceva all'ingresso del maniero. Una solida costruzione del 600, il cui portale mostra le insegne del signore che fu del luogo, un

robusto portone e, una volta varcato questo, una coorte non particolarmente ampia, sulla quale si affacciano tre ingressi; uno di questi è quello di accesso per la torre.

Lavori di restauro si svolgono in ogni parte, dalle segrete ai piani superiori dove si stanno raccogliendo libri e antiche pergamene. Le sale di riunione, alcune stanze adibite a studi privati, le stanze da letto riservate agli ospiti, e poi dodici stanze particolari, ognuna intitolata a un grande imperatore tedesco del passato, destinate ad ospitare chi entrerà nella ristretta cerchia di coloro che dovranno operare l'ignoto.

Siegfried Taubert, che è divenuto comandante del castello, mi ha guardato, ma si è voltato da un'altra parte, continuando la sua strada. Per un attimo ho avuto la sensazione che mi volesse venire incontro per dirmi qualche cosa, ma non lo ha fatto. Forse si è voluto dimostrare superiore o, non ha voluto tradire un vecchio giuramento, ritenendosi così assolto per aver seguito un'altra via.

Insieme all'architetto ho continuato, attraversando il cortile, per arrivare all'ingresso della torre.

Con grande emozione ho varcato quella soglia che mi avrebbe separato dal mondo visibile per condurmi nell'inconoscibile, dove bisogna diradare le nebbie che avvolgono gli oracoli del futuro.

In quel momento ho compreso come tanti spiriti siano stati catturati. Chi ha voluto il Wewelsburg come primo centro di irradiazione, è riuscito nel suo scopo.

Un'ampia sala circolare, contornata da dodici colonne che sembrano reggere il soffitto; al centro di un uniforme pavimento, un mosaico, di differente colore, spicca, disegnando una ruota solare con dodici raggi che irradiano tutti da un punto contraddistinto da una grata a forma di svastica; da questa, saliranno i fumi che, durante il rito, si formeranno nella cripta sottostante che è in diretta comunicazione; colonne di fumo che, aleggiando, componendosi e scomponendosi, daranno vita a delle forme che dovranno essere interpretate per dare un significato al nascosto.

Sul frontone, che è l'ideale congiungimento delle colonne, una scritta campeggia quale messaggio conduttore del perché tutto questo è stato fatto: «La mia casa sarà chiamata una Casa di Preghiera».

La ruota solare, i raggi simboleggiati dalla Runa Sieg, emblema di vittoria, i cerchi concentrici che riconducono al concetto di "Centro", dal quale tutto ha origine e dirama.

Esco stordito da quanto ho visto. Ho bisogno di ritornare nel cortile per smettere di sognare, ancora come un automa vengo guidato da Bartels fuori dalla coorte e dal portone di ingresso per scendere giù nel fossato e raggiungere un'altra porta, discosta e dall'aspetto dimesso, l'ingresso alla parte inferiore della torre, al luogo dove si celebra il mistero.

Scesi alcuni gradini, un'ampia sala circolare avvolge il mio sguardo ed attanaglia il mio spirito. Pietra nuda d'intorno come se nessun colore debba distrarre l'occhio dalla visione di ciò che esso dovrà vedere. Dodici pietre cilindriche d'intorno a delimitare uno spazio che sembra essere una spirale senza fine, una visione questa che procura una sensazione di vertigine, che proietta la mente in piani sconosciuti. Nel mezzo della sala, un anello di pietra delimita una depressione nel terreno, alla quale si accede scendendo tre gradini. Al centro, un oculus, dal quale scaturisce una fiamma. L'aria la preme in modo disuguale, la fa vacillare, la spinge in una direzione che l'allontana dalla terra.

Il passaggio di questa, attraverso i corpi che ne sono penetrati, ne sposta e disunisce le parti; il suo compito è di generare, in chi presiede al rito, il fuoco naturale innato nella materia del quale ogni individuo ha la sua porzione. Questo fuoco naturale, che verrà eccitato dal fuoco «Solare», non è altro che il procedimento di estrazione che attiene al momento mercuriale dell'opera alchemica.

La fiamma è l'anima del fuoco. Non mi sarei mai immaginato tanto. Esco, risalgo i gradini e ritorno alla luce di quel caldo sole estivo che inonda la natura che mi circonda.

Non ricordo più se, nell'andar via, ho salutato Bartels, mi sono

semplicemente incamminato lungo un tratto di ferrovia appena costruito, che è di servizio per il castello, e non mi sono accorto di andare in senso contrario a quello dal quale ero giunto in quel luogo. Ho raggiunto Buren, un piccolo agglomerato di case e mi sono fermato in una di quelle tipiche abitazioni, che offrono da dormire e da mangiare ad un viaggiatore non particolarmente esigente.

Ho dormito lì, quella notte, notte piena di pensieri, per poi la mattina riprendere il percorso che mi ha condotto qui, da voi».

Sotto una bandiera

La qualità e varietà di uomini che hanno aderito a questa idea, ha fatto sì che, un po' dovunque, si ritrovino simpatizzanti che, riunitisi in gruppi, spesso numerosi e motivati, anelano ad essere anche loro partecipi di questa trasformazione.

Il progetto che si svolge attorno al castello, vede una trasformazione dei luoghi affinché il tutto si innesti in una visione più ampia. Le previsioni sono di creare, tutto intorno, un semicerchio degradante, dalle circonvicine alture verso lo stesso castello che ne dovrà rappresentare il Centro, il punto di confluenza per tutte le energie che sarà necessario far confluire. Le nazioni d'Europa, che saranno associate in questo nuovo pensiero emergente, avranno lì la loro rappresentanza; un'Europa unita sotto un unico ideale diramerà da questo luogo la sua energia, innalzerà la sua fiamma affinché tutti possano avere certezza che una nuova razza è nata ed ha conquistato il posto che le compete.

Il castello dovrà essere la dimora del potente signore del mondo, signore di un invisibile impero, dimora di vita sacra, eretta solitaria nel mezzo di un turbinante oceano dove, solo al suo interno, il caos è bandito. Terra di luce e beatitudine, isola bianca, dimora di Apollo iperboreo.

Il viaggio che si dovrà intraprendere per raggiungerla, sarà possibile solo per gli iniziati, in quanto, come dicevano gli antichi greci, essa non è raggiungibile né per terra né per mare, solo il volo dello spirito può condurre fin là.

Il vaticinio dei Rosa Croce si avvererà, lì sarà il luogo dell'Imperatore e del Quarto impero. L'Ordine Nero, guardiano di questo progetto, dovrà accogliere nei suoi ranghi l'Europa, che in esso ha fede, un'internazionale delle SS, sarà il nerbo di questa ideologia.

Sotto una bandiera, saranno pronte a combattere diverse etnie: il croato Ante Pavelitch con i suoi fedeli, le camice verdi ungheresi, note anche come croci frecciate, con il loro capo Szálasi, i rumeni della legione dell'Arcangelo Gabriele, conosciuti pure come guardia di ferro, ruteni, bosniaci, turkmeni, armeni, tartari di Crimea, musulmani bosniaci, la Legione inglese, denominata San Giorgio, spagnoli e portoghesi, ed insieme a questi i fiamminghi della legione Vlanderen, olandesi, albanesi ed ucraini, la 33° francese Charlemagne e Leon Degrelle con la divisione vallona, gli italiani della 29° SS Italien, ed inoltre i legionari della Norge, Wiking, Nordland, Nord Ost, 24° SS Danmark, tutti norvegesi, svedesi danesi e finlandesi, le divisioni Lettland e Latvia e 3° SS Estonia, composte da estoni, lettoni e lituani, ad essi si uniranno anche uomini che sentono, come di loro appartenenza, l'ideologia che dovrà cambiare il mondo, iracheni e palestinesi che confluiranno in una legione araba, musulmani delle SS Handschar e gli indiani sostenitori di Chandra Bose.

XXI Intermezzo

Casa del Tempio di Parigi. Un'ennesima riunione è stata indetta, perché l'incertezza del momento non permette distrazione alcuna. La preoccupazione per gli avvenimenti che sembra vogliano precipitare da un momento all'altro, tiene tutti in stato di grande allerta e vigilanza e ogni invito del Gran Maestro a partecipare ad una riunione, viene accolto sempre con grande trepidazione, nella certezza che qualche cosa di importante debba essere comunicata e che occorra agire con immediatezza.

I Oratore: «Fratelli, nell'incertezza del momento, nella preoccupazione per gli eventi che si stanno evolvendo, avendo potuto osservare quanto si sta mettendo in essere e, quindi, essendomi posto nella condizione di poter valutare il tutto, sono giunto ad una mia conclusione.

Le forze scese in campo sono enormi, l'energia che scaturisce da esse è in grado di mutare la storia, gli uomini capaci sono tanti e tanto stanno facendo, ma, nella loro ansia di riuscita, hanno tracimato dalla Via indicata dalla Tradizione, che è unica, sola ed immutabile e, nella volontà di cambiamento, si sono persi.

Hanno sovvertito l'ordine delle cose e questo li perderà.

Il labaro innalzato a simbolo della loro fede contiene i colori del percorso da seguire per giungere al compimento dell'opera, ma loro ne hanno invertito l'ordine e così non potranno raggiungere l'obbiettivo che si sono prefissi.

L'uomo è condotto nel percorso del suo destino da forze a lui sconosciute, che ne segnano la via. Egli crede di poter esercitare un libero arbitrio, che sia solo frutto della sua volontà, senza che si unisca ad esso la Volontà superiore, di quelle potenze nascoste che generano la vita in tutte le sue manifestazioni e che sono segno della potenza del Creato; il penetrare nella magia del fare può far sì che si rimanga prigionieri di quella fortezza di cristallo nella quale fu rinchiuso Merlino; da essa si può avere la visione degli accadimenti, senza però poterli controllare, Merlino trasmise a chi non doveva la sua magia e la sua condanna fu, appunto, quella di non poter più controllare quella forza della quale egli aveva colto la giusta dimensione. Procedere lungo il percorso che porta l'uomo di desiderio a violare i fitti sentieri della selva delle passioni, sfuggire alle insidie delle belve, che quei luoghi abitano e dei quali ne sono i guardiani, raggiungere la radura e poter un'altra volta rimirare il Sole, è un percorso destinato ai pochi che ne sapranno ben valutare i rischi e che si accingeranno su per le erte con la giusta umiltà. L'arroganza, la *Yubrys* come la chiamavano i greci, è la perdita di orientamento, che non ti consentirà di guadagnare l'uscita, ma solo di rimanere vittima impotente del Minotauro.

Invertendo i colori, questi uomini si sono inoltrati nel labirinto senza un filo che possa far riguadagnare l'uscita, sarà il luogo dove si consumerà l'orrido pasto della belva.

Sul tavolo del *Magister* la sequenza non deve essere mutata, l'opera ha bisogno delle sue fasi affinché l'evento si compia, invertirle ha come conseguenza l'impossibilità di portare a compimento quanto iniziato.

Il nero, il bianco, il rosso, sono le fasi della Grande Opera che dirige i destini degli uomini; il voler sovvertire il percorso è il principio del fallimento. Il nero è l'indifferenziato originale, collocato sull'asse Nord-Sud, che è quello della trascendenza assoluta dei poli, copre il ventre del mondo, dove opera il rosso del sangue e del fuoco, simboli della forza vitale.

Quale simbolo di morte, assorbe la luce e non la restituisce, ma è anche terra fertile, ricettacolo del seme.

Quale oscurità delle origini, attraverso la Notte ed il Caos comincia ad apparire la luce della Creazione. La Creazione è la mistica traversata notturna premessa di una vita rinnovata, il drago che bisogna vincere dentro di sé per assicurare la propria metamorfosi. Anima Mundi, pietra nera, istinto primitivo.

Il nero è la materia dell'Opera in putrefazione, è la chiave dell' Opera.

Come dice Nicolas Flamel: «Se tu non ti annerisci, se non ti sbianchi, se tu non vedi in primo luogo questa nerezza, prima di tutti gli altri colori determinati, sappi che hai fallito nell'Opera e che devi ricominciare».

Il bianco si colloca sull'asse Est-Ovest, punti estremi e misteriosi dai quali, ogni giorno, il Sole nasce e muore. Essendo un valore limite fra due estremi, è colore di passaggio nei riti nei quali avvengono le mutazioni. Esso è anello di congiunzione fra l'Opera al nero che la precede e l'Opera al rosso che la segue.

Il bianco è il colore dell'alba, dove il mondo onirico abbraccia ancora tutta la realtà per poi cedere il posto al rosso del Sole.

Raggiungere il bianco nella Grande Opera significa che la vita ha vinto sulla morte.

La bianchezza dopo la putrefazione è il momento nel quale la materia ha acquisito la fissità che il fuoco non può più distruggere, ma questo non può avvenire se non attraverso il colore nero, indice di putrefazione.

Il rosso è diurno, centrifugo, turbinoso; il suo discendere ad avvolgere tutto ciò che ci circonda, consente, a chi di esso si saprà rivestire, il potere su tutte le cose.

Esso è l'incarnazione della bellezza e della forza trionfante, quale Eros nelle sue virtù guerriere.

È il colore dello Spirito Santo.

Esso è il colore della pietra che porta il segno del Sole, la pietra filosofale, al suo contatto il cuore dell'uomo si incendia e si purifica.

Possedere questa conoscenza significa poter trasformare tutto in purezza, quindi accedere alla Rubedo è l'uscire da una condizione individuale ed avere libero accesso ai Grandi Misteri.

Ecco perché io dico che sono destinati a fallire.

Rimescolare i colori della Creazione è solo maleficio.

Sgombrata la mente da questa mia visione, vorrei giungere ad un argomento per il momento più concreto.

Come tutti sappiamo, Otto Rahn è stato inviato in Linguadoca alla ricerca di un probabile nascondiglio, dove si ritiene che sia stato traslocato ciò che è in nostro possesso. Quanto sarebbe utile a questi uomini poter accedere senza alcun limite a tante conoscenze!

La loro ricerca sarà vana, perché tutto ancora riposa nella nostra casa, ma è giunto il momento che esso prenda ancora una volta la via dell'esilio e trovi rifugio sicuro in altri lidi con una protezione che solo il nostro braccio armato può assicurargli. Per questo è stato deciso di trasferire il tutto in terra d'Africa, in Algeria, a Sidi Bel Abbès, dove la Legione ha la sua sede. Lì, i nostri fratelli sapranno ben difenderla e riportarla a noi quando il tempo sarà venuto».

Ed ancora sangue

La condizione necessaria affinché attecchisca, nelle masse, la certezza del successo delle innovazioni che la politica vuole produrre, passa anche attraverso il giogo del potere economico che, o deve ridistribuire la ricchezza in differente maniera e misura, o deve mantenere inalterata la sua pressione sull'effetto che il controllo finanziario del capitale è capace di imprimere ad una determinata società o, infine, attraverso il concetto del capitale, quale mezzo economico necessario per un'elevazione delle masse, mezzo asservito, non ad un'idea di capitale come mercato finanziario, ma come strumento del quale si serve una politica collegata a credi religiosi e forme sacrali.

La contrapposizione fra fazioni ed associazioni che, segrete ed occulte, hanno un differente modo di vedere il futuro, genera quella tensione la quale conduce allo scontro che, dai palazzi della finanza, trasloca la sua aggressività in quelli della politica per finire poi, inevitabilmente, sui campi di battaglia.

Concetti come "Mundialismo" e "Globalizzazione", estrinsecazioni dello strapotere economico, con il loro differenziarsi, sull'uso dei mezzi necessari per poter assicurare quella condizione economica di vantaggio per l'una parte o l'altra, riescono a ricoprire, con fitti veli, il precipuo scopo del loro operare e, cogliendo con ipocrisia ed astuzia le occasioni proficue che generano una inevitabile tensione, riescono a compiere l'opera di strumentalizzazione delle masse che, intrappolate nell'abile gioco nel quale sono state condotte, sono ben influenzate e pronte ad avallare scelte estreme che, se di facciata vengono presentate come buone e giuste, nascondono la loro vera natura, che rimane unicamente un tendenziale accentramento di poteri economici. Vecchi e nuovi poteri politici sanno che lo scontro è divenuto inevitabile. Se non è stato possibile conciliare nei palazzi della finanza le controversie del capitale, sarà la forza che saranno capaci di gettare sul piatto della bilancia a far pendere questa.

Ed è guerra.

XXII Intermezzo

Casa del Tempio di Parigi, Solstizio d'Inverno, 1939.

I Oratore: «Due draghi sono fuggiti dall'oscura caverna dove erano imprigionati e ora si fronteggiano. Quali auspici trarrà Merlino da questa lotta?

Un ultimo Solstizio celebrato in questa casa, un ultimo sguardo a voi, fratelli tutti, il futuro è incerto, ed io non so profetizzarlo.

Abbiamo messo al sicuro quanto ci è più caro, il compito che ci trasmettiamo da secoli è stato assolto, quali guardiani del progetto non dobbiamo perdere la speranza.

Ora ognuno di noi dovrà cercare di sopravvivere a quanto incombe, perché il nostro giuramento è stato quello di portare a compimento quanto intrapreso.

Difendete il nostro pensiero, trasmettetelo a chi è più giovane affinché il futuro sia assicurato. Verrà il giorno nel quale il nostro sangue non sarà stato sparso invano, ed allora l'Europa potrà godere del nostro sacrificio.

Ciò che è iniziato, come ogni cosa, finirà, ed allora il Capitolo dell'Ordine saprà qual è il suo dovere.

Non credo che ci rivedremo più, andrò dove palpita più forte il mio cuore e cercherò nostra sorella morte, avvolto nel bianco mantello.

Addio fratelli, *non nobis Domine, non nobis, sed Nomine Tuo da gloriam*».

Come ogni cosa finirà

Più sanguinante che mai, l'Europa, è uscita da una tragedia che ha procurato ferite quasi insanabili.

Il conflitto è stato combattuto in Oriente ed in Occidente, con un accanimento che può scaturire solo dall'estremo fanatismo nel quale si è caduti.

Le conseguenze sono quelle che un nuovo assetto mondiale è sorto, senza che ben pesanti problemi abbiano trovato risoluzione.

Anche l'epoca coloniale ha fatto il suo tempo e Asia ed Africa, coinvolte nel conflitto, chiedono i loro spazi e la loro indipendenza.

Gli Stati Uniti, veri vincitori, tentacolarmente cercano di imporre un controllo globale, contrapponendosi al blocco creato dall'Unione Sovietica che tiene con pugno di ferro le nazioni sotto la sua influenza.

Un nuovo termine è stato coniato: "Guerra fredda".

Timidamente, quasi segretamente, alcuni uomini in Europa, con una inaspettata lungimiranza, incominciano ad intraprendere la strada verso un concetto antico e nuovo contemporaneamente, si parla di Europa unita.

XXIII Intermezzo

Casa del Tempio di Parigi.

I Oratore: «Questa casa, mai abbandonata nei nostri cuori, torna a rivivere della nostra presenza e dei nostri pensieri. Il Capitolo mi ha voluto riservare il fardello di guidare il nostro Ordine, dopo gli stravolgimenti avvenuti.

Credo che una nuova epoca ci abbia spalancato le porte, gli uomini stanno maturando dopo le grandi sofferenze patite e si sono resi conto che solo un'Europa unita può preservare da guerre e distruzioni. La strada che hanno intrapresa sarà lunga e difficile, ma oggi ritengo fermamente che il percorso iniziato porterà agli effetti sperati.

Più che mai dovremo essere d'aiuto, discretamente come spesso abbiamo fatto, ma non commetteremo un'altra volta l'errore di spalancare le porte delle nostre conoscenze.

Per intanto, abbiamo da risolvere un ulteriore problema, i venti di indipendenza scuotono l'Africa e la Legione non potrà rimanere per molto in Algeria.

Aubagne, vicino Marsiglia, è stata destinata quale sede principale e definitiva del nostro braccio armato, lì trasporteremo il nostro tesoro che, è stato deciso, verrà occultato in una cripta costruita sotto il monumento ai legionari caduti e che, smontato da Sidi Bel Abbès, verrà ricostruito nella piazza d'armi. Gli spiriti dei nostri fratelli caduti veglieranno affinché le casse ed i documenti riposino indisturbati.

Gli uomini anelano alle stelle, ma dovranno sapersele conquistare.

Il segreto della conoscenza è nascosto da veli, che impediscono la sua completa visione; ogni periodo della vita, ogni uomo, ha dei veli che offuscano la vista; regalare la visione a chi non è capace di apprezzarne lo splendore è peccato, atto di arroganza, pericolo di visioni distorte.

Il processo, da noi tanto desiderato ha incominciato ad avere un suo corso ed ogni accelerazione potrebbe risultare pericolosa. Che le notturne ombre si dissolvano quando un nuovo Sole brillerà, e che per ora tutto riposi».

Sogno

Come le nebbie confondono il cammino ai viandanti, le nebbie del Tempo confondono la mia mente. Ma quanto tempo è passato?

Giovane e scapestrato, ladro di torte di mele messe ad asciugare sui davanzali delle capanne del villaggio, attento ascoltatore dei discorsi degli uomini ritornati dalle razzie in lontane terre, con le loro lunghe navi dalla testa di drago, ho anelato il Sole.

E poi, cresciuto, verso Sud.

L'aguzzo pugnale, pronto a coprire le spalle al mio cavaliere, quando fu giusta l'età, la spada.

E poi, verso Sud.

Il vino e le fanciulle dalle chiome corvine, ora li ho assaporati.

E poi, verso Sud.

Rincorrendo il Sole fino a quella terra, dove la grande montagna innevata zampilla fiamme d'Inferno, il luogo di accesso al regno dei morti, l'ingresso all'*interior terrae*, alla scoperta di me stesso.

Una nave lamentevole per il cigolio della sua carena e per le bestemmie dei rematori, mi sbarca lì, dove è il centro del mondo, di quel mondo che vuole Gerusalemme il suo ombellico.

Convertito da tempo a quella religione, che non fu dei miei padri, sono lì, nel deserto, la fredda notte ed un terso cielo sono compagni ai miei pensieri, mi inginocchio e prego, l'indomani si scriverà un nuovo destino. Bacio la spada dove elsa e lama divengono un tutt'uno, la *crux*, il luogo di dimora della Croce, dove fiorisce la mistica rosa che promette la resurrezione.

Le trombe ed i tamburi danno il segnale, avanti, avanti, sempre più velocemente, all'assalto della città di Dio.

Il fragore delle armi e le grida di battaglia, *Deus vult*, Dio lo vuole, gridano gli uomini d'intorno. Prepotente, un grido irrompe dalla mia gola, irrefrenabile e terribile, non più memore dell'incenso di chiesa, ritorno ai miei avi. Odino, Odino, e su per le mura a squarciare le membra dei nemici.

Il tempo passa e le ferite del corpo si assommano alle ferite dell'anima. Ho trovato rifugio e guarigione nella solitudine, in misere capanne, nell'accampamento degli alleati, in alcove di donna, ma solo il corpo si è rimarginato, l'anima no.

Il tempo scorre, le mura di Acri ed il triste ritorno verso la terra dove tramonta il Sole.

Vago fra le nebbie, guerre, tradimenti, nascondersi.

L'animo si è indurito, ma il cuore palpita ancora.

Le nebbie incombono perenni, battaglie, sangue, dolore. Un sogno? Un destino? Una speranza? Alla ricerca di chi o di che cosa, neanche la mia anima osa rivelarmelo.

L'animo è incerto, l'intelletto è stanco, la spada potrà essere estratta dalla roccia o il segreto è altrove? L'archetipo che si è presentato deve essere svelato da un'anima che non conosce incertezze.

Dove sono i fratelli e le loro spade?

Nel silenzio dell'ombra, uomini indossano il mantello ed attendono, anche io attendo, attendo il momento dell'adunanza, nel quale, indossato il mantello, dovrò essere degno di morire per un sogno.

3
2E COMPAGNIE

Finito di scrivere nell'anno 888 dalla fondazione dell'Ordine.

Bibliografia

Oltre a vari atlanti storici, l' *Enciclopedia Treccani*, vecchi libri del liceo:

Renè Alleau, *Le origini occulte del nazismo*, Mediterranee, Roma 1996.

Umberto Bartocci, *America: una rotta templare*, Della Lisca, Milano 1995.

Edward Burman, *I Templari. L'Ordine dei poveri cavalieri del Tempio di Salomone*, Convivio, Firenze 1988.

Louis Charpentier, *I misteri dei Templari*, Atanor, Roma 1985.

Jean Chevalier - Alain Gheerbrant, *Dizionario dei simboli*, Bur, Milano 1986.

Laurent Dailliez, *I Templari*, San Paolo, Milano 2001.

Yves Debay, *La Legione straniera*, Ermanno Albertelli, Parma 1994.

Alain Demurger, *Vita e morte dell'Ordine dei Templari*, Garzanti, Milano 1987.

Francois Duprat, *Storia delle SS*, Ritter, Milano 1998.

Julius Evola, *L'individuo e il divenire del mondo*, Arthos, Carmagnola 1976.

Julius Evola, *Lo Stato*, Fondazione Julius Evola, Roma 1993.

Fondazione Julius Evola, *Julius Evola nei documenti segreti dell'Ahnenerbe,* Roma 1997.

Fulcanelli, *Il mistero delle cattedrali*, Mediterranee, Roma 2000.

René Guenon, *Forme tradizionali e cicli cosmici*, Mediterranee, Roma 1987.

Adolf Hitler, *Mein Kampf.*

Jean Leclercq, *Bernardo di Chiaravalle*, ed. speciale per "Il Giornale", Milano 1992.

Raimondo Lullo, *Libro dell'ordine della cavalleria*, Arthos, Torino 1994.

José Vincenzo Molla, *I Templari. La regola e gli statuti dell'Ordine*, Ecig, Genova 1994.

John Parker, *Dentro la Legione straniera*, Longanesi, Milano 1998.

Peter Partner, *I Templari*, Einaudi, Torino 1991.

Nigel Pennick ,*Tradizione Nordica*, Atanor, Roma 1989.

Dom Antonio Giuseppe Pernety, *Dizionario mito alchemico*, Phoenix, Genova 1985.

Gabriele Petromilli, *La milizia del Tempio*, Il cavallo alato, Padova 1991.

Trevor Ravenscroft, *La lancia del destino*, Mediterranee, Roma 1989.

Claudio Rendina, *I Papi*, Newton e Compton, Roma 2005.

Antonella Roversi Monaco, *I segreti delle cattedrali*, De Vecchi, Milano 2000.

Gastone Ventura, *Templari e templarismo*, Atanor, Roma 1984.

Mario Zagni, *Archeologi di Himmler*, Ritter, Milano 2004.

Il tutto, condito con la mia fantasia.

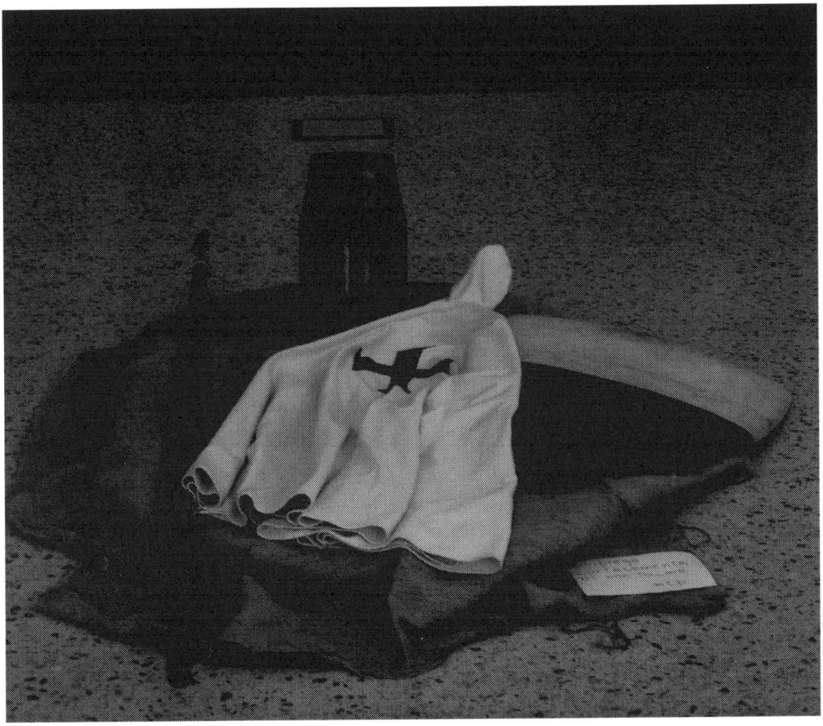

SINDON
Caterua in
laudibus Congregatam.

nere gloriatur.
Antonius Tempesta fecit.

Indice dei nomi

C

D

E

Veduta

di

GERUSALEMME E DE' SUOI CONTORNI

presa dalle alture di Betlemme.

Norte.

Levante.

Sud.

Spiegazione de' numeri.

1. Monte Garizim.
2. Monte Ebal.
3. Borgo d' Emmaus.
4. Città di Sichem.
5. Villaggio di Bethel.
6. Sepolcri de' Giudici.
7. Sepolcri de' Re.
8. Grotta del Profeta Geremia.
9. Sito dove era una volta la città nouva di Bethsetta.
10. Via per Damasco.
11. Porta di Damasco.
12. Palazzo d' Erode.
13. L'antica chiesa cattolica di s. Anna.
14. Cappella cattolica detta della flagellazione.
15. Convento principale del Salvatore.
16. Chiesa del s. sepolcro col convento.
17. Porta di s. Stefano.
18. Palazzo del Bascià.
19. Torre di Davidde.
20. Porta di Betlemme, ossia di Giaffa.
21. Bazar, ovvero piazza del mercato.
22. Monte Sion.
23. Porta del Sion.
24. Cimiteri de' Cristiani.
25. Ghetto.
26. Casa del pontefice Anna.
27. Chiesa armena di s. Giacomo con monastero.
28. Monte Moria, dove sorgeva il tempio di Salomone.
29. Moschea d' Omar.
30. L' antica porta aurea.
31. Cimitero turco.
32. Valle di Josafat.
33. Torrente Cedron.
34. Villaggio di Siloe.
35. Cimitero degli Ebrei.
36. Sepolcro di Assalonne.
37. Orto di Getsemani.
38. Sepolcro di Maria Vergine.
39. Monte Oliveto.
40. Cappella dell' ascensione.
41. Borgo di Betfage.
42. Villagio di Betania.
43. Piscina di Siloe.
44. Campo del sangue.
45. Valle di Ennom.
46. Piscina di Gihon.
47. Via per Betlemme.
48. Sepolcro di Rachele.
49. Fontane di Davidde.
50. Città di Betlemme.
51. Chiesa della Natività di Cristo.

Stampato presso B. Höfel in Vienna.

Indice delle illustrazioni

La maggior parte delle foto sono state prese dal sito: «http://www.templaricavalieri.it» per gentile concessione.

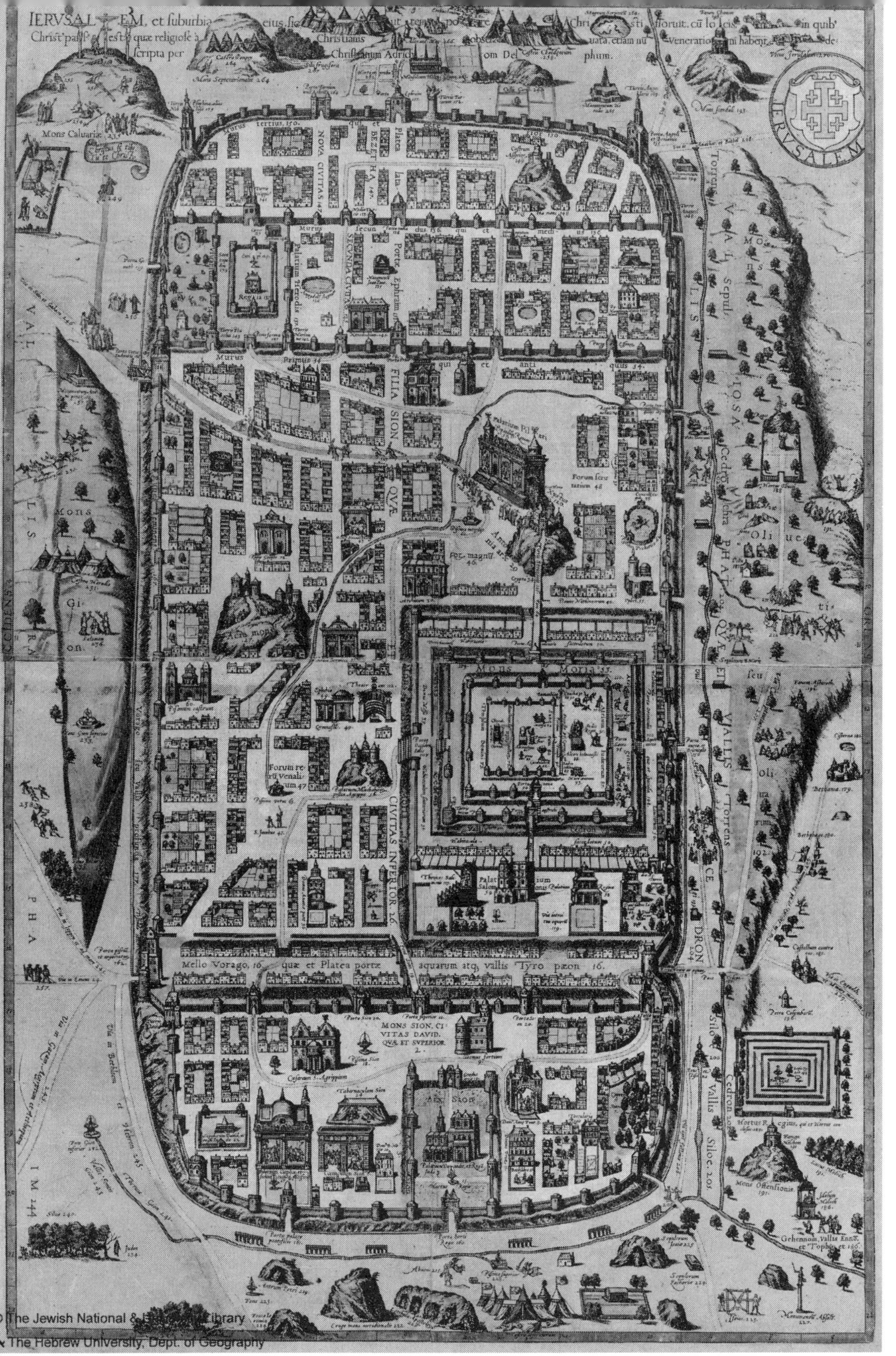
IERVSALEM, et suburbia eius
Christianum Adrichom Del phum.
IERVSALEM
Mons Caluariæ
Murus tertius
NOVA CIVITAS
Murus secundus qui et medius
SECVNDA CIVITAS
Murus Primus qui et antiquus
FILIA SION
Palatium Pilati
Forum scrutarium 48
Antonia arx
Acra mons
Forum rerum Venalium 47
Mons Moria 55
CIVITAS INFERIOR 16
Mello Vorago, 16. quæ et Platea portæ aquarum atq vallis Tyro pæon 16.
MONS SION, CIVITAS DAVID, QVÆ ET SVPERIOR 2.
Arx Sion
Tabernaculum Sion
Mons Oliueti
Cedron
Vallis Siloe
Bethania 179
Bethphage 180
Mons Offensionis 191
Gehennon, vallis Ennon et Tophet 196
VALLIS GION
CEDRON

Indice